"十四五"职业教育国家规划教材

汽车空调
结构与检修

▶▶ 第二版

陶　阳　主编

胡碧珍　汪亚芳　李　琨　副主编

黄国祥　主审

QICHE KONGTIAO
JIEGOU YU JIANXIU

化学工业出版社

·北京·

内 容 简 介

本书将理论知识和工作内容有机结合起来，按照"任务导入—知识准备—任务实施—课后阅读"的结构安排内容，讲述了汽车空调认知、汽车空调维护与保养、汽车空调制冷系统检修、汽车空调暖风与配风系统检修、汽车空调电气控制系统检修、汽车自动空调控制系统检修等。本书配套任务工单，便于自测和训练；配套视频、动画等教学资源，可扫码观看；配套教学课件等资源，可免费下载。

本书可作为高职高专院校汽车类专业的教材，也可作为汽车培训用书，并可供相关维修技术人员参考。

图书在版编目（CIP）数据

汽车空调结构与检修/陶阳主编. —2 版. —北京：化学工业出版社，2024.2（2024.8重印）
"十四五"职业教育国家规划教材
ISBN 978-7-122-40725-2

Ⅰ.①汽…　Ⅱ.①陶…　Ⅲ.①汽车空调-构造-高等职业教育-教材②汽车空调-维修-高等职业教育-教材
Ⅳ.①U463.850.3②U472.41

中国版本图书馆 CIP 数据核字（2022）第 019413 号

责任编辑：韩庆利　甘九林　　　　　　　　　　装帧设计：史利平
责任校对：田睿涵

出版发行：化学工业出版社（北京市东城区青年湖南街 13 号　邮政编码 100011）
印　　刷：三河市航远印刷有限公司
装　　订：三河市宇新装订厂
787mm×1092mm　1/16　印张 16½　字数 406 千字　2024 年 8 月北京第 2 版第 2 次印刷

购书咨询：010-64518888　　　　　　　　售后服务：010-64518899
网　　址：http://www.cip.com.cn
凡购买本书，如有缺损质量问题，本社销售中心负责调换。

定　　价：49.00 元　　　　　　　　　　　　　　　　　版权所有　违者必究

近年来，我国的汽车行业发展迅猛，随着人民生活水平的日益提高，汽车推行整车产品向电动化、智能化、网联化以及轻量化转型升级，有效缓解了交通安全、道路拥堵、能源消耗、环境污染等问题。但如此庞大的汽车保有量给汽车维修行业带来了新的挑战，特别是对高素质技术技能型汽车维修人才的需求更是日益增大。

汽车空调是汽车舒适与安全系统中的一个重要组成部分。随着电子技术、车载网络技术以及智能网联技术的普及，汽车空调系统的结构日益复杂，控制方式日益人性化，对环保的要求也日益提高，市场上急需一大批汽车空调专项维修的高素质技能型人才。为满足职业教育的要求，突出理论知识与实际应用相结合的特点，编写团队进行了大量的企业实地调研，听取了行业专家的建议，书中内容融入课程思政元素，选取企业真实案例，结合1＋X证书制度职业技能等级标准，转化职业院校技能大赛成果，总结一线教师的教学经验。

本书具有以下特点：

1. 融入课程思政元素，实现"三全"育人

为响应思政进课堂的相关要求，本书的每个任务都融入了思政元素。通过凝练汽车专业知识体系中所蕴含的思想价值和精神内涵，将"传承工匠精神、弘扬劳模精神、践行劳动精神"全程渗透，多维度构建课程思政内容，发挥"课堂主阵地"作用，充分利用"课前5分钟"教学环节，引导学生以劳树德、以劳增智、以劳育美，增强学生的创新意识、环保意识、道德观念、民族自豪感和历史使命感，帮助学生在学习知识和技能的同时树立正确的世界观、人生观和价值观。

2. 基于工作过程，营造真实的学习氛围

编者参考了多位汽车空调方面的专家和企业一线工作人员的意见，充分考虑了汽车空调维修相关岗位的实际情况，选取了大量的企业真实案例，将理论知识和工作内容有机结合起来，采用"项目驱动，任务导入"的呈现方式，基于工作过程，按照"任务导入—知识准备—任务实施—课后阅读"的结构安排内容。

任务导入：以企业工作案例引出课程的主要任务，以完成任务、解决问题为目标，引导学生开展学习，提高学习兴趣。

知识准备：参考《高等职业学校汽车检测与维修技术专业教学标准》《汽车检测与维修技术专业人才培养方案》，以"实用、够用"为原则，重点讲解了汽车空调的结构、维护保养的方法、电气控制原理、常见故障诊断与排除方法等方面的内容。

任务实施：以实际工作中需要的技能为出发点，设置了不同的实操内容，并配备了活页式的操作工单，能够切实帮助学生掌握操作技能。

课后阅读：内容为大国汽车工匠、汽车行业劳模的成长故事，既增大了学生的课外阅读量，又能引导学生在学习和操作过程中更好地传承工匠精神、弘扬劳模精神、践行劳动精神，以二维码形式展示，可扫码阅读。

3. 转化技能大赛成果，提高学生技能水平

将全国职业院校技能大赛中汽车空调项目的素养、知识、技能要求进行转化，推行"任务驱动＋活动课堂"，以职业能力培养为主线，实现育训结合，促进学生能力进阶提升，使学生学有所获。

4. 结合 1＋X 证书标准，形成了"课证融通"的课程知识结构

根据考评组织制订的《1＋X 证书制度汽车专业领域实施方案指南》，对接相应的"X"职业技能等级证书，编写团队在原有"十三五"职业教育国家规划教材的基础上进行重新梳理，将 X 证书职业技能的素质要求、技能要求、知识要求分解到每一个教学任务中，并按照"工作领域→行动领域→学习领域"流程，设计项目导向、任务驱动的教学内容，体现了理论与实践一体化的教学理念，对教学的开展具有重要意义。

5. 配套电子课件、考核工单、视频微课等数字资源

电子课件等可登录化工教育网站下载（网址：www.cipedu.com.cn），视频微课可扫描书中二维码观看学习。考核工单按照"基本技能—专项技能—综合技能"三级递进的逻辑关系，制订教学参考内容和课程考核实施方案，可供上课教师根据不同层次需要自主选择、组合教材内容进行教学和考核。

本书由黄冈职业技术学院陶阳担任主编，黄冈职业技术学院胡碧珍、汪亚芳、李琨担任副主编，武汉软件工程职业学院丁新桥、河南交通职业技术学院秦军磊、漯河职业技术学院陶小培参编。全书由黄冈职业技术学院黄国祥主审。

在编写过程中注重收集整理汽车空调设备最新知识，力求内容全面新颖、图文并茂、重点突出，部分内容以视频等方式呈现。同时，搭建了"汽车空调检修在线开放课程"网络教学资源，形成了"立体化"的新形态教材，力求体现行业需求，又涵盖相关国家职业标准。本书的编写工作也得到了相关企业的汽车维修人员的帮助，在此一并表示感谢。此外，本书编写过程中参考和借鉴了国内的同类著作，在此特向相关作者致谢！

由于编者水平有限，书中难免存在不当之处，恳请广大读者批评指正。

编　者

目录

项目一　汽车空调认知 ————————————————————————— 1

任务一　汽车空调的发展认知 ………… 1

任务导入 ……………………… 1

知识准备 ……………………… 1

一、汽车空调技术的发展过程 ……… 1

二、汽车空调发展现状 ……………… 2

三、汽车空调发展趋势 ……………… 2

四、汽车空调的热力学基本知识 …… 4

任务实施 ……………………… 6

课后阅读 ……………………… 6

任务二　汽车空调的组成与分类认知 ………… 7

任务导入 ……………………… 7

知识准备 ……………………… 7

一、汽车空调的功能 ………………… 7

二、汽车空调的分类 ………………… 8

三、汽车空调的布置与操作 ………… 10

四、汽车空调的特点 ………………… 14

五、汽车空调的组成与工作原理 …… 15

任务实施 ……………………… 19

课后阅读 ……………………… 20

项目二　汽车空调维护与保养 ————————————————————— 21

任务一　汽车空调正确使用与维护 ………… 21

任务导入 ……………………… 21

知识准备 ……………………… 22

一、汽车空调使用注意事项 ………… 22

二、汽车空调维护作业内容 ………… 23

三、汽车空调维护保养工具的使用 … 24

任务实施 ……………………… 28

课后阅读 ……………………… 28

任务二　汽车空调维护保养作业 ………… 28

任务导入 ……………………… 28

知识准备 ……………………… 29

一、制冷剂 …………………………… 29

二、冷冻机油 ………………………… 30

三、制冷系统检漏 …………………… 31

四、制冷剂充注 ……………………… 32

五、冷冻机油的充注 ………………… 36

六、管道清洗 ………………………… 38

任务实施 ……………………… 38

课后阅读 ……………………… 39

项目三　汽车空调制冷系统检修 ————————————————————— 40

任务一　汽车空调压缩机检修 ………… 40

任务导入 ……………………… 40

知识准备 ……………………… 41

一、压缩机的作用 …………………… 41

二、汽车制冷压缩机的类型与结构组成 … 41

三、压缩机的动力来源——电磁离合器 … 46

四、压缩机常见故障 ………………… 47

五、压缩机检修 ……………………… 48

任务实施 ……………………… 50

课后阅读 ……………………… 51

任务二　汽车空调热交换器检修 ………… 51

任务导入 ……………………… 51

知识准备 ……………………… 51

一、冷凝器 …………………………… 51

二、蒸发器 …………………………… 53

三、热交换器常见故障检修 ………… 54

任务实施 ……………………… 56

课后阅读 ……………………… 56

任务三　汽车空调节流装置检修 ………… 57

任务导入 ……………………… 57

知识准备 ……………………… 57

一、膨胀阀 …………………………… 57

　　二、节流管 ……………………… 59
　　三、节流装置的检修 …………… 60

项目四　汽车空调暖风与配风系统检修 ——————————————— **65**

任务一　汽车空调暖风系统认知 …… 65
任务导入 ……………………………… 65
知识准备 ……………………………… 66
　　一、余热式暖风装置 …………… 66
　　二、独立燃烧式暖风装置 ……… 69
　　三、综合预热式暖风装置 ……… 71
任务实施 ……………………………… 73
课后阅读 ……………………………… 73
任务二　汽车空调配风系统认知 …… 73
任务导入 ……………………………… 73
知识准备 ……………………………… 74
　　一、空气过滤装置 ……………… 74
　　二、空气净化装置 ……………… 74
　　三、配风装置 …………………… 76

任务实施 ……………………………… 64
课后阅读 ……………………………… 64

任务实施 ……………………………… 83
课后阅读 ……………………………… 83
任务三　汽车空调暖风与配风系统常见故障
　　　　检修 ………………………… 83
任务导入 ……………………………… 83
知识准备 ……………………………… 83
　　一、汽车空调暖风系统常见故障检修 …… 83
　　二、汽车空调配风系统常见故障检修 …… 85
　　三、空调过滤器检查与更换 ……… 86
　　四、鼓风机拆装与检测 …………… 86
　　五、鼓风机电阻器拆装与检测 …… 88
　　六、蒸发器拆装 …………………… 88
任务实施 ……………………………… 89
课后阅读 ……………………………… 90

项目五　汽车空调电气控制系统检修 ——————————————— **91**

任务一　汽车空调电气控制系统认知 …… 91
任务导入 ……………………………… 91
知识准备 ……………………………… 92
　　一、压力开关的分类 …………… 92
　　二、空调传感器的作用 ………… 95
　　三、空调保护开关的工作特性（电磁阀）… 96
　　四、汽车空调控制器的工作原理 … 97
任务实施 ……………………………… 100
课后阅读 ……………………………… 101
任务二　汽车空调电气控制系统电路分析 ……
　　…………………………………… 101
任务导入 ……………………………… 101
知识准备 ……………………………… 101
　　一、鼓风机控制电路分析 ……… 101
　　二、压缩机控制电路分析 ……… 102
　　三、冷凝器风扇控制电路分析 … 104
　　四、丰田卡罗拉轿车手动空调控制电路

　　　　分析 …………………………… 104
任务实施 ……………………………… 108
课后阅读 ……………………………… 108
任务三　汽车空调电气控制系统故障诊断与
　　　　排除 ………………………… 108
任务导入 ……………………………… 108
知识准备 ……………………………… 108
　　一、汽车空调电气控制系统故障诊断
　　　　方法 …………………………… 108
　　二、汽车空调电气控制系统常见故障原因
　　　　分析 …………………………… 109
　　三、科鲁兹轿车手动空调控制电路
　　　　分析 …………………………… 114
　　四、科鲁兹轿车手动空调控制系统故障
　　　　诊断思路 ……………………… 116
任务实施 ……………………………… 123
课后阅读 ……………………………… 123

项目六　汽车自动空调控制系统检修 ——————————————— **124**

任务一　汽车自动空调控制系统认知 …… 125
任务导入 ……………………………… 125
知识准备 ……………………………… 125
　　一、自动空调控制系统的功能 … 125
　　二、自动空调控制系统的组成 … 126
　　三、自动空调控制系统的工作原理 136

任务实施 ……………………………… 136
课后阅读 ……………………………… 137
任务二　汽车自动空调控制系统电路分析 …… 137
任务导入 ……………………………… 137
知识准备 ……………………………… 137
　　一、送风温度控制电路分析 ……… 138

二、鼓风机转速控制电路分析 ·············· 139

三、送风模式控制电路分析 ·············· 141

四、进气模式控制 ·············· 141

五、压缩机控制 ·············· 142

六、迈腾 B8L 自动空调控制电路分析 ··· 144

任务实施 ·············· 144

课后阅读 ·············· 147

任务三 汽车自动空调控制系统故障诊断与
排除 ·············· 147

任务导入 ·············· 147

知识准备 ·············· 147

一、汽车自动空调控制系统故障诊断
方法 ·············· 147

二、科鲁兹自动空调不制冷故障分析 ······ 147

三、科鲁兹自动空调不制冷故障诊断
流程 ·············· 150

四、自动空调控制系统故障自诊断
代码 ·············· 151

五、科鲁兹自动空调传感器检修 ······ 153

任务实施 ·············· 156

课后阅读 ·············· 157

参考文献 ——————————————— 158

项目一
汽车空调认知

📚 项目描述

汽车空调作为汽车舒适系统的重要组成部件，可以对车内温度、湿度、空气洁净度等方面进行调节，为驾乘人员提供舒适的驾乘环境，降低驾驶员的疲劳强度，提高行车安全性和舒适性。本项目结合 1+X 证书制度职业技能等级标准应知的内容，主要介绍汽车空调的发展历程、功能特点、组成分类，以及汽车空调的相关基础知识，通过学习，达到以下学习目标：

🔄 素质要求

1. 崇德向善、热爱劳动，自觉履行职业道德准则和行为规范，践行工匠精神和劳模精神。
2. 着装整洁，服从管理，规范作业，重点了解"8S"企业现场管理要求，在实践操作过程中逐步养成"8S"的工作习惯。
3. 能够在工作过程中与小组其他成员合作、交流，养成团队合作意识，锻炼沟通能力。

📋 知识要求

1. 掌握汽车空调基本概念。
2. 掌握汽车空调专业术语的含义。
3. 掌握汽车空调基本作用、组成与分类。

⚙ 技能要求

1. 能正确认知汽车空调主要组成部件并阐述其作用。
2. 能正确使用和操作汽车空调。

任务一 汽车空调的发展认知

📖 任务导入

夏天到了，为了保证汽车有良好的制冷效果，王先生在 4S 店预约了汽车空调维护保养，希望对空调系统进行全面检查，并了解汽车空调的发展过程，希望服务顾问能帮助他解决这些问题。

🌀 知识准备

一、汽车空调技术的发展过程

汽车空调技术是随着汽车的普及和高新技术的应用而发展起来的。汽车空调技术的发展

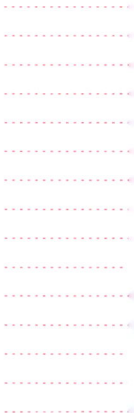

经历了由低级到高级、由单一功能到多功能的 5 个阶段。

1. 第一阶段：单一供暖

1925 年，首先在美国出现利用汽车冷却液通过加热器的方法取暖，1927 年发展到具有加热器、鼓风机和空气滤清器等比较完整的供热系统，其作用只能对汽车室内供暖。目前在寒冷的北欧、亚洲北部地区仍在使用。

2. 第二阶段：单一制冷

1939 年，由美国通用汽车公司首先在轿车上安装了机械制冷降温的空调器，成为汽车空调的先驱。目前，在热带、亚热带地区，汽车空调仍然使用单一制冷系统。

3. 第三阶段：冷暖一体化

1954 年，原美国汽车公司（AMC）首先在轿车上安装了冷暖型一体化空调器，这样汽车才真正具备了降温、除湿、通风、过滤、除霜等对空气调节的功能。该方式是目前在低档车中应用最广的一种方式。

4. 第四阶段：自动控制空调

1964 年，美国通用汽车公司将自动控制的汽车空调安装在凯迪拉克轿车上，紧接着通用、福特、克莱斯勒三大汽车公司竞相在各自的高级轿车上安装。日本和欧洲直到 1972 年才在高级轿车上安装。

5. 第五阶段：微机控制的汽车空调

1973 年，美国通用汽车公司和日本五十铃汽车公司一起联合研发了由电脑控制的汽车空调系统，1977 年同时安装到各自的汽车上，将汽车空调技术推广到一个新的高度。

二、汽车空调发展现状

汽车空调是现代汽车的重要配置之一。随着人们对汽车内部环境的要求越来越高，汽车空调技术也在不断改进和完善，汽车空调的制冷、制热能力不断提高，可以更好地适应不同气候条件下的需求。比如，现在许多汽车空调系统采用了先进的变频压缩机技术，可以根据车内温度的变化来自动调节制冷或制热的效果，提供更加舒适的驾乘环境。汽车空调的节能性不断提高，一些低能耗、高换热性能特点的汽车空调部件也得到了空前发展和普遍装备；一些也有助于提高汽车空调的节能性能的新型材料也得到了广泛的应用。汽车空调的智能化程度不断提高，一些汽车空调系统配备有空气质量传感器，可以检测车内空气的质量，并自动调节空气循环等参数，提供更健康、舒适的驾乘环境。汽车空调的舒适性也有所提高，许多汽车空调系统采用了多区域控制技术，可以根据不同的座位位置和乘客的需求，分别调节温度和风速，提供个性化的舒适体验。

三、汽车空调发展趋势

当然，从市场需求方面看，汽车空调装置应进一步降低成本，提高燃油经济性；从制造方面看，随着车厢地板的降低以及车辆向大型化、高级化发展，需进一步提高汽车空调各组成装置的紧凑型和效率；从乘员和驾驶员方面看，车内温度要合理分布，设备操作要简便，空调装置应向全季节型发展。

1. 日趋自动化

早期的汽车空调系统进出风系统、冷气系统和暖气系统彼此间相互独立，因而它们的控制系统也自成一体，且汽车空调都是手动控制，仅凭人的感觉来调节开关，因而温度、湿度及风量很难控制。近年来，随着电子计算机的普及并逐步应用到汽车空调系统中，使得空调系统能进行全天候的调节，集制冷、取暖、通风于一体。在人为设定的最佳温度、湿度及风量的情况下，该系统可根据车厢内人员数量及其他情况的变化进行多挡位、多模式的微调，从而达到设定的最佳值，使车内始终保持舒适的人工气候环境，同时可进行故障自动诊断和数字显示，进而缩短其检修和准备时间。

2. 提高舒适性

目前不少汽车空调系统的制冷和取暖是各自独立的系统。每当梅雨季节，车窗玻璃上常常蒙上雾气，若要去掉雾气，必须启动冷气装置，但这样会使车内太冷。为了克服此缺点，正在开发一种全季节型的空调系统，该系统具有换气、取暖、除湿、制冷等功能，夏天由发动机驱动制冷系统，冬天由加热器制热取暖，过渡季节（如梅雨季节）则采用制冷与取暖混合吹出温和风进行除湿，使车厢内换气情况到达最佳状态。

3. 高效节能、小型轻量化

要进一步降低空调装置的重量和减小外形尺寸，必须提高各组成装置的结构紧凑性和效率。在压缩机方面，以往的空调系统多采用斜板式压缩机，这种压缩机制冷能力相对较低，性能系数和容积效率也相对较小。为了提高压缩机性能，现已使用了湿冷效率高的旋转式压缩机和三角转子压缩机。在冷凝器和蒸发器方面，管片式换热器已逐渐被管带式换热器取代。目前散热性能更佳、结构更为紧凑的平行流冷凝器和层叠式蒸发器又有取代管带式换热器的趋势。在湿冷管路方面，进行优化设计使管路结构更为合理，并在管路上装配防振橡胶块以防共振等。

4. 向环保型汽车空调发展

空调制冷剂对大气环境的影响主要有两个方面，一方面是其对大气臭氧层的破坏，另一方面是其是使全球气候变暖的温室气体。目前大部分汽车上用的制冷剂都是 R134a，该制冷剂是一种新型环保制冷剂，具有无毒、无色、不燃不爆、热稳定性好等性质，更重要的是 R134a 制冷剂不损害臭氧层。

据欧盟已通过的含氟温室气体控制法规的要求，自 2017 年 1 月 1 日起，欧盟已禁止新生产的汽车空调使用 GWP（GWP 是一种物质产生温室效应的一个指数）值大于 150 的制冷剂，由于 R134a 的 GWP 值为 1300，故已被禁用。汽车空调使用低 GWP 值的制冷剂成为趋势和必然，CO_2、碳氢化合物、R152a 以及一些可作为汽车空调制冷剂的混合物成为研究热点。

5. 新型空调结构和系统得到发展

空调制冷方式有许多种，目前应用于汽车空调的制冷方式全部为蒸气压缩式，其他制冷方式，如吸收式、吸附式、蒸气喷射式、空气压缩式等，很少在汽车空调上采用。但利用发动机的余热来驱动制冷系统是一个理想的节能方案，所以世界各国都在研究这种新技术，如氢化物汽车空调系统、二氧化碳汽车空调系统、固体吸附式汽车空调系统和吸收式汽车空调系统。

6. 出现新型空调部件

新结构、新材料、新工艺将不断应用于汽车空调部件中，主要体现在热交换器和管口连接上，以保证得到更理想的性能。奔驰、宝马、奥迪、凯迪拉克豪华轿车的空调系统，在承接自动恒温空调的数字变频恒温、内外循环和后排出风等优点的基础上，具有了设计更先进、更人性化的特点，前后左右四个座位的温区均可由乘客自己手动调节。

四、汽车空调的热力学基本知识

1. 物质的形态

地球上的物质是以固体、液体或气体形态存在。固体具有一定的形状和体积，液体具有一定的体积但无一定的形状，气体则既无一定的体积也无一定的形状。物质存在的三种状态在一定条件下可以相互转变。当其热量发生足够的变化时，物质会从一种状态转变为另一种状态。例如，水这种常见的物质，它在0℃以下的状态是固体，称为冰。如果对其加入足够的热量，固态（冰）就会转变成液态（水），若再对它加入足够的热量使其沸腾，它就会转变成气态（水蒸气）。反之，水蒸气在密闭容器内，转移出足够的热量，则由气态转变为液态，再继续将其热量转移，液态即转变为固态。物质当其热量有足够变化时，它存在的状态就会发生变化。

物质的形态由固态转变成液态的现象称为熔化，由液态转变成气态的现象称为汽化，汽化的方式有蒸发与沸腾。由气态转变成液态的现象称为液化或冷凝，由液态转变成固态的现象称为凝固。其中汽化时需要吸收热量，冷凝时需要散发热量。

2. 热

热是能量的一种形式，热量与做功一样，可作为能量变化的量度。在热传递的过程中，实质上是能量转换的过程，而热量就是能量转换的一种量度，在国际单位制中，将热量单位与功的单位统一为J，中文名称为焦（耳）。

（1）热的种类　物质的热量是变化的，当物质吸热或放热时，有时温度会发生变化，有时形态会发生变化，根据这些现象可将热量分为显热和潜热两种形式。

① 对物体加热或减热，物体的温度发生变化而状态不变时，把增加或减少的热量称为显热，通常理解为能够感知的"热"，显热可以用温度计进行测量。

② 潜热就是潜在的热，是一种隐藏的热量。当对物体加热或减热时，物体的状态发生变化而温度不变，把减少或增加的热量称为潜热。潜热是物质从一种状态变化为另外一种状态时所需要的能量。所有的物质都具有潜热，但它无法被感觉到，也不能用温度计进行测量。例如，当水的温度达到沸点时，若继续对其加热，水的温度便停留在沸点位置不再升高，直至水完全变成水蒸气为止。在整个加热过程中，增加的热使水变成水蒸气，也就是说这部分热使水发生了状态的变化。潜热按物体状态不同，可分为液化潜热、凝固潜热、溶解潜热、蒸发潜热、升华潜热五种。

（2）热的传递　热的传递称为热流，热流是自然发生的，是从高温物体向低温物体传送热量的过程，并且温度的差别越大，热量传送的速度就越快。

热的传递有三种方式：热辐射、热传导和热对流。

① 热辐射是指热源以辐射波的形式直接向其周围的空间散发热量。

② 热传导是指热量在物体内部从高温端向低温端直接传递的现象。热传导是物体本身的热能流动。当物体的一侧被加热后，热传导过程就发生了，热量就会通过物体传送到比较冷的一侧。传热性能良好且热量损失较少的物质称为热导体，而不容易使热量通过的材料称为绝缘体。

③ 热对流是指在温度不同的流体中，各部分之间发生相对位移，使冷热流体相互掺混引起热量传递。冷的流体要比热的流体密度大一些。当热的流体向上运动时，冷的流体就下沉到底部，这就开始了循环流动。

3. 温度与湿度

（1）湿度　是用来衡量空气中含有水蒸气量的物理量。湿度通常有三种表示方法，绝对湿度、含湿量、相对湿度。

① 绝对湿度，$1m^3$ 湿空气中所含水蒸气的质量，叫空气的绝对湿度。

② 含湿量，每 1kg 干空气中所含有的水蒸气的质量，叫空气的含湿量。

③ 相对湿度，湿空气中实际所含的水蒸气量与同温度下饱和湿空气所含的水蒸气量的比值，叫空气的相对湿度。

（2）温度　是物体冷热程度的量度，常用 T 表示。温度越高，物体就越热。常用的温度单位是摄氏度，用符号℃表示，温度还可以用华氏度、开氏度表示，符号分别是℉和 K。最常用的温度计有水银温度计和酒精温度计。温度计的温标一般有摄氏温标、华氏温标（欧美用）和绝对温标，如图 1-1 所示。

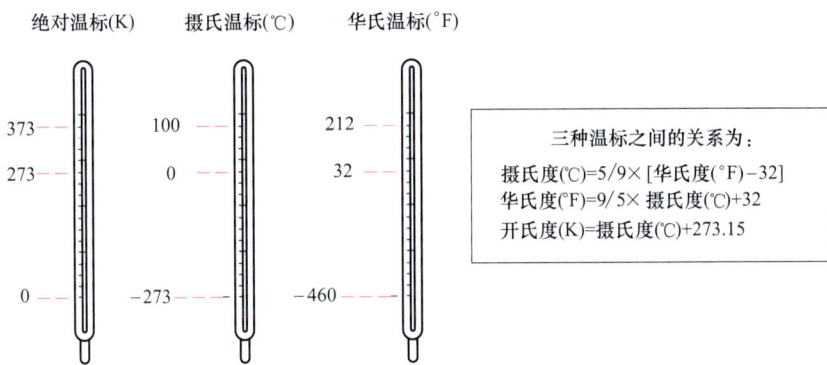

三种温标之间的关系为：
摄氏度(℃)=5/9×[华氏度(℉)−32]
华氏度(℉)=9/5×摄氏度(℃)+32
开氏度(K)=摄氏度(℃)+273.15

图 1-1　温度的标定方法

4. 压力与真空度

压力是垂直作用于物体单位表面积上的力，常用 p 表示，其单位为 Pa（帕斯卡，简称帕），有些国家使用 bar（巴）作为压力单位。例如水的气压曲线如图 1-2 所示。保持温度不变的情况下，可以随着压力的变化改变气液状态的变化。

压力通常有三种表示方法，绝对压力、表压力、真空度。

（1）绝对压力 $p_{绝}$　表示的是实际的压力值，是把完全真空状态作为零值。

（2）表压力 $p_{表}$　表示通过压力表上指示读出的压力值。它是将标准大气压作为零值，在此基础上进行压力计算的结果。

（3）真空度 $p_{真}$　是低于标准大气压力的数值。

绝对压力＝表压力＋1 个标准大气压

真空度＝1 个标准大气压−绝对压力

压力表指示的压力是系统内的压力与外界大气压力的差值，称为工作压力或表压力。用压力表测大气压力，指示值为 0。当制冷剂的压力高于大气压力时，其值称为表压力；当制冷系统的

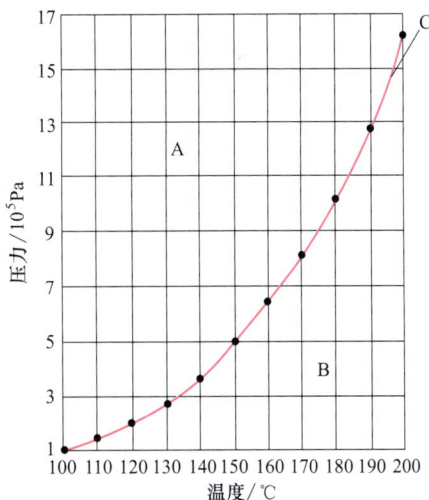

图 1-2　水的气压曲线
A—液态；B—气态；C—水的气压曲线；

压力低于大气压力时，其值称为真空。

压力的大小也会影响沸点（液体"沸腾"时的温度）的高低，压力低，沸点较低；压力高，沸点较高。

5. 汽化与液化

物质由液态变为气态的过程称为汽化。1kg 液体转变为气体所需要的热量，叫做该物体的汽化热。液化也叫作冷凝，是指气态物质经过冷却使其转变为液体。液化与汽化关系如图 1-3 所示。

物质一般有气态、液态和固态三种物理状态，三者之间状态可以通过改变外界条件进行改变，其具体变化过程如图 1-4 所示。

图 1-3　汽化与液化关系

图 1-4　物理状态变化过程

6. 热量与热容

衡量物体吸收或者释放热的多少的物理量叫做热量，热量的单位为焦耳（J）。热的传递有传导、对流和辐射三种形式。把单位质量（1kg）物体的温度升高 1℃所需要的热量叫热容。热容的单位为 $J/(kg \cdot ℃)$。

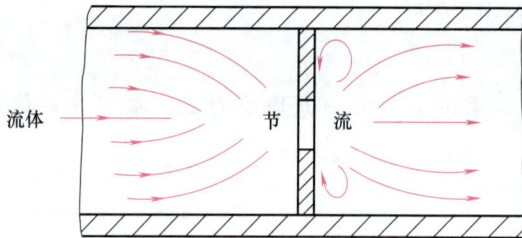

图 1-5　节流

7. 节流

在流体通路中，通道突然缩小，液体压力便下降，如果此时产生气体，则总体积还要增大。这种变化只是状态的变化，与外界没有热和功的交换，因此流体的热量不变，这种状态变化称为节流，如图 1-5 所示。

任务实施

（1）熟悉汽车空调概念，完成对应任务工单活页中理论知识巩固练习的内容。

（2）完成课后阅读，领会汽车工匠精神的含义，并从自身出发，思考如何"传承工匠精神、弘扬劳模精神、践行劳动精神。

课后阅读

大力弘扬工匠精神，培养更多高技能人才和大国工匠

任务二　汽车空调的组成与分类认知

任务导入

车主刘先生到某汽车特约经销店进行汽车空调维护，咨询汽车空调使用知识、制冷剂和冷冻机油类型等，你作为服务顾问接待了刘先生，并准备解答相关的问题。

知识准备

一、汽车空调的功能

汽车空调可以为驾乘人员提供舒适的乘车环境，降低驾驶员的疲劳强度，提高行车安全性，如图 1-6 所示，其调节的内容主要包括以下几个方面。

图 1-6　空调的作用

1. 温度

对空气温度的调节包括冬季（一般舒适的温度，冬季为 16～18℃）加热和夏季（一般舒适的温度，夏季为 20～28℃）降温两种情况。轿车和小型客车一般以发动机冷却循环水作为暖气的热源，而大型客车则采用独立式加热器作为暖气的热源，降温则必须用专门的制冷设备，即汽车空调制冷系统来进行。

2. 湿度

空气的湿度是指空气中水蒸气的含量。对湿度的调节一般都是降低湿度，即除湿，特别是在夏季。在同样的温度下，湿度越大，人感到越热（一般舒适的湿度，夏季为 50％～60％，冬季为 40％～50％）。

3. 空气洁净度

汽车门窗长时间关闭，车内充满了人呼出的二氧化碳、排出的汗味等各种影响空气洁净的气味，因此必须要求汽车空调具有补充车外新鲜空气、过滤和净化车内空气的功能。一般的汽车空调设有进风门、排风门、空气过滤器和空气净化装置等。

4. 空气流动速度

汽车空调系统的空气流动速度包含下面两个方面的含义。

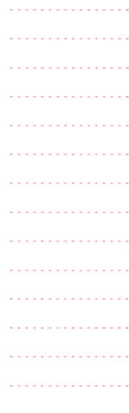

① 车内、外空气的交换速度，即引入外界新鲜空气的比例，外界新鲜空气进入量的多少由新鲜空气阀门开度的大小来控制。

② 内部空气的流动速度，主要解决车厢内温度不均现象。

汽车空调主要调节的是车内部的气流速度。夏天，气流速度稍微大些，有利于人体散热降温，但过大的风速直接吹到人体上，也会使人感到不舒服（一般舒适的气流速度为 0.25m/s 左右）。冬天，风速大会影响人体保温，因而冬天取暖时气流速度应尽量小一些（一般为 0.15～0.20m/s）。

二、汽车空调的分类

汽车空调可按驱动方式、功能、温度可调区域、送风方式和控制方式等进行分类。

（1）按空调压缩机驱动方式分

① 独立式空调 独立式空调又称为主动式汽车空调，由专用空调发动机来驱动（辅助发动机驱动）制冷压缩机。独立式汽车空调系统的制冷量大，其运行过程稳定，不受主发动机工作情况的影响，但成本高，体积及质量大，多用于制冷量较大的大中型客车上。其工作原理如图 1-7 所示。

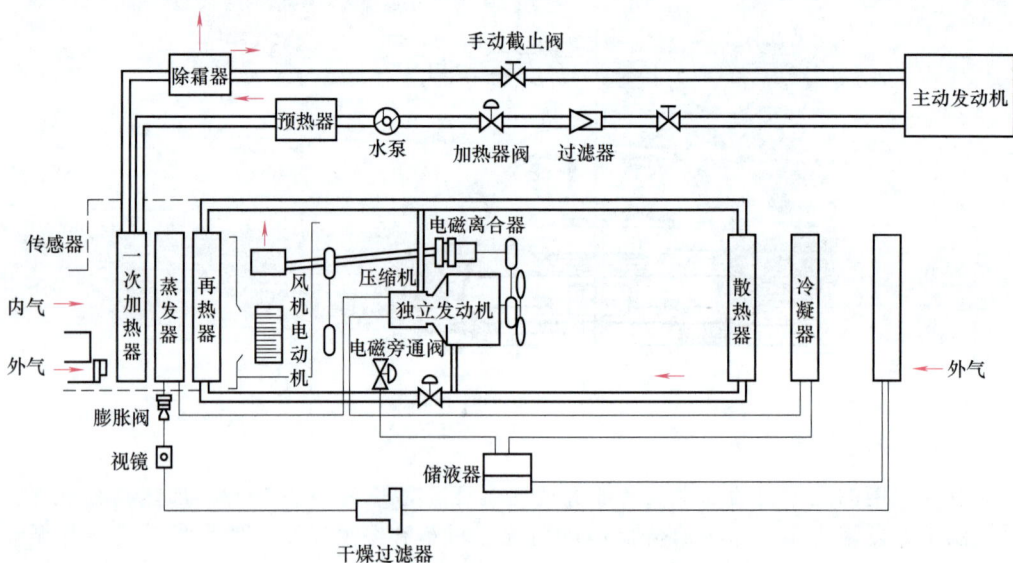

图 1-7 独立式空调工作原理

② 非独立式空调 非独立式空调又称为被动式汽车空调，由汽车发动机直接驱动制冷压缩机。这种汽车空调结构紧凑，但其消耗发动机 10%～15% 功率，降低汽车后备功率，影响发动机的动力性，工作稳定性较差。一般小型客车和轿车采用非独立式汽车空调，原理如图 1-8 所示。

（2）按功能分

① 单一功能型 单一功能指冷风、暖风各自独立，自成系统，一般用于大中型客车和载货汽车上。单一功能型又可分为单一取暖和单一制冷两种形式。

② 冷暖一体型 冷暖一体是指冷暖风合用一台鼓风机、一个风道及一套操纵机构。在制冷系统的基础上增装加热器及暖风出口，其结构形式如图 1-9 所示。

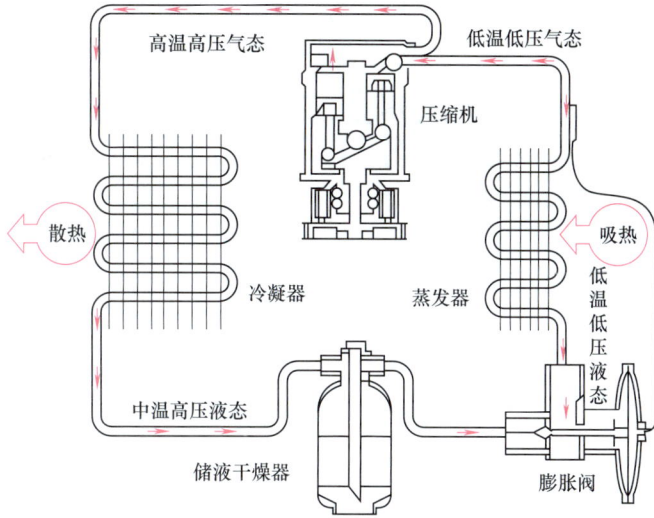

图1-8　非独立式空调工作原理

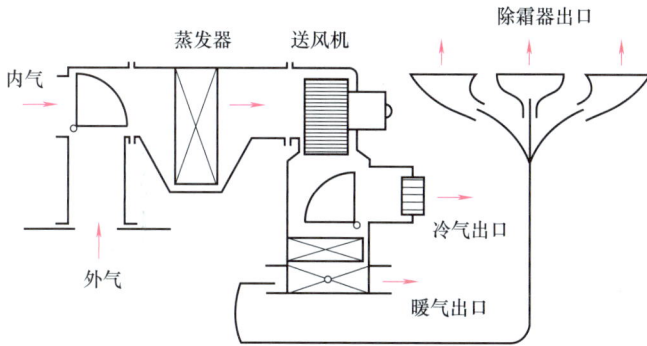

图1-9　冷暖一体型空调结构形式

这种结构又可分为冷、暖风分别工作和冷、暖风可同时工作两种方式。冷暖一体型汽车空调结构紧凑，操纵方便，需要驾驶员手动控制其出风量和冷暖转化模式（也就是常说的手动空调），增加了驾驶员行车时的操作，多用于轿车上。

③ 全功能型　全功能型空调是在冷暖一体型空调的基础上改良而来的，如图1-10所示。这种形式的汽车空调集制冷、供暖、除霜、去湿、通风、净化等功能于一体，可同时工作，实现从冷到热连续温度的调节。

（3）按温度可调节区域分

① 单区空调系统　单区空调系统只能使整个车内保持一个合适温度。

② 双区空调系统　双区空调系统是通过两个温度翻板单独控制驾驶员侧和副驾驶侧两侧的温度。

③ 四区空调系统　在一些高级轿车上加装，可以对车内左前、右前、左后、右后四个区域进行单独的温度调节。一般只有自动空调可以进行分区温度调节。

（4）按送风方式分

① 直吹风　空调风（冷或热）直接从空调吹出，其结构比较简单，风阻损失小，但送

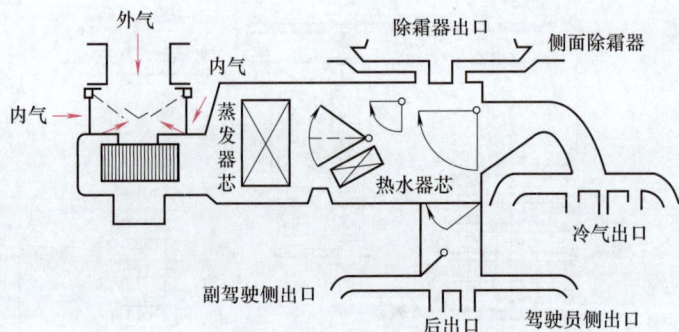

图 1-10　全功能型汽车空调

风不均匀。一般轿车、货车、中小型旅游车常采用这种方式。

②　风道式　空调风通过车内风道送出。送风口布置的原则是冷风出风口布置在上面（尽可能在车顶下），暖风出风口布置在下面（尽量在地板上），以满足"头凉足暖"的要求，即有上、下两层风道。这种方式送风比较均匀，但零件增加，风道阻力增大，因此送风机功率要大，主要用于大中型客车。

（5）按控制方式分

①　手动空调　车内通风的温度控制是驾驶员通过仪表板上空气控制杆、温度控制杆、进气杆和风扇开关等操纵通风管道上的各种阀门来实现的，大多数经济型轿车都采用旋钮式的手动空调。

②　半自动空调　半自动空调与手动空调主要区别在于其采用了程序装置、伺服电动机或控制模块等操纵机构，可根据驾驶员的设定工作，将空调温度控制在设定的值，但是风速还是手动调节的，如图 1-11 所示。一般装配在中档轿车上，如大众波罗、速腾等。

汽车空调
控制面板
认知

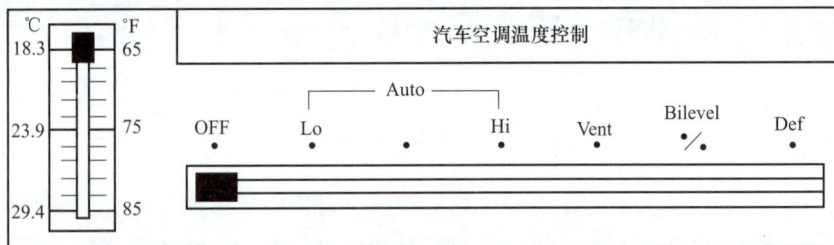

图 1-11　半自动空调控制面板

③　全自动空调　全自动空调是利用传感器随时监测车内外温度的变化，并把检测到的信号送给空调的电子控制单元（ECU）。如图 1-12 所示。

ECU 则按预先编制的程序对信号进行处理，并通过执行元件，不断地对风机转速、出风速度、送风方式及压缩机工作状况等进行调节，从而使车内温度、空气湿度及流动状况始终保持在驾驶员设定的水平上。一般装配在中高档轿车上，如广州本田雅阁、一汽奥迪、通用别克、凯美瑞、福美来等自动挡豪华版轿车就装配着全自动空调。

三、汽车空调的布置与操作

1. 汽车空调的位置布置

（1）轿车空调位置的布置　由于空间限制，轿车空调的布置常常采用非独立式压缩机，

图 1-12　全自动空调控制面板

即压缩机由发动机通过皮带驱动，一般轿车制冷系统布置如图 1-13 所示。

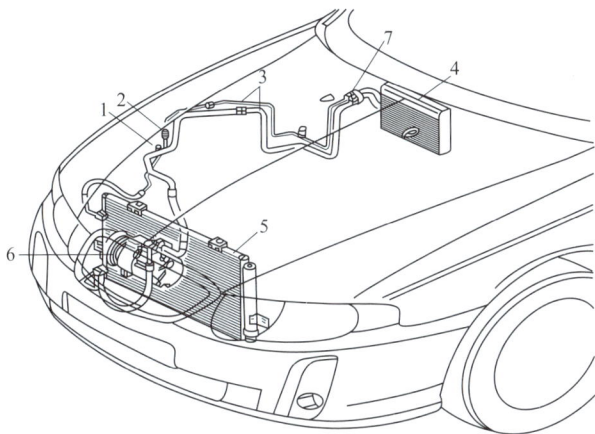

图 1-13　一般轿车制冷系统布置

1—低压维修接口；2—高压维修接口；3—制冷系统管路；4—蒸发器；
5—冷凝器；6—压缩机；7—膨胀阀

　　压缩机通过发动机曲轴的带轮驱动，中间通过电磁离合器控制动力接通和断开。整个制冷系统的装置大部分布置在发动机舱内：压缩机一般固定在发动机的一侧；蒸发器一般安装在驾驶室内，内藏在仪表板内空调器的通风管路中；冷凝器安装在发动机冷却水散热器的前面，用冷凝器风扇和行驶时的流动风进行热交换；储液干燥器安装在靠近冷凝器处，最好离发动机远一点，以免受其散热的影响；蒸发器和膨胀阀一起装在一个箱体内，安装在车室内或靠近车室的发动机室内；蒸发器有的布置在仪表的中间或下方，为仪表式，也有的布置在后部，由前向后送风。

　　（2）客车空调的布置　我国的客车空调一般采用三种布置形式。

　　① 整体裙置式。这种布置方式将压缩机、辅助发动机、冷凝器、蒸发器用传动带和管道连成一个整体布置于客车地板下，也叫整体式空调。该方案安装方便，制冷系统不外露，车的外观不受影响，因此常见于高档旅游客车；但是由于蒸发器位于地板下方，送风机的功率要求较大。

　　② 冷凝器、蒸发器集中置顶，压缩机和辅助发动机裙置式，也叫分体式空调。这种布置方式特点是安装灵活、维修方便，是我国最常见的一种客车空调布置方式。

③ 冷凝器、蒸发器集中置顶，压缩机后裙置式，该方案安装维修方便，噪声低，但是仅仅适合于大功率后置式发动机的非独立空调系统。也叫分散式空调，如图 1-14 所示。

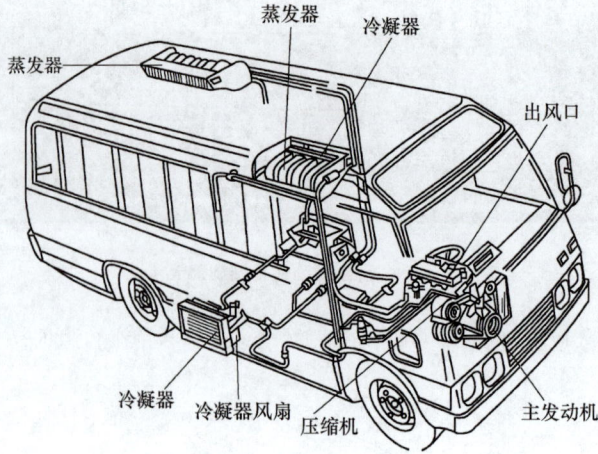

图 1-14　分散式空调

2. 空调出风口的布置

为了调整不同的风向，达到除霜和改变气流分布的目的，仪表台上设置有不同的出风口。驾乘人员可根据自己的需求确定哪些出风口出风，以提供更舒适的环境。出风口设置如图 1-15 所示。

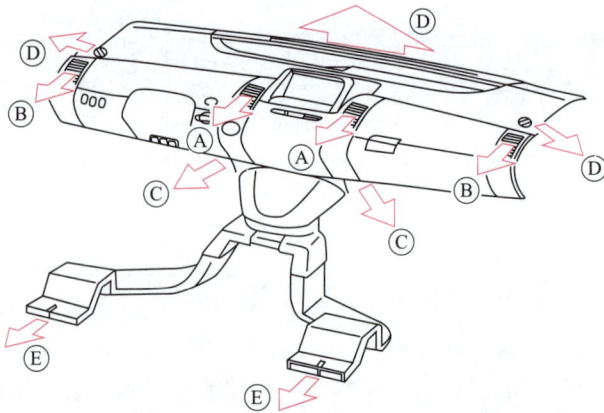

图 1-15　汽车空调出风口设置

A—中央脸部出风口；B—侧面空间出风口；C—脚部出风口；
D—除霜出风口；E—后排乘客出风口

3. 空调操作面板的布置

汽车空调的操作面板包括手动空调操作面板和自动空调操作面板，从面板设置上又可分为旋钮式和按键式两种。

（1）手动空调操作面板　手动空调冷热的选择、风速的大小和出风口的调整以及内外循环的状态都需要驾乘人员手动来调整。如图 1-16 所示为旋钮式手动空调操作面板示意图。

手动空调操作面板上各标识名称和作用如表 1-1 所示。

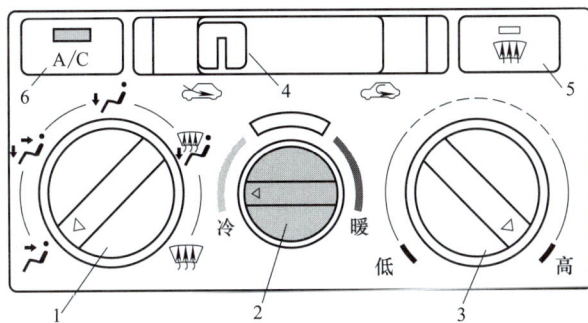

图 1-16　旋钮式手动空调操作面板

1—空调分配旋钮；2—温度旋钮；3—鼓风机转速旋钮；
4—空调循环拉杆；5—后风窗除霜开关；6—空调开关

表 1-1　手动空调操作面板上各标识名称和作用

操作按钮	名称	作　用
A/C	A/C 开关	按下按钮,指示灯信号灯亮起,制冷空调打开
↱	脸部	空调中央脸部出风口出风
↱	双程	空调中央脸部和脚部出风口出风
↳	脚部	空调脚部出风口出风
↳	除霜及脚部	空调除霜出风口和脚部出风口出风
↟	前风窗除霜	空调除霜出风口出风,空气流向前风窗除霜
⬡	外循环	按下开关,新鲜空气进入驾驶室,当外界空气质量不高时,关闭外界循环
⬡	内循环	按下开关,空气车内循环,可以快速取暖和制冷,但是不宜长时间使用
⊡	后风窗除霜	按下开关,后风窗玻璃加热,为避免电能过度消耗,该功能会自动关闭

（2）手动空调的使用操作

① 夏季制冷

a. 先打开车窗，释放积聚在车内的热气。

b. 关上车窗，打开空调 A/C 开关。

c. 温度选择开关调到蓝色区域，将鼓风机速度选择开关开到最大挡位，选择外循环模式，最好选择脸部挡位，不要选择前风窗除霜挡。

d. 达到正常舒适状态时，可调小鼓风机挡位至 2 挡或 1 挡，维持车内舒适的温度和风速。

如果温度不是很高，可以按住 ECON（经济模式按钮），此时空调系统只吹风不制冷，可以节省燃料。

② 夏季去除挡风玻璃的雾气

a. 打开一点车窗，利用外界空气，快速降低驾驶室内的湿度。

b. 打开空调 A/C 开关，选择外循环模式，或者选择前风窗除霜挡，利用空调制冷除湿功能。

c. 湿度过大时，两种模式配合使用效果更好。

③ 冬季采暖除霜

a. 启动发动机，热车。

b. 选择内循环模式。

c. 把温度选择开关，调到红色区域（蓝为冷风，红为暖风）。

d. 按下后风窗除霜开关，利用电加热功能除去后风窗的霜。

（3）自动空调操作面板　图 1-17 是桑塔纳自动空调操作面板。一般的自动空调操作面板除了自动运行模式之外，还设有手动调节模式。

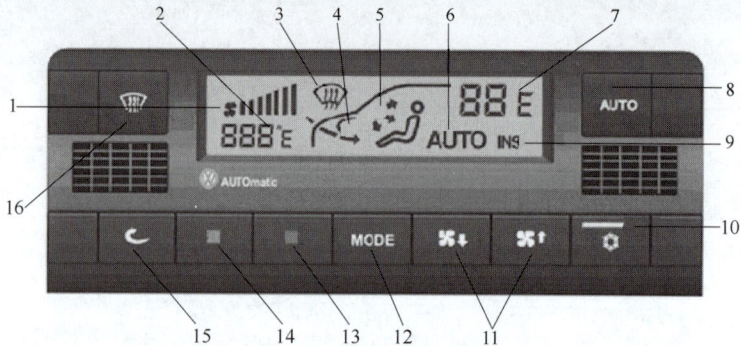

图 1-17　桑塔纳自动空调操作面板

1—风速显示；2—环境温度显示；3—除霜和除雾显示；4—内外循环状态显示；5—出风模式显示；
6—自动运行显示；7—设定温度显示；8—空调自动运行按钮；9—设备故障显示；10—压缩机
运转显示；11—鼓风机转速按钮；12—MODE，气流分布按钮；13—（蓝色）温度降低调节按钮；
14—（红色）温度升高调节按钮；15—循环空气模式；16—前风窗除霜按钮

（4）自动空调的使用操作

① 自动运行模式。温度调节到 18～29℃ 之间 ，按压 AUTO 键。

② 最大功率工作模式。

③ 手动除霜 ▨▨▨ 。按压按钮后，温度自动调节，出风量最大，且都从除霜出风口吹出，此时空气循环运行模式和 ECON 模式自动关闭。再次按压此按钮或 AUTO 键后，关闭此功能。

④ 手动循环空气运行模式。

（5）空调使用过程中的注意事项

① 汽车在熄火前要注意先关掉空调。

② 车厢内最好不吸烟。

③ 热车后使用暖风。

④ 尽量避免在车辆高速行驶时开启空调，建议在行驶速度较低时开启。

⑤ 定期更换空气滤清器。

四、汽车空调的特点

汽车的使用环境以及自身的特点决定了汽车上安装的空调应具备的特点，要求比家用空调更能适应恶劣的环境，综合来说汽车空调应具备以下特点。

① 汽车空调动力来源于发动机或辅助发动机。不便于用电力作为动力源，因而在动力源处理上要比家用空调困难得多。

② 汽车空调制冷量大、降温速度快。车内乘员密度大，产生热量多，热负荷大，而冬天人体所需的热量也大；汽车为了减轻自重，隔热层薄，汽车的门窗多、面积大，所以汽车的隔热性能差，热量流失严重；此外，汽车都在野外工作，环境千变万化，要使汽车空调能迅速地降温，在最短的时间内达到最舒适的环境，要求制冷量特别大。非独立式空调系统，由于发动机的工况变化频繁，所以制冷系统的制冷剂流量变化大。例如，汽车高速运动时，发动机的转速高达 6000r/min，而在怠速时才 600～700r/min，两者相差 10 倍，这导致压缩机输送的制冷剂变化大，制冷流量变化大，导致汽车空调设计困难，制冷效果不佳，而且会引起压力过高或者压缩机的液击现象而发生事故。

③ 汽车空调工作环境恶劣，但抗冲击力强。汽车空调安装在运动中的车辆上，承受剧烈、频繁的振动和冲击，因此汽车空调的各个零部件具有足够的强度和抗振能力，接头牢固并防漏。

④ 汽车空调结构紧凑，质量小。由于汽车本身的特点，要求汽车空调结构紧凑，能在有限的空间内进行安装，而且安装了空调器后，不至于使汽车质量增加太多，从而影响其他性能。现代汽车空调的总质量已经比 20 世纪 60 年代下降了 50%，是原始汽车空调装置质量的 1/4，而制冷能力却比 20 世纪 60 年代的汽车空调增加了 50%。

五、汽车空调的组成与工作原理

完善的汽车空调系统一般由制冷系统、暖风系统、通风系统、电气控制系统四大部分组成。严格来说，还应包括空气净化装置。高级轿车装备有碳罐、空气滤清器和静电除尘式净化器等一套较完整的空气净化系统，而在普通型轿车中，空气净化的任务则由蒸发器直接完成。

汽车空调作用及组成结构

1. 制冷系统

（1）作用　温度高时，根据驾驶人员的需要对车内空气进行冷却、除湿。

（2）组成　汽车空调制冷系统主要由空调压缩机、蒸发器、冷凝器、储液干燥器、视液窗、膨胀阀等部件组成，利用制冷剂不断变化的状态循环达到制冷效果。其系统组成及布置如图 1-18 所示。

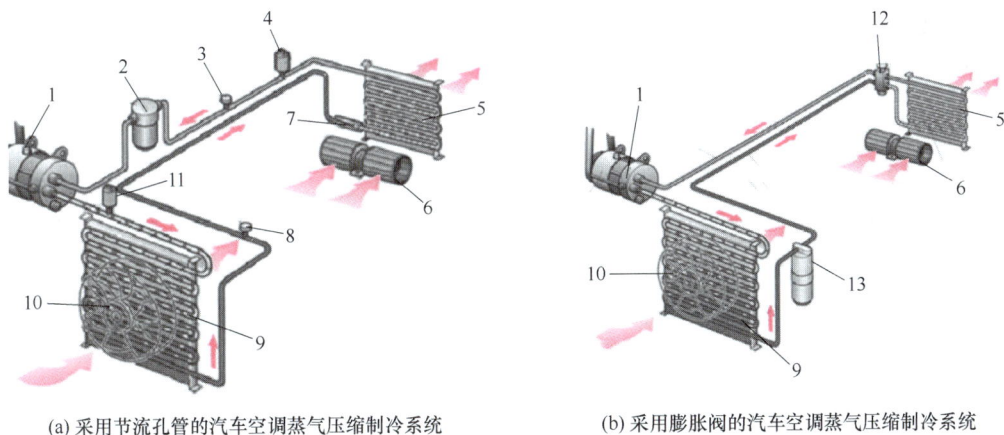

(a) 采用节流孔管的汽车空调蒸气压缩制冷系统　　(b) 采用膨胀阀的汽车空调蒸气压缩制冷系统

图 1-18　制冷系统组成及布置

1—压缩机；2—集液器；3—低压侧维修阀；4—低压压力保护开关；5—蒸发器；6—离心式冷却风机；
7—节流孔管；8—高压侧维修阀；9—冷凝器；10—轴流式冷却风机；11—高压压力保护开关；
12—节流膨胀阀；13—储液干燥器

（3）工作原理　以图 1-19 来解释说明汽车空调基本制冷原理。

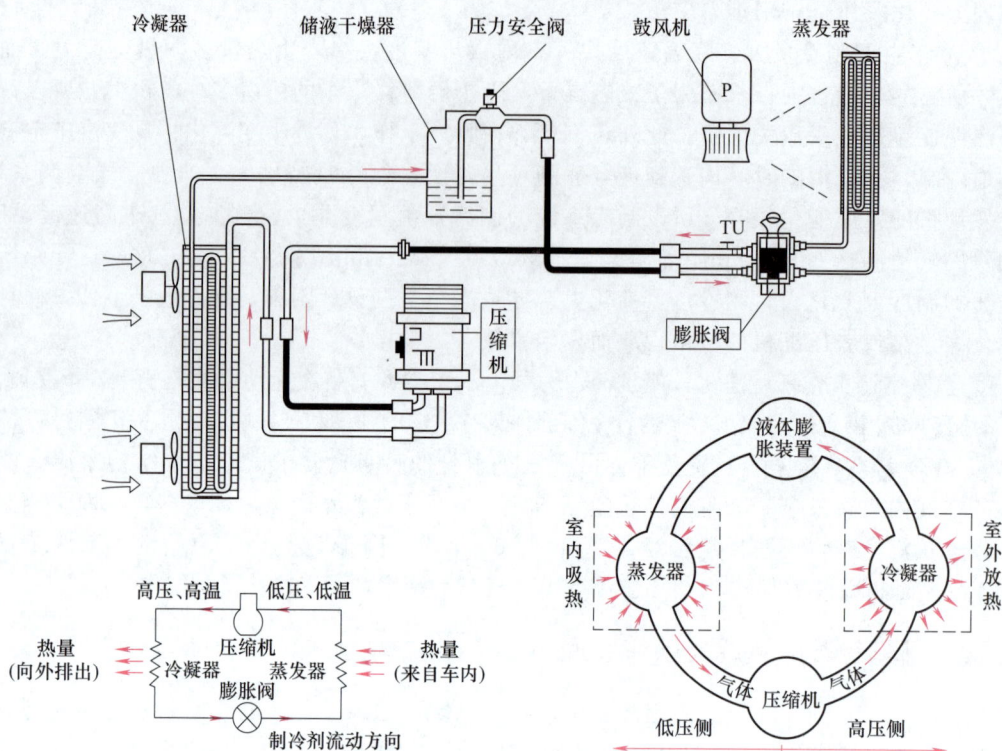

图 1-19　汽车空调制冷的工作原理

空调压缩机把低温低压气态制冷剂（冷媒）压缩成高温高压气态后进入冷凝器，使其能在冷凝器内将热量释放给车外的空气，失去热量的气态制冷剂在冷凝器内冷凝成中温高压的液态制冷剂，液态的制冷剂在通过节流装置时，又转变成低压低温的液态制冷剂，然后进入到蒸发器中在低压下汽化，由于制冷剂在蒸发器内汽化时的温度低于蒸发器外空气的温度，因此能吸收被强制送入车厢内的空气中的热量，使进入车厢内空气降低温度，产生制冷效果。从蒸发器中出来的制冷剂又变成低温低压的气体，再次进入压缩机中循环。

在制冷系统的密封回路中，制冷剂以不同的状态在制冷系统内循环流动，每个循环有四个基本过程。

① 压缩过程　压缩机吸入蒸发器出口处的低温低压的制冷气体，把它压缩成高温高压的气体，然后送入冷凝器。此过程的主要作用是压缩气体，以便于气体液化。压缩过程中制冷剂状态不发生变化，而温度、压力不断升高，形成过热气体。

② 放热过程　高温高压的过热制冷剂气体进入冷凝器（散热器）与大气进行热交换。由于压力及温度降低，制冷剂气体冷凝成液体，并放出大量的热，此过程的作用是排热、冷凝。

③ 节流膨胀过程　高温高压制冷剂液体经膨胀阀节流降温降压，以雾状排出膨胀装置。该过程的作用是使高温高压的制冷剂液体迅速地变成低温低压液体，以利于吸热、控制制冷能力，以及维持制冷系统的正常运行。

④ 吸热过程　经膨胀阀降温降压后的雾状制冷剂进入蒸发器，因此时制冷剂沸点远低于蒸发器内温度，故制冷剂液体在蒸发器内蒸发、沸腾成气体。在蒸发的过程中大量吸收周

围的热量，降低车内温度。而后低温低压的制冷剂气体流出蒸发器，等待被压缩机再次吸入。

上述过程周而复始地进行，便可使汽车内温度达到并维持在设定的状态。

2. 暖风系统

（1）作用　主要用来取暖和除霜。

（2）组成　暖风系统是由加热器、水阀、水管、发动机冷却液组成（如图 1-20 所示）。根据热量来源不同，可以分为热水取暖系统、燃气取暖系统、废气取暖系统等。目前大多数轿车采用发动机冷却液、废弃的余热或者利用燃烧器燃烧产生的热量作为取暖的热源，再通过加热器加热由鼓风机送入车内空气或车外新鲜空气，使得出风口的温度上升达到取暖的目的。

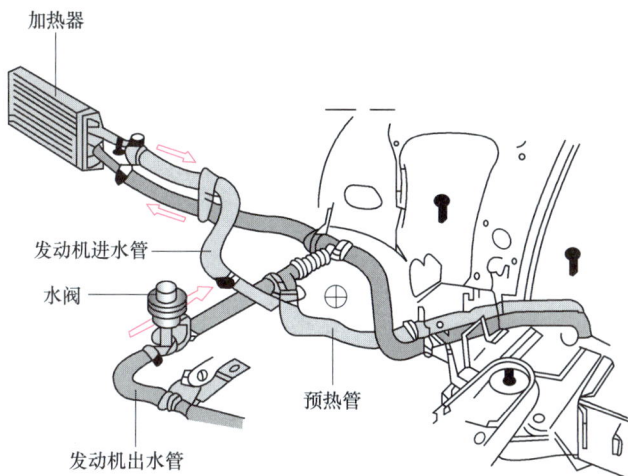

图 1-20　暖风系统的组成

（3）工作原理　发动机做功加热的冷却液在水泵的作用下循环至加热器芯，加热器芯的散热片吸收热量，此时鼓风机吹出空气穿过加热器的散热片，被散热片加热的温暖空气进入乘客舱，满足空调系统的制热需求，如图 1-21 所示。

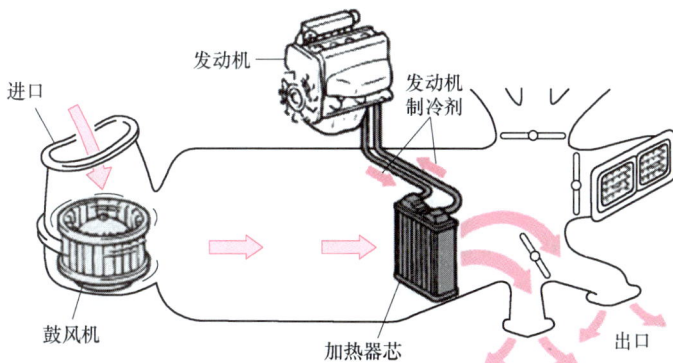

图 1-21　暖风系统的工作过程

3. 通风系统

（1）作用　通风系统将新鲜空气引入车内，将外部新鲜空气吸进车内，起到通风和换气的作用，同时，通风对防止风窗起雾也起到良好的作用。

（2）组成　通风系统由出风模式风门、鼓风机、温度调节风门、内外循环风门、导风管等组成。通风系统风门布置如图 1-22 所示。

图 1-22　通风系统的风门布置

（3）工作原理　当驾乘人员打开鼓风机开关时，鼓风机运行对乘客舱内进行强制送风，空气从内外循环空气入口被吸入，吸入的空气可通过内外循环风门选择从车内进入还是从车外进入。空气流经鼓风机后，先通过蒸发器，如果制冷系统正在运行，流经的空气还将被冷却。随后空气会被引导至温度调节风门，温度调节风门的位置决定空气是否通过加热器加热。被降温或加热的空气在出风模式风门的分配下可以从中央脸部出风口、除霜出风口或脚部出风口等送到乘客舱内不同的位置，如图 1-23 所示。

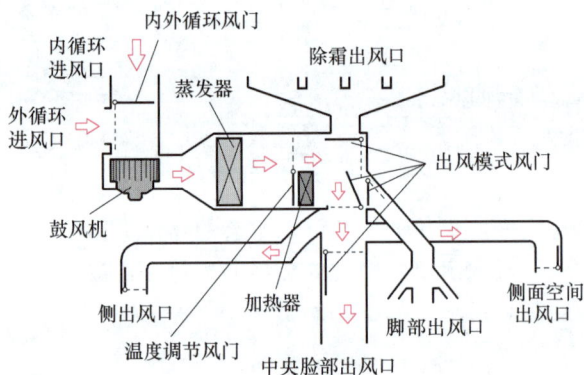

图 1-23　通风系统的工作过程

4. 空气净化装置

（1）作用　除去车内空气的尘埃、异味、烟气以及有毒气体，使车内空气变得清新。同时，在空气湿度较低的时候，对车内空气进行加湿，以提高车内空气的相对湿度。配备空气净化装置的汽车空调在高级轿车和豪华客车上应用较多。

（2）组成　通常有空气过滤式和静电除尘式两种，空气过滤式空气净化系统是在空调系统的进风和排风口处设置空气滤清装置，故广泛用于各种汽车空调系统中（如图 1-24 所示）。

（3）工作原理　静电除尘式空气净化系统中经过高压放电产生的加速离子通过加热扩散或相互碰撞的方式使浮游尘埃颗粒带电，然后在电场力作用下被吸附在除尘电极板上，不仅能过滤和吸附烟尘等微小颗粒杂质，还能除臭、杀菌。由于其结构复杂，成本较高，一般只

图 1-24　空气过滤式空气净化系统组成

用于高级轿车或旅行车上，如图 1-25 所示。

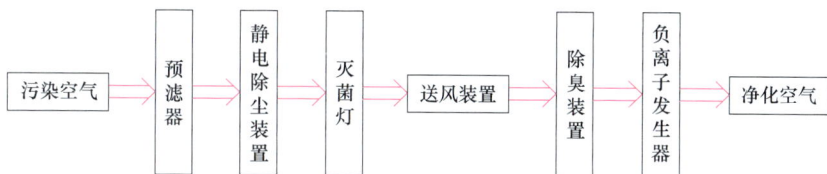

图 1-25　静电除尘式空气净化系统组成示意图

5. 电气控制装置

（1）作用　对制冷系统、暖风系统和通风系统进行综合控制，使其能正常工作并尽可能优化，从而维持车厢内所需的舒适性条件。

（2）组成　控制电路主要包括点火开关、A/C 开关、电磁离合器、鼓风机开关及调速电阻器、各种温度传感器、制冷剂高低压力开关、温度控制器、送风模式控制装置、各种继电器等。

（3）工作原理　温度控制器以蒸发器表面的温度作为控制信号，控制电磁离合器的动作。如果压缩机温度过高，高压部分会因压力异常而损坏，所以设有过热开关或高压压力开关；如果系统制冷剂缺乏，则可能冷冻机油也缺乏，压缩机若在这种干摩擦情况下运转，容易损坏，因此设有抵押压力开关，当系统压力过低时会自动切断压缩机的电源。像这样通过控制压缩机电磁离合器的吸合与断开，防止制冷系统压力过高。通过温度传感器、温度控制器等控制乘室内空气的流速、方向和温度，实现驾驶员设定的温度范围，完善了空调系统的正常工作。

对于设有微型计算机控制的空调系统，其压缩机的开停（或水阀的开启度）可满足空调系统处于最经济状态和所要求的各种冷暖状态。为了解决汽车怠速、加速等运行工况下的动力匹配及散热器冷却问题，近年来比较多地采用提高怠速转速的办法。

任务实施

一、巩固理论知识

（1）了解汽车空调的功能、分类、特点及组成原理，完成对应任务工单活页中理论知识巩固练习的内容。

（2）完成课后阅读，领会企业 8S 现场管理的主要内涵和作用，并从自身出发，思考如何在实践操作过程中逐步养成 8S 的工作习惯。

二、提升专业技能

熟悉汽车空调电气控制系统各元件工作原理，完成对应任务工单活页中专业技能提升训练的内容。

💡 **课后阅读**

8S 现场管理的主要内涵和作用

项目二
汽车空调维护与保养

📖 项目描述

　　轿车上的空调基本上都是非独立式空调，结构紧凑，操作方便，给驾乘人员提供舒适的乘车环境，但如果空调使用不当或出现故障等，不仅影响空调寿命，造成驾乘环境不适，也可能影响发动机动力性、工作稳定性等。本项目结合全国职业院校技能大赛的内容，主要介绍汽车空调使用与维护的方法、专用工具及设备的使用要点，通过学习，达到以下学习目标：

🔄 素质要求

　　1. 崇德向善、热爱劳动，自觉履行职业道德准则和行为规范，践行工匠精神和劳模精神。
　　2. 着装整洁，服从管理，规范作业，重点关注"整理"和"整顿"，在实践操作过程中逐步养成"8S"的工作习惯。
　　3. 能够在工作过程中与小组其他成员合作、交流，养成团队合作意识，锻炼沟通能力。

📋 知识要求

　　1. 了解汽车空调使用注意事项以及维护保养的方法。
　　2. 了解空调系统泄漏测试方法。
　　3. 掌握空调系统制冷剂的鉴别和回收流程。
　　4. 掌握空调系统部件和软管的清洗方法。
　　5. 掌握空调系统制冷剂的加注流程。

✖ 技能要求

　　1. 能正确使用汽车空调，识别空调系统的类型并测试其性能，确定维修内容。
　　2. 能通过眼看、耳听、鼻闻和手摸诊断空调系统故障，确定维修项目。
　　3. 能对空调系统进行泄漏测试，确定维修项目。
　　4. 能清洗空调系统部件和软管。
　　5. 能向空调系统加注制冷剂。
　　6. 认识汽车空调维护保养常见的工量具，并了解它们的使用方法。

任务一　汽车空调正确使用与维护

📕 任务导入

　　李先生反映自己打开汽车空调时，汽车空调能工作，但是车内有异味，希望 4S 店能帮他找出原因，并进行全面维护保养。

⊛ 知识准备

　　汽车空调工作的环境比较恶劣，对汽车空调的制冷性能、使用寿命、运行稳定性及功耗提出了较高的要求，汽车空调给人们带来享受、舒适的同时，如果使用方法不当，也会带来一些隐患，因而汽车空调的正确使用与适时维护保养对于保证和延长汽车空调寿命以及使用安全具有非常重要的意义。

一、汽车空调使用注意事项

汽车空调使用方法

　　① 使用空调前，应了解空调操作面板上各推杆和按钮的作用，按操作面板提示进行操作。

　　② 使用空调时应先启动发动机，待发动机稳定运转几分钟后，打开鼓风机至某一挡位，然后再按下空调开关，此时已启动空调压缩机，调整送风温度及送风口；发动机熄火后，也应关闭空调，以免蓄电池电量耗尽，造成再次启动困难。

　　③ 夏季停车时应尽量选择阴凉处，避免阳光暴晒增加空调负担，夏日长时间停车后，车厢内温度很高，在这种情况下，应先开窗、开通风扇，将车内热空气赶出车厢，再关门窗开空调。

　　④ 使用空调时，应关闭门窗使温度尽快达到所需温度，以节约能源；若鼓风机开在低速挡，则冷风温度开关不宜调得过低，否则易使蒸发器结霜，产生风阻，而且容易引发压缩机液击现象。

　　⑤ 冬季热车后再使用暖风，如果在冷车时就打开暖风，既得不到暖风又会延长暖车时间，所以水温升上来之前不要打开暖风开关。

　　⑥ 长距离上坡行驶时，应暂时关闭空调，以免发动机散热器内冷却液沸腾。

　　⑦ 汽车运行速度较低时，汽车空调应采用低速挡，以使发动机有一定转速，防止发电量不足或冷气不足。

　　⑧ 汽车怠速时使用空调，应了解本车空调有无怠速提升装置，若无，则应适当提高发动机转速以免开空调时熄火或不稳定，长时间在怠速下使用空调对发动机也会有一定损害。

　　⑨ 超车时，若本车空调无超速自动停转装置，则应关闭空调。

　　⑩ 汽车停驶时最好不要长时间使用空调，以免耗尽蓄电池的电能和防止废气被吸入车内，造成再次启动发动机困难或车内缺氧，乘客吸入一氧化碳中毒。

　　⑪ 在只需换气而不需冷气时，如春、秋两季，只需打开鼓风机开关而不需要启动压缩机。不使用空调的季节，也应经常启动压缩机，避免压缩机轴封处因缺油而泄漏，亦可避免压缩机轴因缺油而卡死。

　　⑫ 定期清理冷凝器和蒸发器，以免被灰尘等附着堵塞，造成空调制冷效果下降。

　　⑬ 定期检查清理空调滤清器，以免因为灰尘等附着堵塞过滤器，影响出风量和制冷效果，并造成车内异味等。

　　⑭ 在空调运行时，若听到空调装置有异常响声，应立即关闭空调，并及时请专业维修人员检修。应经常检查各管接头连接处、固定夹、各连接螺栓是否紧固；检查各电线接线柱是否连接可靠、有无松动；检查各电线、软管有无磨损、松弛，有无接触高温、旋转物体，软管有无鼓包；检查制冷剂量是否合适，有无泄漏，管接头、冷凝器表面等处有无不应出现的油迹等。

二、汽车空调维护作业内容

汽车空调在进行维护保养时要按照汽车空调厂家的规定进行，遵守其作业要求，一般可以分为日常维护和定期维护。

1. 日常维护

汽车空调的日常维护保养主要是驾驶员通过看、听、摸、闻等方法进行检查，一般包含如下项目：

（1）异常响声和异常气味检查　用耳听和鼻闻检查空调有无异常响声和异常气味。

（2）控制元件和控制电路检查　检查各控制元件是否正常工作，控制电路是否正常工作。

（3）冷凝器检查　要求散热片内清洁、片间无堵塞物，防止冷凝器因散热不良造成冷凝压力和温度过高、制冷能力下降。用手摸冷凝器进口和出口处，正常情况下是前者较后者热。

（4）空调滤清器检查　为保证进风量充足，防止空气通道堵塞影响出风量和制冷效果，要求经常检查空调滤清器是否被灰尘等杂物附着堵塞并进行清洁。

（5）制冷系统管路检查　检查制冷系统软管外观是否正常，各接头处连接是否牢靠，接头处有无油污，有油污表明有泄漏，应进行紧固。

2. 定期维护

为了保证汽车空调的工作可靠，除了上述可以由驾驶员进行的基础性日常维护保养作业外，还需要专业的汽车空调维修人员定期对空调进行保养维护和调整等，一般包含以下作业内容：针对压缩机、冷凝器、散热器、蒸发器等主要工作部件的检查调整。

（1）压缩机检查　检查润滑油液面高度，每年在四至五月份维护期中更换一次压缩机润滑油，并清洁或更换润滑油滤网；在压缩机工作时，检查压缩机是否有异响、振动；用手摸压缩机附近高、低压管有无温差；检查进排气阀开、关情况；检查密封情况。

（2）冷凝器检查　冷凝器散热片应无折弯、无尘土杂物堵塞现象，各固定螺栓螺母齐全、紧固、可靠，制冷剂无泄漏；检查冷凝器散热风扇工作情况，风扇电动机磨损情况。一般每年都需要进行一次检查。

（3）蒸发器检查　一般每年都需要进行一次检漏作业，2～3年对蒸发器内部进行清扫。

（4）传动皮带使用情况和松紧程度检查　要求压缩机与发动机之间的皮带应张紧，每使用100h检查一次张紧度和磨损情况，使用3年需要更换。

（5）制冷剂数量检查　制冷系统工作时，观察视液镜，正常情况下应无气泡流动现象。仅在增加或降低发动机转速时出现少量的气泡，说明制冷剂适量；若不论怎样调节发动机转速，始终看到有混浊状的气泡流动，则说明管路内制冷剂不足，应予补充；若不论怎样调节发动机转速，始终看不到气泡，则说明制冷剂过量。

（6）制冷器管路检查　检查管路接头处密封情况；软管是否有老化、裂纹等情况。软管一般每3～5年更换一次。

（7）膨胀阀检查　每1～2年需要检查其工作是否正常，检查开度大小是否合适，有无堵塞，感温包作用是否正常，膨胀阀能否根据温度的变化自动调节制冷剂的供给量等，若不正常则需调整或更换。

（8）电磁离合器的检查　每1～2年检查一次，检查电磁离合器有无打滑现象，结合面磨损情况，电磁离合器间隙是否符合要求，离合器轴承在旋转时有无偏摆拖滞现象等，若不正常，则需调整或更换。

（9）冷冻机油的检查　一般每 2 年检查或更换。当管路有较大泄漏时，需要立即检查并补充冷冻机油。

（10）高、低压压力开关、温度开关检查　高压开关在压力 2.2MPa 时，应能自动接通声光报警电路并使电磁离合器断电，当压力小于 2MPa 时应能自动复位。低压开关在压力小于 0.2MPa 时，应能自动接通声光报警电路并使电磁离合器断电，当压力大于 0.2MPa 时应能自动复位。水温开关在（100±2）℃时，应能自动接通声光报警电路。一般应每年检查一次，每 5 年更换一次。

三、汽车空调维护保养工具的使用

1. 常用工具

（1）温度计　用于测量温度的仪器，能够实时检测汽车内温度，有效避免在冰点下对车辆的损坏，汽车空调系统常用温度计有玻璃液体温度计和电子温度计，如图 2-1 所示。

（2）湿度计　在汽车空调中用于测量车内的湿度。常用的湿度计有普通干湿球温度计、通风干湿球温度计等。

（3）风速仪　用于测量空调出风口风速，从而判断通风管路是否堵塞，鼓风机工作是否正常，如图 2-2 所示。

风速仪的
使用方法

(a) 玻璃液体温度计　　(b) 电子温度计

图 2-1　汽车空调常用温度计

图 2-2　汽车空调风速仪

2. 专用工具

（1）歧管压力表　歧管压力表与制冷系统相接可进行抽真空，加制冷剂和诊断制冷系统故障等。表阀上软管材质是氯丁耐氟橡胶软管，其长度已标准化，颜色不同表示作用场所不同，一般红色软管用于高压侧，蓝色软管用于低压侧，黄色或绿色软管用于连接真空泵或制冷剂罐，如图 2-3 所示。

① 检查制冷系统高压端压力，将高压手动阀和低压手动阀同时关闭时，可以检测高压侧和低压侧的压力，如图 2-4（a）所示。

② 对制冷系统抽真空，高压手动阀和低压手动阀同时全开时，中间接头接上真空泵，可以对制冷系统抽真空，如图 2-4（b）所示。

③ 加注制冷剂，将高压手动阀关闭，低压手动阀打开，可从低压侧给系统加注气态制冷剂，如图 2-4（c）所示。

④ 高压手动阀打开，低压手动阀关闭，可从高压侧注入液态制冷剂，也可使系统放空，排除制冷剂，如图 2-4（d）所示。

使用歧管压力表注意事项：

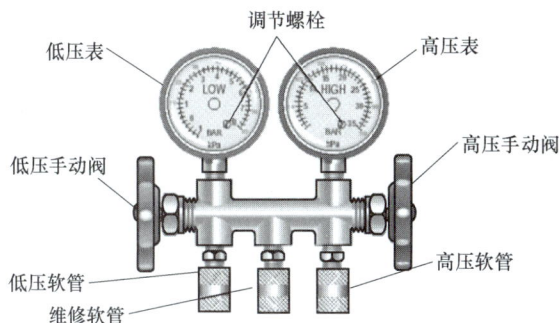

(a) 歧管压力表结构示意图   (b) 歧管压力表实物图

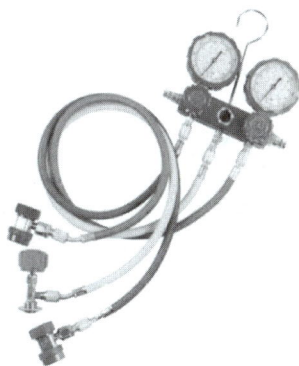

图 2-3 歧管压力表

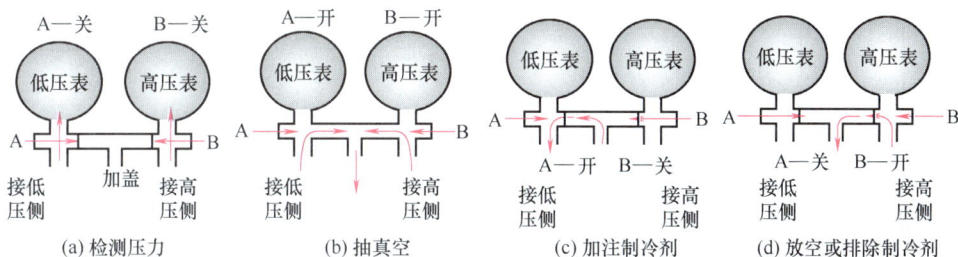

(a) 检测压力   (b) 抽真空   (c) 加注制冷剂   (d) 放空或排除制冷剂

图 2-4 歧管压力表功能示意图

① 正确理解在不同功能中各阀门开、关状态，按照要求操作；

② 压力表上有多条刻度线对应不同压力单位，也对应着该压力表使用的不同制冷剂的类型，应根据所使用的制冷剂的类型选择合适的压力单位和刻度线；

③ 使用时要排尽歧管内空气；

④ 不同制冷剂不可使用同一个歧管压力计，不同制冷剂的歧管接头尺寸也不相同，使用时要正确区分；

⑤ 压力表软管与接头连接时不能用工具拧紧，只能用手拧紧；

⑥ 不使用时，软管应与接头连起来收好。

（2）真空泵 真空泵主要是对制冷管道系统抽真空，把系统中的空气和水分排出。空调系统初次加注制冷剂前，或拆卸更换零部件后，空气会进入到系统中，会使膨胀阀在制冷系统工作时产生冰堵，冷凝器压力升高，系统零部件被腐蚀，因此必须对系统抽真空，然后才能充注制冷剂。

（3）检漏仪 制冷系统是一个密封的系统。维修后的制冷系统必须严格地检查气密性，才能保证修理质量，减少制冷剂的损耗，提高运行的可靠性和经济性。一般检漏仪分为卤素检漏灯、荧光剂检漏仪和电子检漏仪。

① 卤素检漏灯 是一种丙烷（或酒精）燃烧喷灯，它是利用制冷剂气体进入安装在喷灯的吸入管后，会使喷灯的火焰颜色改变这一特性（如表 2-1 所示），来判断系统的泄漏部位和泄漏程度的，结构如图 2-5 所示。

卤素检漏灯只能用于 R12（氟利昂）等含有氯原子的卤素制冷剂的检漏，可测出空气中 R12 容积浓度为 0.1% 的泄漏位置，R12 浓度很大时，火焰可能熄灭。使用卤素检漏灯要注

汽车空调检
漏仪的使用

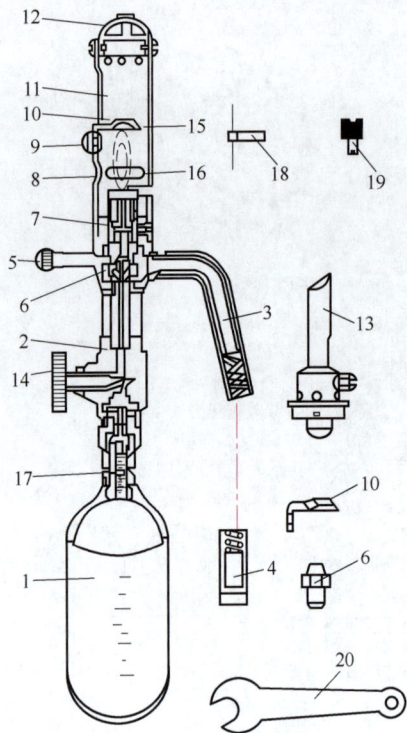

图 2-5　卤素检漏灯示意图

1—检漏灯储气瓶；2—检漏灯本体；3—吸入管；4—滤清器；
5—燃烧筒支架；6—喷嘴；7—火焰分隔器；8—点火孔；
9—反应板螺钉；10—反应板；11—燃烧筒；12—燃烧筒盖；
13—栓盖；14—调节把手；15—火焰长度（上限）；16—火
焰长度（下限）；17—喷嘴；18—喷嘴清洁器；19，20—扳手

表 2-1　火焰颜色与漏气量关系表

火焰颜色	漏气情况
橙红色	无漏气
浅绿色	微量漏气
浅蓝色	漏气量较多
紫色	漏气量很多

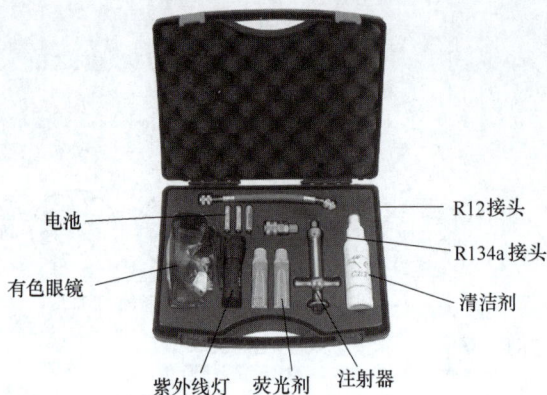

图 2-6　荧光剂检漏仪

电池　R12接头　R134a接头　有色眼镜　清洁剂　紫外线灯　荧光剂　注射器

意经常刮去反应板上的氧化层，以保证灵敏度，同时由于燃烧后的制冷剂有毒，检查时需要注意不要吸入燃烧的制冷剂。卤素检漏灯的价格较低，灵敏度高，但由于使用复杂，目前正在逐渐淘汰。

②　荧光剂检漏仪　荧光剂检漏仪操作的配套工具包含紫外线灯、有色眼镜、荧光剂和注射器等。首先将荧光剂注入制冷系统中，如果制冷系统存在泄漏，荧光剂在紫外线照射下呈现黄绿色，有无荧光物质是判断是否泄漏的主要依据，不同制冷剂采用的荧光剂也不一样，为避免直接观看紫外线时伤害眼睛，在检查过程中要佩戴有色眼镜，如图 2-6 所示。

③　电子检漏仪　可以分为 R12 电子检漏仪、R134a 电子检漏仪和多功能电子检漏仪等。电子检漏仪由一对电极组成，阳极由白金制成，白金被加热器加热后，放在空气中加上电压，就有阳离子打到阴极，产生电流，如果有制冷剂流过，回路中电流就会明显增大，根据此信号检测出制冷系统的泄漏情况，如图 2-7 所示。

电子检漏仪使用注意事项：

根据制冷剂种类，选择合适的电子检漏仪或开关的挡位；

使用前要检查探头，确保无灰尘或油脂等污物附着，如果探头脏污，可以浸入酒精等温和清洗剂内几分钟，然后用压缩空气吹干或毛巾擦干；

如果在洁净的空气中出现报警或不稳定现象，则需要关闭电源，并更换探头；

(a) 检漏仪结构示意图

(b) 检漏仪实物图

图 2-7　电子检漏仪

一旦查出泄漏部位，探头应立即离开此部位，以免损害仪器使用寿命或影响检测灵敏度。

电子检漏仪使用方便，不需要点火，不产生毒性物质，灵敏度高，体积小，检测范围广，它可以探测到微量泄漏，但价格较贵。

（4）制冷剂回收、加注机　在汽车空调系统维护保养中，经常需要对系统抽真空或加注、回收制冷剂，为了提高维修质量，规范、简化操作程序，防止制冷剂的排空，以免造成环境污染和不必要的经济损失，在规范的汽车维修站中都配有制冷剂回收加注机（如图 2-8 所示），制冷剂回收、加注机集制冷剂回收、加注、抽真空、除油、除水汽、除杂质等功能于一体，能够把混入制冷剂中的冷冻机油分离出来，并可加入相应的新油，实现制冷剂的回收再利用，一般分为 R12 制冷专用和 R12 与 R134a 共用两类。

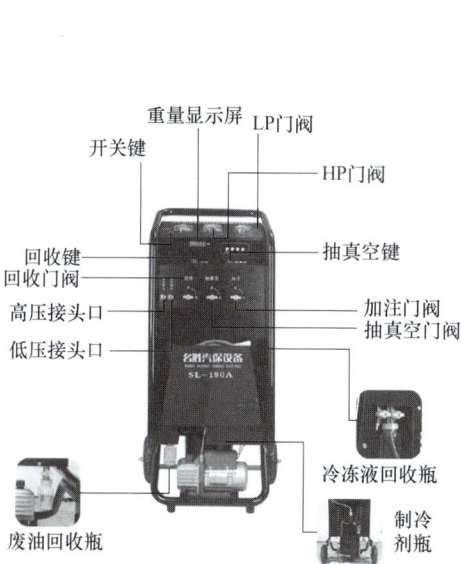

图 2-8　制冷剂回收、加注机

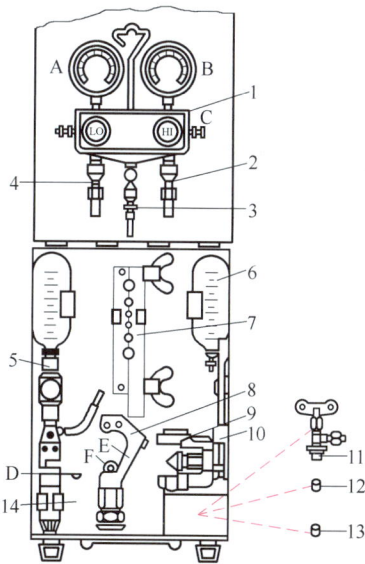

图 2-9　成套专用制冷维修工具结构图

1—歧管压力表组；2—注入软管（红色）；3—注入软管（绿色）；4—注入软管（蓝色）；5—漏气检测仪；6—储气瓶；7—管夹；8—制冷剂管割刀；9—扩口工具；10—检修阀扳手；11—制冷剂罐充注阀；12—注入软管衬垫；13—检修阀衬垫；14—工具箱；A—低压表；B—高压表；C—压力表座；D—反应板；E—铰刀；F—刀片

（5）成套专用维修工具　成套专用维修工具就是将汽车空调系统维修时需要的专用工具组装在一个工具箱内，如图2-9所示。

3. 其他维修工具

（1）割管器　修理汽车空调的制冷系统时，需对铜管、铝管进行切断或弯曲等加工作业，割管器就是专门切断紫铜管、铝管等金属管的工具，割管器可用于直径为3～25mm管子的切割，如图2-10所示。

（2）扩管器　又称为胀管器。铜管采用螺纹连接时，为确保连接处的密封性，就需要用扩管器将管口扩大并呈喇叭口和圆柱形口，如图2-11所示。

图 2-10　割管器

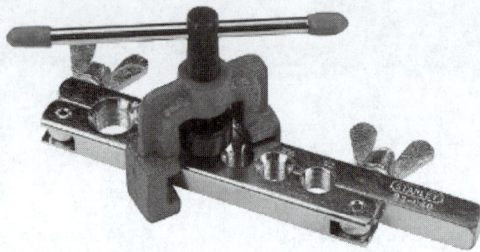

图 2-11　扩管器

任务实施

（1）掌握汽车空调使用注意事项、维护保养作业内容，完成对应任务工单活页中理论知识巩固练习的内容。

（2）完成课后阅读，领会汽车工匠精神的含义，并从自身出发，在实际操作过程中自觉践行"劳模精神和劳动精神"。

（3）在实践操作过程中要按照"8S"现场管理制度的内容，重点做好"整理""整顿"的养成。

课后阅读

张国强：从汽车兵到大国工匠

任务二　汽车空调维护保养作业

任务导入

某4S店售后维修中心接收了一台雪佛兰科鲁兹汽车，车主反映该车存在制冷剂泄漏、制冷效果不明显等问题，需要对车辆进行制冷系统泄漏检查，并根据检测结果确定是否需要加注制冷剂及其他维修工作。

知识准备

一、制冷剂

1. 制冷剂的定义

在制冷系统中用于转换热量并循环流动的物质称为制冷剂。目前汽车空调系统中使用的制冷剂有 R12（氟利昂）和 R134a（四氟乙烷）两种，其中字母"R"是制冷剂（Refrigerant）的简称。世界各国都统一使用美国制冷工程师协会（ASRE）编制的制冷剂代号系统，制冷剂的种类很多，十分庞杂，简言之，只要能进行气液两相转换的物质，均可作为蒸发制冷系统的制冷剂。以此标准，水（R718）、空气（R729）都算制冷剂。R134a 及 R12 是制冷剂标准编号系统中的两种制冷剂。

2. 制冷剂的性能要求

汽车空调使用的制冷剂需要具备以下性能特点：

① 因为制冷是通过液体的蒸发来实现的，因此制冷剂必须是易于蒸发或汽化的物质。

② 制冷剂要有较高的潜热。

③ 为了保证制冷系统的安全工作，制冷剂应是不易燃烧和爆炸的物质。

④ 制冷剂应该对人体无害，但又有特殊气味，这样就能通过嗅觉发现制冷系统是否泄漏。

⑤ 制冷剂应有较高的稳定性，应能反复使用，对金属、橡胶和润滑油应无明显的腐蚀。

⑥ 制冷剂的蒸气压力应比大气压力高，以免空气进入制冷系统。

3. 制冷剂的性能特点

（1）氟利昂（R12）的性能特点　早期的汽车一般采用氟利昂作为制冷剂，其代号为 R12，化学名称为二氟二氯甲烷（CCl_2F_2），常温常压下为无色无味的气体，其密度约为空气密度的 4.18 倍。化学性能稳定，不易燃烧，对热体的危害性小，但与火焰接触时会分解出有毒气体，易溶于矿物质机油，因此空调系统的机械零件可以加注适量的专用冷冻机油而得到良好的润滑效果。

注意：由于氟利昂中含有氯元素，会对大气中的臭氧起到破坏作用，国际上已经禁止使用其作为空调制冷的制冷剂。

（2）R134a 性能特点　R134a 化学名称为四氟乙烷，分子式为 CH_2FCF_3。

① 沸点 $-26.5℃$，凝点 $-101.6℃$。

② 制冷剂在气态和液态下均无色，类似水，在气态下也不可见。

③ 具有不可燃性，但在高温下或遇明火和红热表面时将分解放出有毒的刺激性气体（氢氟酸），对人体健康有害。

④ 在纯净状态下，制冷剂化学性能稳定，并不腐蚀铁和铝，但在含有杂质（如氯化合物）的情况下会腐蚀某些金属和塑料，这将导致空调压缩机的活塞出现堵塞、泄漏和沉淀物。

⑤ 具有一定的吸湿性，液态下制冷剂中只有少量水分溶解，但在蒸气状态下可以和水以任何比例混合。

⑥ 具有环保特性，R134a 中不含氯，对臭氧层没有破坏，其温室效应也比 R12 要小。

4. 两种制冷剂压力和沸点的气压特性曲线比较

在汽车空调制冷系统中，在恒压状态下，制冷剂蒸气会因冷凝器表面温度的下降而变成

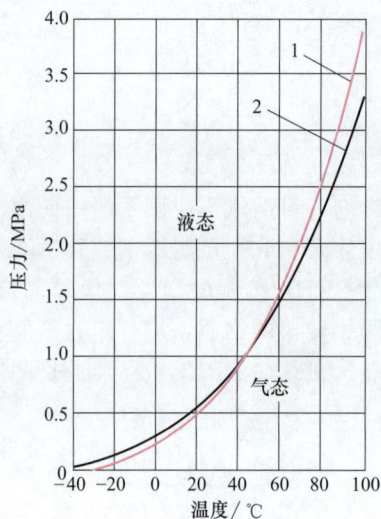

图 2-12　制冷剂的气压特性曲线
1—R134a；2—R12

液体，在蒸发器内部因为压力的下降由液态转化为气态。此两种制冷剂的气压特性曲线如图 2-12 所示。

5. 使用制冷剂的注意事项

① 制冷剂：R12 与 R134a 任何情况都不得混用，也不能相互替代。

② 润滑油：R134a 制冷剂必须采用专用合成型机油，R12 使用矿物质机油，绝对不能互换，否则可能引起压缩机卡死等故障。

③ 密封材料：使用两种制冷剂的制冷系统中所使用的密封圈不同，一般 R12 为黑色，R134a 为紫色。如果互换可能会使密封圈气泡发胀，导致系统泄漏。

④ 制冷剂不允许直接接触皮肤和眼睛，进行制冷系统操作时，需要佩戴护目镜和手套进行操作。

⑤ 在进行制冷剂充注和回收时，必须在通风和无地沟的环境中操作，因为制冷剂比空气密度大，可能会引起人的窒息。

⑥ 带空调的车辆进行油漆工作，如需喷、烤漆时，烤房内及预热区温度不可超过 80℃。高温可导致空调系统内压力过高，从而造成系统爆裂。

⑦ 制冷剂钢瓶或容器应小心轻放，为防止损坏应使用合适的阀门扳手开或关，在存储和取用制冷剂时所有的钢瓶应向上直立。

⑧ 制冷剂具有强吸湿性，容器和制冷系统管路应避免直接与空气接触。

二、冷冻机油

制冷压缩机使用的机油一般称为冷冻机油，它是一种淡黄色、无味、无毒、吸水性很强的物质，可保证压缩机正常运转、可靠工作和延长使用寿命。冷冻机油大部分存储在压缩机内部，有一部分随着制冷剂循环流动，冷冻机油在制冷系统中的分布情况如图 2-13 所示。

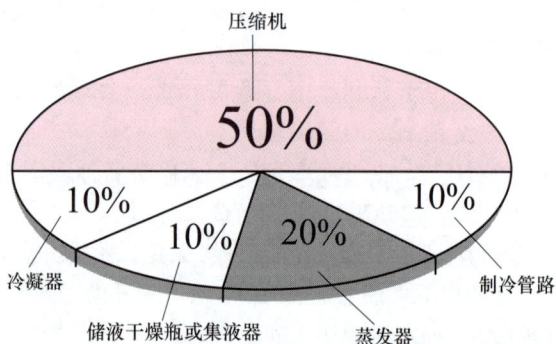

图 2-13　冷冻机油在制冷系统中的分布

1. 冷冻机油的作用

① 润滑作用。可以润滑压缩机运动零部件表面，减少阻力和摩擦，降低功耗，延长使用寿命，提高制冷能力。

② 冷却作用。能及时带走运动表面摩擦产生的热量，防止压缩机温升过高或压缩机被烧坏。若冷冻机油冷却能力不足，会造成压缩机过热，排气压力上升，制冷效率下降等。

③ 密封作用。汽车上使用的压缩机都是半密封的，压缩机的输入轴需要轴封来密封，以防止制冷剂泄漏。润滑油深入各摩擦密封面而形成油封，起到阻止制冷剂泄漏的作用。

④ 降低压缩机噪声。润滑油不断冲洗摩擦表面，带走磨屑，可减少摩件的磨损。

2. 使用冷冻机油的注意事项

① 不同品牌、型号的冷冻机油不能混合使用，否则会引起冷冻机油变质。

② 冷冻机油极易吸水，所以冷冻机油容器使用后应该马上拧紧。

③ 不能使用变质的冷冻机油。

④ 冷冻机油绝对不允许加注过量，否则会占用制冷系统的空间，最终影响制冷效果。

⑤ R12 和 R134a 应选择与其匹配的冷冻机油。

三、制冷系统检漏

1. 汽车空调系统常见的泄漏部位

汽车空调系统工作条件比较恶劣，其制冷系统一直随汽车工作在振动的工况，极易造成部件、管道损坏和接头松动，使制冷剂发生泄漏。据统计，空调系统的故障有 70％ 是由于泄漏引起的，其泄漏的常发部位见表 2-2 所示。

表 2-2　汽车空调系统泄漏的常发部位

部件	泄漏处	部件	泄漏处
冷凝器	①冷凝器进口管和出口管连接处 ②冷凝器盘管	制冷剂管道	①高、低压软管 ②高、低压软管各接头处
蒸发器	①蒸发器进气管和出口管连接处 ②蒸发器盘管 ③膨胀阀两端连接处	压缩机	①压缩机油封 ②压缩机吸、排气阀处 ③前后盖密封处 ④与制冷剂管道接头处
储液干燥瓶	①熔塞 ②管道接头喇叭口处		

维修阀的保护帽也是制冷剂泄漏的主要位置之一。在一般轿车中，若丢失维修阀保护帽，每年从维修阀处漏失的制冷剂可能有 0.45kg 之多，故应对维修阀进行检漏，并且维修阀一定要盖紧保护帽。每当检修或拆装制冷系统管路或更换部件之后，都必须对制冷系统进行气密性检查，防止制冷剂泄漏，引起空调故障。

2. 常见的检漏方法

一般在维修空调制冷系统时，有以下几种常见的检漏方法。

（1）检查油迹　因为汽车空调中所采用的压缩机油（冷冻机油）是与制冷剂互溶的，因而可根据制冷系统及其连接软管等零件的表面和连接处出现油迹来判断有制冷剂泄漏。系统中有油迹一般都是泄漏后的痕迹。

（2）肥皂沫检漏［图 2-14（a）］　要想确定细微漏点，肥皂沫是个比较有效的方法。有些漏点局部凹陷，试漏灯或电子检测器械很难进入，要想确定泄漏的准确位置，应采用肥皂沫检漏。

将有一定浓度的肥皂水涂抹在受检处。若零件表面有油迹，要事先擦净。若检查接头处，要整圈均匀涂上。仔细全面地观察，若有气泡或鼓泡，则可判为有泄漏。在制冷系统低压侧管道检漏，必须使压缩机不工作，在高压侧检漏时，就不受限制。关键是肥皂水的浓度要掌握好，太稀、太浓都不行。这种方法比较经济、实用，适用于暴露在外表，人眼能看得到的部位。

（3）使用电子检漏仪［图 2-14（b）］　灵敏度较高，使用方便、迅速，但设备价格较贵，而且容易出故障。检查时，应当遵照电子检漏仪制造厂家的有关规定，一般按下列步骤进行。

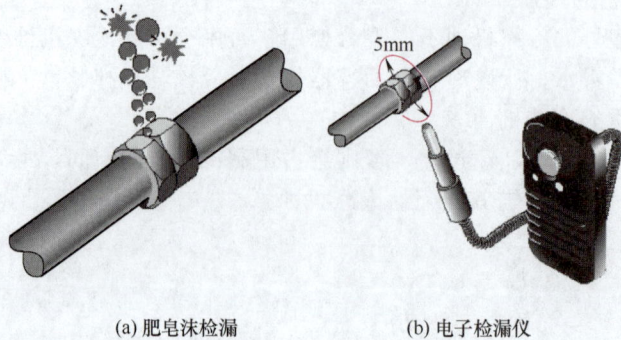

(a) 肥皂沫检漏　　　　　(b) 电子检漏仪

图 2-14　检漏方法

① 转动控制器或敏感性旋钮至断开（OFF）或 0 位置。

② 电子检漏仪接入规定电压的电源，接通开关，如果不是电池供电，应有 5min 的升温期。

③ 升温期结束后，放置探头于参考漏点处，调整控制器和敏感性旋钮至检漏仪有所反应为止。移动探头，反应应当停止，如果继续反应，则是敏感性调整得过高，如果停止反应，则是调整合适。

④ 移动寻漏软管，依次放在各接头下侧，还要检查全部密封件和控制装置；断开和系统连接的真空软管，检查真空软管接头处有无制冷剂蒸气。

⑤ 如发生漏点，检漏仪就会在漏点处出现反应状况。探头和制冷剂的接触时间不应过长，也不要把制冷剂气流或严重泄漏的地方对准探头，否则会损坏探测仪的敏感元件。

（4）紫外线荧光检漏

将一种荧光色彩燃料充注空调系统，使之循环流动，将一盏特制的紫外线灯经过空调系统的每一个器件。如果发生明显泄漏，色彩燃料将会发出明亮的光。此种方法适用于检测微小的泄漏点。

（5）真空保压法检漏

在抽真空作业完成，保持系统真空状态一定时间后，观察压力表的低压表真空度。如真空指示没有变化，则说明系统无泄漏；如真空指示回升，则说明系统存在泄漏。此种方法只能检测是否有泄漏，不能检测泄漏的具体部位。

（6）压力检漏

① 应正确连接歧管压力表。

② 将氮气瓶打开，然后打开歧管压力表高、低压手动维修阀，向系统内充注干燥氮气，其压力在 1.2～1.5MPa 时，关闭歧管压力表高、低压手动维修阀。

③ 用肥皂沫涂抹在容易漏气的管路接头处或焊接处，仔细观察有无泄漏。

④ 对漏气处做记号，并反复检查几次，直到全部漏气处都找到，对漏气处加以维修。

⑤ 维修完毕后，还应再试漏，让空调系统保持压力 24～48h。若压力不降低，则检漏成功，若压力稍有降低，还应继续检漏，直到找出泄漏处并加以消除为止。

四、制冷剂充注

1. 制冷剂的充注

在对制冷系统充注制冷剂前，必须先对整个系统抽真空。其目的是排除制冷系统内的空气和水汽。抽真空并不能直接把水分抽出制冷系统，而是产生真空后降低了水的沸点，水汽化成蒸汽后被抽出制冷系统。因此，抽真空时间越长系统内残余的水分就越少。为最大限度地将系统内的空气及湿气抽出，必须采用重复抽真空法，即第一次抽真空完毕后，再连续抽30min 以上。

当制冷系统抽真空达到要求，且经检漏确定制冷系统不存在泄漏部位后，即可向制冷系统充注制冷剂，充注前先确定注入制冷剂的数量，因为充注量过多或过少都会影响空调制冷效果。压缩机的铭牌上通常都标有所用的制冷剂的种类及其充量。

工具准备：准备的工具包括歧管压力表、真空泵、制冷剂回收装置、充足的制冷剂和冷冻机油。

操作的注意事项：

① 作业环境。维修空调时注意清洁和防潮。

② 按照制冷剂的安全操作规范进行制冷剂设备和制冷剂的使用操作。

③ 发动机运转时，切不可打开歧管压力表上的高压手动阀使制冷剂倒流入制冷剂瓶内，否则会引起爆炸事故。在发动机运转过程中从低压侧加注气态制冷剂时，切不可倒放制冷剂钢瓶，以防止压缩机"冲缸"。

2. 制冷剂的回收

必须先排空制冷系统中的制冷剂，然后才能拆除制冷系统零部件，也就是说要使制冷系统泄压后才能进行拆卸工作。排空制冷剂时，制冷剂必须要回收统一处理或再利用，不能直接排放到大气中。

以下是采用歧管压力表进行制冷剂排空及回收的步骤。

① 如图 2-15 所示，将歧管压力表高、低压软管连接到制冷系统的高、低压手动阀上，中间软管连接到储油罐上。

② 连接好管路后，关闭高、低手动阀，将空调系统调到最冷的位置，发动机运转速度控制在 1000～2000r/min，并运行大约 15min 后，关闭发动机。

③ 首先将中间软管的自由端放到干净的软布上，注意此时不要启动发动机。

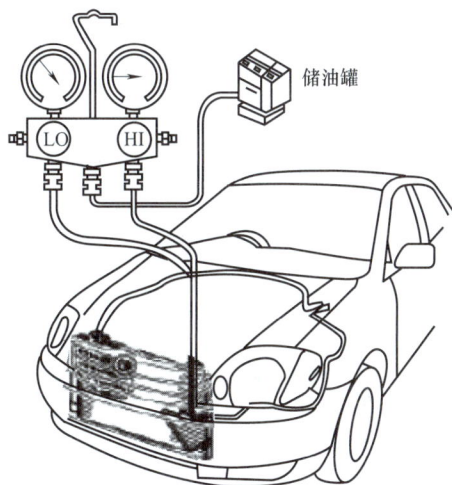

储油罐

图 2-15　制冷剂排放

④ 慢慢打开高压手动阀，让制冷剂从中间软管自由端排出到软布上，观察软布上有无油污，调节阀门的开度控制制冷剂的流量。如果开度过大，压缩机内的冷冻机油会随着制冷剂流出。

⑤ 当高压表读数降到 0.35MPa 以下时，缓慢打开低压手动阀。注意开度不要太大，防止冷冻机油流出。此时制冷剂从高、低压两侧同时排出。

⑥ 当系统压力下降时，逐渐开大高压和低压手动阀的开度，直到两者压力指针读数达到 0MPa 为止，关闭手动阀。

⑦ 如在排放过程中不慎将大量冷动机油排出，在加注制冷剂前应该加入等量的冷冻机油。

3. 制冷剂抽真空

空调系统在加注制冷剂前抽真空是为了清除系统中的空气及水分，进一步检查系统在真空情况下的密封性，系统中若混有空气和水分会产生以下不良后果。

① 由于空气绝热指数大于制冷剂的绝热指数，就导致压缩机排气温度高于制冷剂气体温度。

② 空气进入系统后，制冷剂冷凝压力也会升高。

③ 由于空气存在，冷凝器传热管内表面上形成的气层起到增加热阻的作用，降低了冷凝器的散热能力。

④ 水在系统中与制冷剂作用产生酸性物质，从而腐蚀管道和设备。

⑤ 水在系统中与制冷剂不相溶，而会在膨胀阀节流孔处形成"冰堵"现象。所以必须将系统中空气及水分减少到最低限度，必须对系统抽真空到真空度为 98.7kPa（740mmHg），使水沸腾蒸发后排出。

对制冷系统抽真空时，需要将歧管压力表的高、低压软管连接制冷系统的高、低压手动阀，中间软管连接真空泵，如图 2-16 所示。抽真空的步骤如下：

① 打开歧管压力表的高、低压手动阀，并注意观察高、低压表指针，将系统压力抽真空至 100kPa。

② 关闭歧管压力表上的高、低手动阀，观察表针指示压力是否回升。若回升压力大于 3.4kPa，则说明系统有泄漏。

③ 关闭歧管压力表上的高、低压手动阀。

④ 关闭真空泵。关闭真空泵的目的是防止空气进入制冷系统。

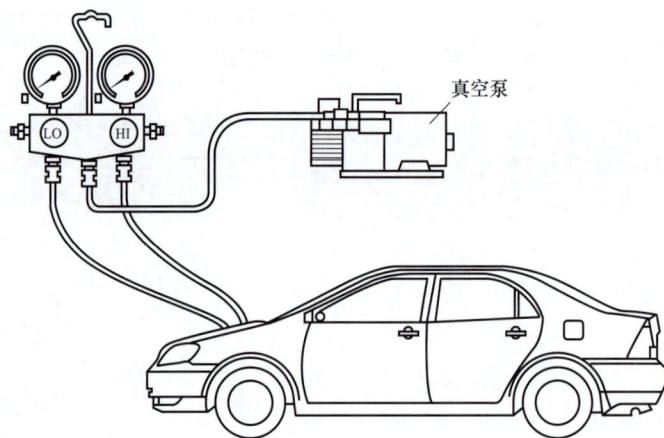

图 2-16 制冷系统抽真空

4. 制冷剂充注

在制冷系统抽真空和检漏完成后，便可以向制冷系统充注制冷剂。充注前需要先确定制冷剂的冲注量，冲注量过多或过少都会影响制冷效果。充注制冷剂可采用高压端充注或低压端充注两种方法。

① 高压端充注制冷剂。从压缩机排气阀（高压阀）的旁通孔（多用通道）充注，充入的是制冷剂液体，特点是安全快速，适用于制冷系统的第一次充注，经检漏、抽真空后的系统充注。但用该方法时必须注意，充注时不可开启压缩机（发动机停转），且制冷剂罐要倒立。

② 低压端充注制冷剂。从压缩机吸气阀（低压阀）的旁通孔（多用通道）充注，充入的是制冷剂气体，特点是充注速度慢，通常在系统补充制冷剂的情况下使用。

充注制冷剂的步骤如下：

（1）安装加注罐　为了方便汽车空调的维修，制冷剂生产厂家制造了一种小罐制冷剂，但需要有制冷剂罐充注阀才能开启。

① 连接阀门和加注罐，如图2-17所示。

如图2-17（a）所示，检查加注罐连接部件的盘根，逆时针转动手柄升起针阀，逆时针转动阀盘升起阀盘。

如图2-17（b）所示，把阀门旋进加注罐直到和盘根紧密接触，然后紧固阀盘以卡住阀门。

② 将加注罐安装到歧管压力表上，如图2-18所示。

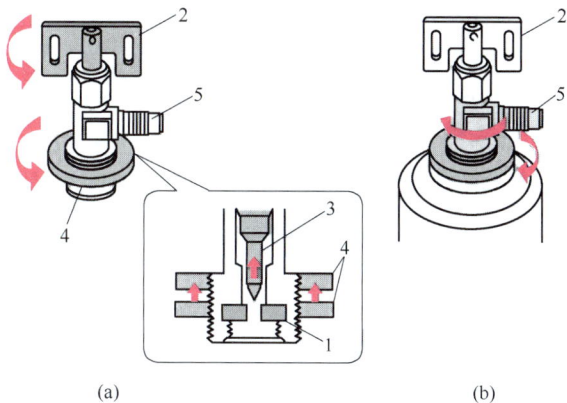

汽车空调制
冷剂加注口
介绍

图 2-17　连接阀门和加注罐

1—盘根；2—手柄；3—针阀；4—阀盘；5—阀门

完全关闭歧管压力表的高、低压手动阀，如图2-18（1）。

把加注罐安装到歧管压力表的中间软管上，如图2-18（2）。

顺时针转动手柄直到针阀在加注罐上钻个孔，如图2-18（3）。

逆时针转动手柄退出针阀，如图2-18（4）。

按下歧管压力表的空气驱除阀排出空气，直到制冷剂从阀门排出，如图2-18（5）。

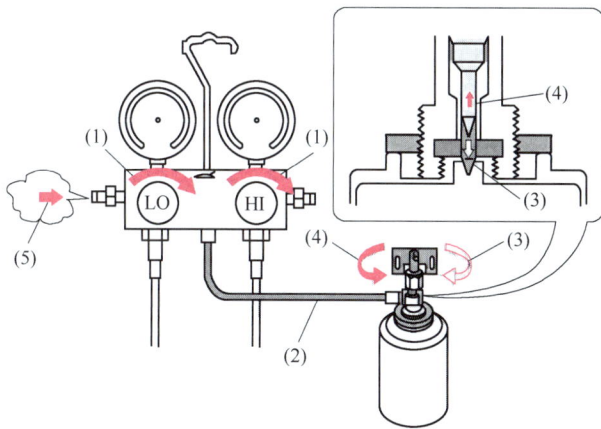

图 2-18　安装加注罐到歧管压力表上

（2）充注制冷剂

① 高压端充注制冷剂　当制冷系统抽真空后，关闭歧管压力表上的高、低压手动阀，将歧管压力表与制冷系统连接。

将中间软管的一端与制冷剂罐充注阀的接头连接起来，如图2-19所示，打开制冷剂罐开关，再拧开歧管压力表软管一端的螺母，让气体溢出几分钟，把空气排除，然后再拧紧螺母。

将高压手动阀打到全开，将制冷剂罐倒立，以便从高压侧充注液态制冷剂。

从高压侧注入规定量的液态制冷剂。充装结束后，关闭制冷剂罐充注阀及歧管压力表上

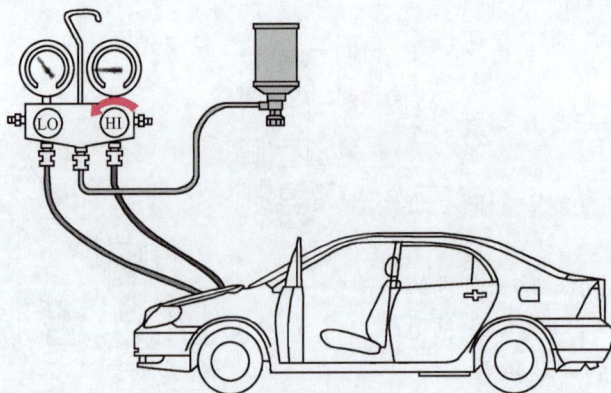

图 2-19　高压端充注

的高压手动阀，然后拆卸仪表。

② 低压端充注制冷剂　如图 2-20 所示，将歧管压力表与制冷系统和制冷剂罐连接好。

汽车空调
制冷剂的
加注

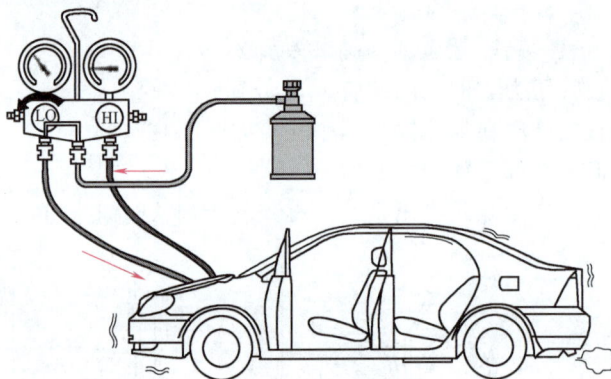

图 2-20　低压端充注

打开制冷剂罐开关，关闭高、低压手动阀，拆开高压端手动阀和胶管的连接，然后打开高压手动阀，再打开制冷剂罐开关。在胶管口听到制冷剂蒸气出来的"嘶嘶"声后，立即将软管与高压手动阀相连，关闭高压手动阀。用同样的方法清除低压端和管路中的空气，然后关好高、低压手动阀。

打开低压手动阀，让制冷剂进入制冷系统，当系统压力值达到 0.14MPa 时，关闭低压手动阀。

启动发动机并将转速调整到 1250r/min 左右，将空调开关接通，将鼓风机开关调至最高，温度开关调至最冷。

打开歧管压力表上的低压手动阀，让制冷剂继续进入制冷系统，当充注量达到规定值后，立即关闭低压手动阀。

充装结束后，关闭制冷剂罐充注阀及歧管压力表上的低压手动阀，然后拆卸仪表。动作要迅速，防止过多制冷剂排出。装回制冷系统高低压维修口的保护帽。

注意：低压侧充注制冷剂时，制冷剂罐不能倒立，否则可能损坏压缩机。

五、冷冻机油的充注

汽车空调制冷系统在一般情况下，冷冻机油的消耗量少，可以两年更换一次，每次充注的量见表2-3。添加时一定要保证为同一品牌型号的冷冻机油，因为不同品牌型号的冷冻机油会产生沉淀物。

表2-3　几种车型的冷冻机油充注量

汽车制造厂家	压缩机型号	冷冻机油充注量/mL
马自达 ES200	—	60
三菱	6F308H13	2000
	2Z306S	350
日产	DKP-12D	190
日野	6C-500	1700～1900
	6C-300	1500
中国北方-尼奥普兰	FK4	2600
丰田	6D152A	350
	6E171	280

冷冻系统如果制冷剂泄漏很慢，对冷冻机油的泄漏影响不大；如果制冷剂泄漏很快，冷冻机油也会随之快速泄漏。这时应检查压缩机冷冻机油的油量，如果压缩机里的冷冻机油存油量过少，压缩机会过热，甚至发生拉缸现象，但如果冷冻机油过多，又会影响制冷系统的制冷效果。当更换压缩机或制冷系统某一部件时，需要向制冷系统补充一定量的冷冻机油，补充量见表2-4所示。

表2-4　冷冻机油补充量

更换的零部件	冷冻机油补充量/mL	更换的零部件	冷冻机油补充量/mL
冷凝器	40～50	制冷系统管道	10～20
蒸发器	40～50	储液干燥瓶	10～20

1. 冷冻机油油量的检查

压缩机冷冻机油的检查一般有两种方法：

（1）观察视液窗　如果压缩机润滑油油面达到视液高度80％的位置，一般认为是合适的。如果油面在此界限之上，应放出多余的冷冻机油；如果油面在此界限之下，则应添加冷冻机油。

（2）用油尺检查　对于未装视镜玻璃的压缩机，可用量油尺检查其油量。油尺放于油塞下面，测量时，先拧松油塞，抽出油尺，观察油面的位置是否在规定的上、下限之间。

2. 添加冷冻机油

添加冷冻机油可用两种方法：

（1）直接加注法

卸下加油塞，将压缩机内的冷冻机油排出，并注入同类型、同量度的冷冻机油，如图2-21所示。

（2）真空吸入法　真空吸入法是先将系统抽真空到98kPa，再用带刻度的量杯准备比需要的量多一些的冷冻机油，然后开始加注冷冻机油，如图2-22所示。

加注过程如下：先将空调系统抽真空，将注油器通过软管连接到制冷系统低压侧，打开注油器阀门，经空调系统中产生的真空使冷冻机油流入空调系统的低压侧。当注油器的油量减至规定值时，要注意立即关闭低压手动阀，以免吸入过量的制冷机油，充注结束后，关闭注油器阀门。

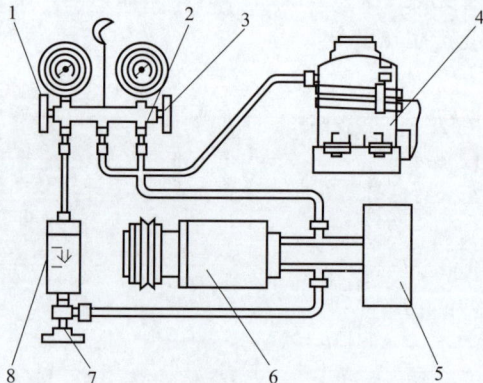

图 2-21　通过放油螺栓放油

图 2-22　真空吸入法加注冷冻机油

1—低压手动阀；2—表阀；3—高压手动阀；4—真空泵；
5—制冷系统；6—压缩机；7—放油阀；8—注油器

六、管道清洗

因为空调内部长期处于阴暗潮湿状态，且集聚大量灰尘、蚊虫尸体，是病菌、霉菌、尘螨滋生的理想场所，而且这些细菌会随冷气散布整个空间，危害人体健康，所以，汽车空调应每年清洗 1～2 次。

在清洗管道前要准备好空调清洗剂，合格的空调清洗剂必须通过国家认定专业机构的防腐蚀性检测，对空调机器无损伤。汽车空调管道清洗一般步骤：

① 发动机打火，车窗全部打开，发动机盖打开；

② 将空调滤清网、滤清器拆下来；

③ 空调调至外循环，风扇挡位调至三挡；

④ 从进风口将空调清洗剂接上软管喷入蒸发器，空调清洗剂喷入一半，关闭空调静置 5～10min，以便清洗剂溶解污垢；

⑤ 10min 后，关掉 AC，打开空调调至外循环，挡位三挡，剩下的清洗剂全部喷入；

⑥ 5min 后，将空调调至内循环，内循环 10min 后，再将空调调至外循环，鼓风机调到最大挡位，以便泡沫喷出；

⑦ 装上拆下的物件，清洗完成。

汽车空调滤芯的拆装

任务实施

一、巩固理论知识

（1）掌握汽车空调使用注意事项、维护保养作业内容，完成对应任务工单活页中理论知识巩固练习的内容。

（2）完成课后阅读，领会汽车工匠精神的含义，并从自身出发，在实际操作过程中自觉践行"劳模精神和劳动精神"。

二、提升专业技能

（1）认知汽车空调常用工量具并掌握其使用方法。

（2）在实车上根据实际情况，选择合适的工具完成汽车空调维护保养任务，并完成对应任务工单活页中专业技能提升训练的内容。

（3）在实操过程中要按照"8S"管理制度要求进行操作，重点做好"整理""整顿"的养成。

💡 课后阅读

工人发明家匠心如初 25 年扎根生产线逐梦国车复兴之路

项目三
汽车空调制冷系统检修

项目描述

制冷系统是空调的重要组成部分，它的工作效率决定空调的性能，汽车空调制冷系统包括空调压缩机、冷凝器、蒸发器、膨胀阀和空调连接管路等。本项目选取了汽车维修企业典型空调系统故障案例，通过学习，主要了解空调制冷系统各部件的组成、工作原理以及常见故障诊断与排除方法。根据汽车维修企业机电维修工岗位要求，达到以下学习目标。

素质要求

1. 崇德向善、热爱劳动，自觉履行职业道德准则和行为规范，践行工匠精神和劳模精神。

2. 着装整洁，服从管理，规范作业，重点关注"清扫"和"清洁"，在实践操作过程中逐步养成"8S"的工作习惯。

3. 能够在工作过程中与小组其他成员合作、交流，养成团队合作意识，锻炼沟通能力。

知识要求

1. 熟悉压缩机、冷凝器、蒸发器、膨胀阀等部件的组成、作用及其工作过程。

2. 了解空调系统的常规检查方法，能通过眼看、耳听、鼻闻和手摸诊断空调制冷系统的故障，确定维修项目。

3. 掌握空调压缩机、压缩机离合器部件或总成、冷凝器、膨胀阀、蒸发器及蒸发器压力、温度控制系统和压力保护装置的测试和更换方法。

技能要求

1. 能正确选择和使用制冷系统检修的工量具。

2. 会在实车上拆装空调制冷系统各部件。

3. 能准确查阅维修手册，确定空调制冷系统各部件的相关检测内容、流程与规范。

4. 能检查、测试、维修及调整空调压缩机、压缩机离合器部件或总成、冷凝器、膨胀阀、蒸发器及蒸发器压力、温度控制系统和压力保护装置。

任务一　汽车空调压缩机检修

任务导入

在一炎热的夏天某品牌 4S 店售后接待员王先生接待了一位顾客，顾客抱怨说天气炎热，汽车空调制冷效果不明显，每次开车都是汗流浃背。顾客要求尽快维修，保证空调正常制冷。维修工小李经检查后确定是压缩机故障，需要对压缩机进行维修。

知识准备

一、压缩机的作用

空调压缩机是制冷系统的心脏，其作用是吸入来自蒸发器的低温低压气态制冷剂，将其压缩成高温高压后送往冷凝器，保证制冷剂在系统中循环流动。汽车空调压缩机通常使用铝合金材料制造，不但可以减轻重量，而且散热性好。

绝大多数空调压缩机由发动机传动带驱动，传统的固定排量压缩机由电磁离合器控制其工作，但近几年广泛使用的可变排量压缩机则可以自动调节其排量，以适应系统的不同需求。

二、汽车制冷压缩机的类型与结构组成

压缩机的分类形式有很多种，按照其结构区分，压缩机可分为往复式和旋转式两种类型。其中往复式压缩机主要有曲轴连杆式、轴向活塞式两种类型。旋转式压缩机主要有旋转叶片式、涡旋式、螺杆式和转子式等类型。

1. 往复式压缩机

往复式汽车空调压缩机是靠活塞在缸内运动来压缩制冷剂蒸气的。

（1）曲轴连杆式压缩机（第1代压缩机）　该种压缩机通过容积变化来压缩气体，原理和活塞发动机一样，如图3-1所示。

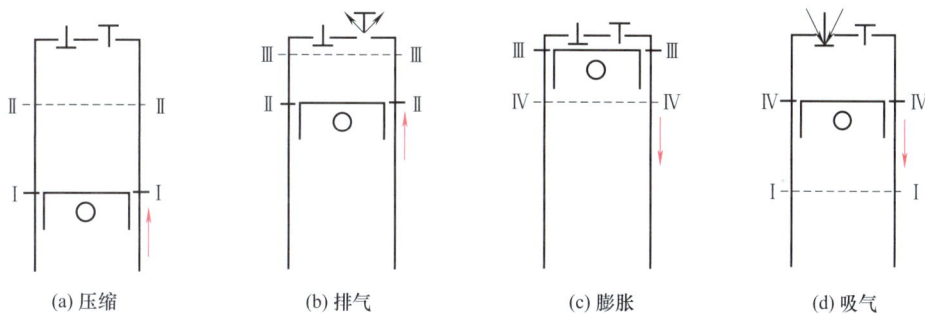

(a) 压缩　　　　(b) 排气　　　　(c) 膨胀　　　　(d) 吸气

图 3-1　曲轴连杆式压缩机的工作原理

但压缩机是一种泵，这一点和发动机恰好相反。当曲轴外力带动旋转时，活塞上下移动。活塞下移时产生真空，从蒸发器吸进制冷剂蒸气；活塞上移时，压缩制冷剂蒸气至冷凝器，其结构如图3-2所示。

曲轴连杆式压缩机的活塞在运行过程中可分为4个过程：压缩、排气、膨胀和吸气。

① 压缩过程　活塞在曲轴的带动下在气缸内运动，当活塞运行至气缸最低点（下止点Ⅰ—Ⅰ）时，气缸内充满了由蒸发器吸入的制冷剂气体。当活塞上行时，进气阀被关闭，排气阀因缸内压力尚低而不能被打开。活塞上行，缸内体积缩小，即气缸内工作容积不断变化，密闭在气缸内的制冷剂气体的压力和温度不断升高。当活塞向上移动到一定的位置（Ⅱ—Ⅱ）时，即气缸内气体压力略高于排气阀上部的压力时，排气阀被打开，开始排气。制冷剂气体在气缸内从进气时的低压升高到排气时的高压的过程称为压缩过程。

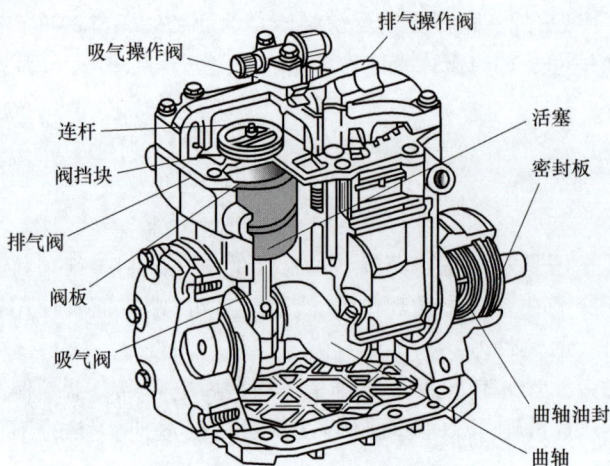

图 3-2　曲轴连杆式压缩机结构

② 排气过程　活塞继续向上运行，气缸内的制冷剂气体压力不再升高，而是不断地经过排气阀向排气管输出，直到活塞运动到最高位置（上止点Ⅲ—Ⅲ）时，排气过程结束。制冷气体从气缸内向排气管输出的过程称为排气过程。

③ 膨胀过程　当活塞运行到上止点时，由于压缩机的结构及工艺等原因，活塞顶部与气阀座之间存在一定的间隙，该间隙所形成的容积称为余隙容积。排气过程结束时，由于该间隙内有一定数量的高压气体，当活塞再下行时，排气阀已关闭，可进气阀并不能马上打开，使得吸气管内的气体不能很快进入气缸。这是因为残留的高压气体还需在气缸容积增大后膨胀，使气缸内的压力下降到稍低于吸气管道内的压力时，进气阀才能打开。活塞从上止点向下止点方向运动，至进气阀打开位置（Ⅳ—Ⅳ）的过程，称为膨胀过程。

④ 吸气过程　活塞继续下行，进气阀打开，低压制冷剂气体便不断地由蒸发器经吸气管和进气阀进入气缸，直到活塞下行至下止点为止，这一过程称为吸气过程。

完成吸气过程，活塞又上行，重新开始压缩过程，如此周而复始，不断循环。压缩机经过压缩、排气、膨胀、吸气四个过程，将蒸发器内的低压制冷剂气体吸入，使其压力升高后排入冷凝器，因此压缩机起吸入、压缩和输送制冷剂的作用。

（2）轴向活塞式压缩机（第 2 代压缩机）　常见的有摇板式和斜盘式压缩机两种。

① 摇板式压缩机　摇板式压缩机的最大优点是工作平稳、结构紧凑、体积小，适合在空间狭小的车厢使用，其材料为铝合金，以减轻汽车自重。变容量摇板式压缩机可以无级自动调节能量输出，结构简单，相应的空调舒适性得到提高，能耗也得到降低。其结构组成与曲轴连杆式一样，由摇板、连杆、活塞、凸轮转子、吸气/排气阀等部件组成，如图 3-3 所示。

图 3-3　摇板式压缩机结构

工作过程也具有压缩、排气、膨胀、吸气四个过程。当活塞向右运动时，该气缸处于膨胀、吸气两个过程，而摇板另一端的活塞做反向的向左移动，使该气缸处于压缩、排气两个过程。主轴每转动一周，一个气缸便要完成上述的压缩、排气、膨胀、吸气的一次循环。一般的一个摇板配有五个活塞，这样相应的五个气缸在主轴转动一周时，就有五次排气过程。

摇板式压缩机的工作原理如图3-4所示。压缩机工作时，主轴带动传动板一起旋转。由于楔形传动板的转动，迫使摇板以钢球为中心，进行左右摇摆移动。摇板和传动板之间的摩擦力，使摇板具有转动的趋势，但是这种趋势被防转锥齿轮副所限制，使得摇板只能左右移动，并带动活塞在气缸内做往复运动。

② 斜盘式压缩机　斜盘式压缩机结构如图3-5所示，主要部件是主轴和斜盘以及双头活塞。

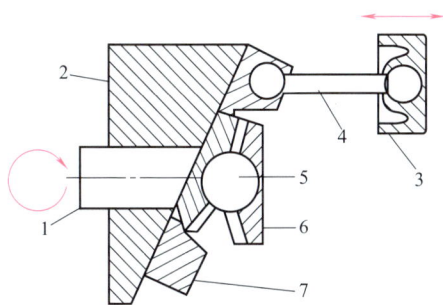

图3-4　摇板式压缩机工作原理

1—主轴；2—楔形传动板；3—活塞；4—连杆；
5—支承钢球；6—防转锥齿轮副；7—摇板

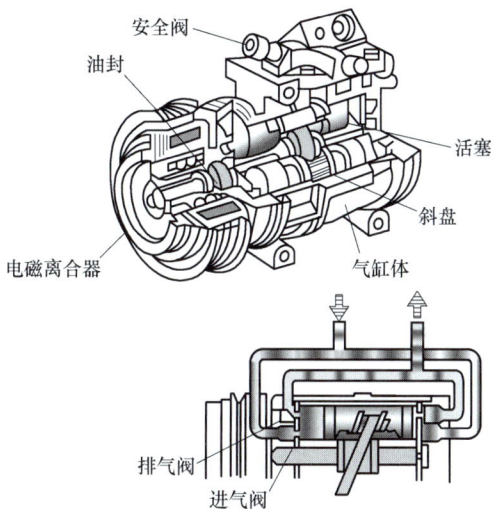

图3-5　斜盘式压缩机

这种压缩机通常在机体圆周方向上布置有6个或者10个气缸，各气缸以主轴为中心布置，每个气缸中安装一个双向活塞形成6缸或10缸机，如是6缸，3缸在前部，3缸在后部，如是10缸，5缸在前部，5缸在后部。双向活塞的两活塞各自在相对的气缸中，活塞一端在前缸中压缩制冷剂气体时，另一端在后缸中吸入制冷剂气体，反向时作用相反，各缸均具备有进气阀和排气阀，另有一根高压管，用于连接前后高压腔。斜盘与压缩机主轴固定在一起，斜盘的边缘装合在活塞中部的槽中，活塞槽与斜盘边缘通过钢球轴承支承在一起。当主轴旋转时，斜盘也随着旋转，斜盘边缘推动活塞做轴向往复运动。如果斜盘转动一周，前后两个活塞各自完成一次压缩、排气、膨胀、吸气循环，相当于两个气缸作用。由于斜盘式压缩机无连杆机构，所以工作可靠，结构也很紧凑，体积小，重量轻，排气脉冲比曲轴连杆式小，而且它是轴向卧式，方便直接安装在发动机体上，而不需要另外配机架，是目前汽车空调中应用最广泛的一种机型。

斜盘式压缩机的工作过程如图3-6所示：处于图Ⅰ位置时，活塞向右移动至极限位置，前缸内压力降低，低压腔内的制冷剂从吸气口被吸到前缸；当斜盘转至图Ⅱ位置时，活塞向左移动，前缸内压力升高，缸内气体被压缩；当斜盘转至图Ⅲ位置时，制冷剂被压缩成高温高压的气体从排气口排出，至此，完成一个循环。由于此活塞为双向活塞，因此右端活塞

（图中"后缸"）的工作原理与左端相同。

图 3-6　斜盘式压缩机的工作过程

2. 旋转式压缩机

旋转式汽车空调压缩机主要有旋转叶片式压缩机、涡旋式压缩机，靠回转体旋转运动替代活塞式压缩机活塞的往复运动，以改变气缸的工作容积，从而将一定数量的低压气态制冷剂进行压缩。

（1）旋转叶片式压缩机　旋转式压缩机和往复式压缩机都是依靠气缸容积的变化来达到制冷的目的，但是旋转式压缩机工作容积的变化不同于往复式压缩机，它的工作容积变化除了周期性地扩大和缩小外，其空间位置也随主轴的转动不断发生变化。而且它的气缸有两种形式：一种是圆形，叶片有两片、三片、四片三种，如图 3-7 所示；一种是椭圆形，叶片有四片、五片两种。

旋转叶片式压缩机主要由机体、转子、叶片三部分组成。转子外表面呈圆形，转子偏心地安装在气缸内，使二者在几何上相切，在气缸内壁与转子外表面间形成一个月牙形空间。转子上开有若干个纵向凹槽，在每个凹槽中都装有能沿径向自由活动的滑片。

当转子旋转时，转子上装有叶片，叶片在离心力的作用下从槽中甩出，其端部伸向气缸体的内壁，如图 3-8 所示。

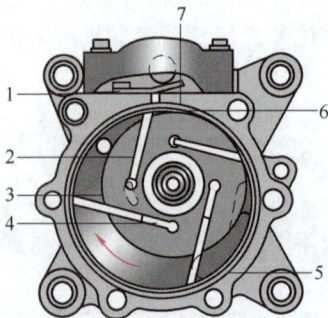

图 3-7　旋转叶片式压缩机

1—排气阀；2—转子；3—油孔；4—叶片；
5—进气口；6—转子和气缸接触点；7—排气口

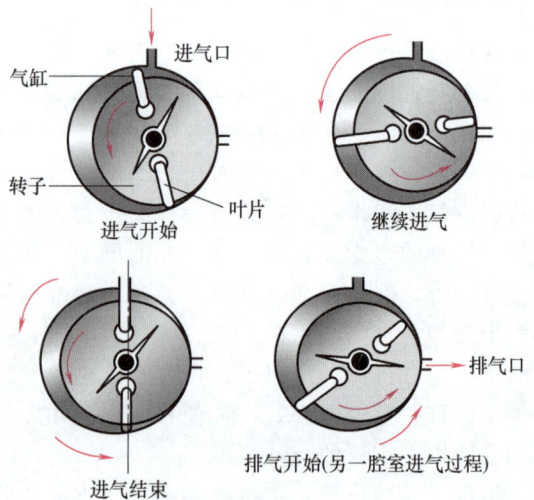

图 3-8　旋转叶片式压缩机工作过程

第一阶段，叶片、气缸体与转子三者之间构成了一个压缩室（如果增加一个叶片，就会增加一个压缩室）；第二阶段，随着转子的逆时针旋转，压缩室的空间逐渐增大从而继续进气；第三阶段，叶片越过进气孔后，进气结束，制冷剂开始压缩，因此制冷剂的压力和温度提高；第四阶段，叶片通过排气孔，高温的制冷剂经排气孔排出，并流向冷凝器。如此再重新开始吸气—压缩—排气—膨胀的工作过程。

（2）涡旋式压缩机　涡旋式压缩机也是一种用于汽车空调上比较新颖的旋转式空调压缩机，具有结构紧凑、效率高、可靠性强、噪声低等特点，尤其是用于变频控制运行。涡旋式压缩机的概念首先是由法国工程师于 1905 年提出的，但是受限于当时的加工技术，直到 20 世纪 80 年代初才开始批量生产。1982 年，日本三电公司拉开了汽车空调涡旋式压缩机批量生产的序幕，其后日立公司、三菱电气、大金、松下和美国的考普兰、特灵也开始了涡旋式压缩机的批量生产。

图 3-9 是涡旋式压缩机的结构简图，主要由涡旋定子、涡旋转子、机架、防自转机构、主轴等部件组成。

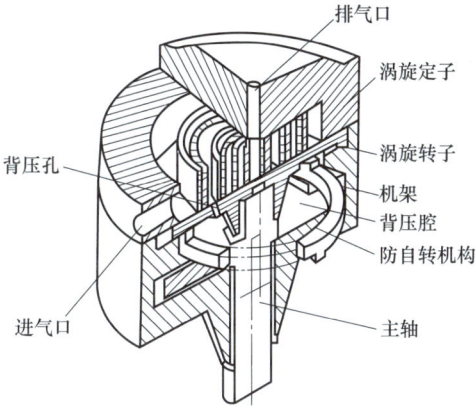

图 3-9　涡旋式压缩机结构

图 3-10 是涡旋式压缩机的工作原理图，气体进入固定涡旋盘与旋转涡旋盘的涡线间，通过旋转涡旋盘与固定涡旋盘的相互接触可以实现制冷剂的压缩，制冷剂蒸气进入压缩机吸气孔和旋转涡旋盘的外端口，压缩腔增大，使得制冷剂被吸入，然后压缩腔被封闭起来，随着旋转涡旋盘的继续转动，压缩腔变小，制冷剂被压缩，当制冷剂蒸气从压缩机排气口排出时，制冷剂蒸气的温度和压力都已经升高。在整个工作期间，同一时刻的所有压缩腔的制冷剂蒸气均处于各自不同的压缩阶段。

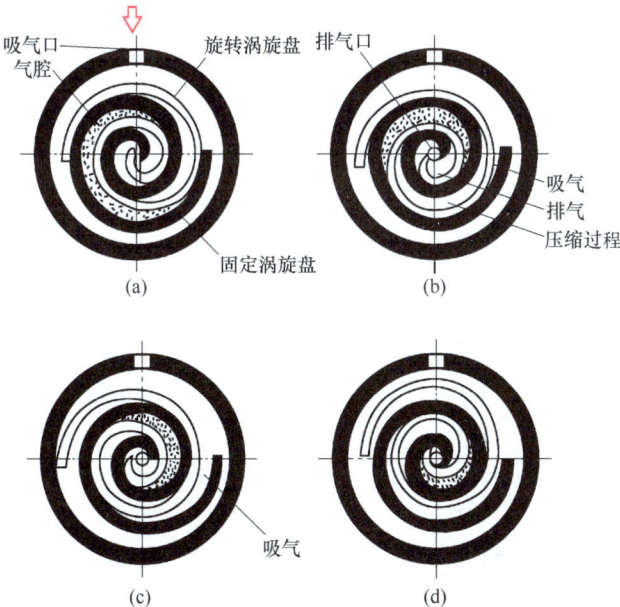

图 3-10　涡旋式压缩机工作原理

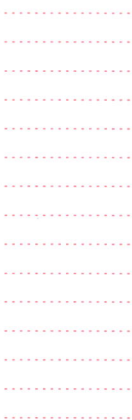

从图 3-10 可以看出，在涡旋式压缩机工作过程中的所有时刻，吸气压力和排气压力几乎是连续作用的。涡旋式压缩机优点：体积小、重量轻，驱动涡轮运动的偏心轴可以高速旋转；运转可靠，容易实现变转速运动和变排量技术；气体泄漏量少，容积效率高。

3. 常见变排量压缩机

以变排量的摇板式压缩机为例，它通过斜盘角度的变化来控制压缩机的输出量。而改变斜盘的角度，有两种方法：

① 通过压缩机内部的调节阀进行调节的称为内控式变排量压缩机；

② 电磁阀控制型，称为外控式变排量压缩机。

（1）内控式变排量压缩机　排量的改变是依靠摇板箱压力的改变来实现的。摇板箱压力降低，作用在活塞上的反作用力就使摆动盘倾斜一定角度，这就增加了活塞行程（即增加了压缩机排量）；摇板箱压力增加，这就增加了作用在活塞背面的作用力，使摆动盘往回移动，减小了倾角，即减小了活塞行程（也就减小压缩机排量）。

（2）外控式变排量压缩机　通过外部电磁调节阀调节控制压缩机的排量，如图 3-11 所示，这样可以根据当时的冷负荷情况确定一个合适的吸气压力，不需要再热，从而达到节能的目的。

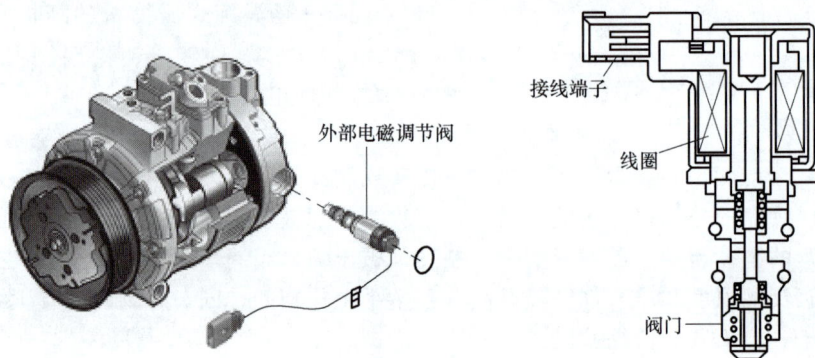

图 3-11　外控式变排量压缩机

旋转斜盘的倾斜度取决于腔内压力、活塞顶部和底部的压力以及斜盘前后的弹簧力。旋转斜盘斜度变化的工作过程（如图 3-12 所示）：

① 全负荷时，阀门关闭，斜盘箱的压力下降，斜盘的倾斜角度加大直至 100％ 的排量；关掉空调或所需的制冷量较低时，阀门开启，斜盘的倾斜角度减小直至低于 2％ 的排量。

② 当系统的低压较高时，真空膜盒被压缩，阀门挺杆被松开，继续向下移动，从而使压缩机达到 100％ 的排量；当系统的吸气压力特别低时，压力元件被释放，使挺杆的调节行程受到限制，从而使压缩机的排量减小。

提示：压缩机型号标识的含义如图 3-13 所示。

三、压缩机的动力来源——电磁离合器

电磁离合器是发动机和压缩机之间的一个动力传递机构，一般由定子、转子、压盘、带轮等组成，如图 3-14 所示。实物如图 3-15 所示。定子中电流流过电磁线圈时产生吸力，吸合压盘；转子靠内表面的滚针轴承支承，随带轮一起转动；压盘又称衔铁盘，与压缩机轴用键固定在一起。

由于转子上的带轮通过传动带与发动机曲轴相连接，所以只要发动机运转，带轮就随之转动。

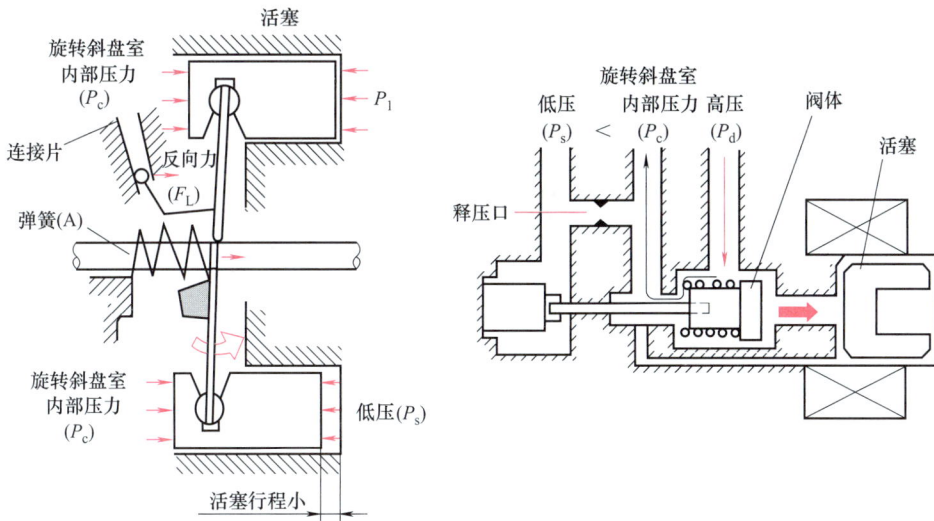

图 3-12　外控式变排量压缩机的工作过程

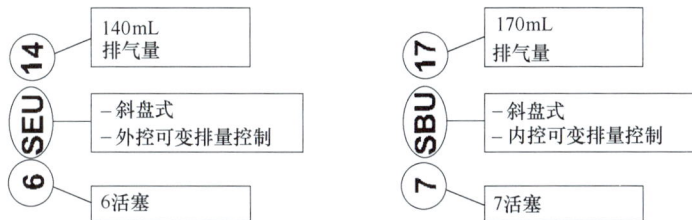

图 3-13　压缩机型号标识

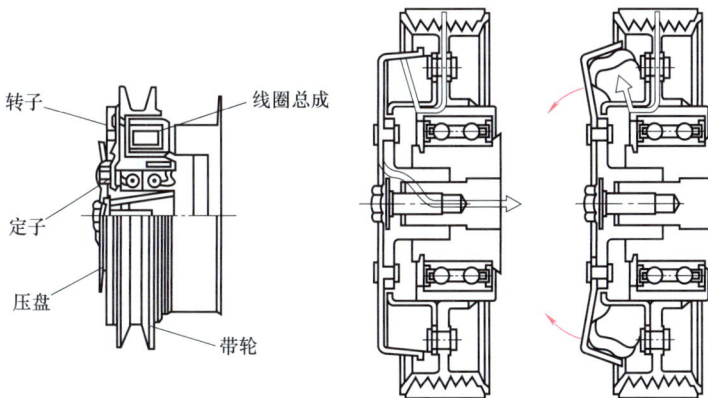

图 3-14　电磁离合器结构组成（剖面）

　　离合器未通电时，压缩机不工作。当打开制冷开关时，定子线圈中有电流通过产生磁力，吸引压盘，使之压在转子的摩擦片上并借助摩擦力使离合器作为一个整体工作，从而带动压缩机主轴运转。

四、压缩机常见故障

　　因压缩机失效导致的空调故障约占 30%，而压缩机失效形式主要包括泄漏、运转困难和阀板异响等。

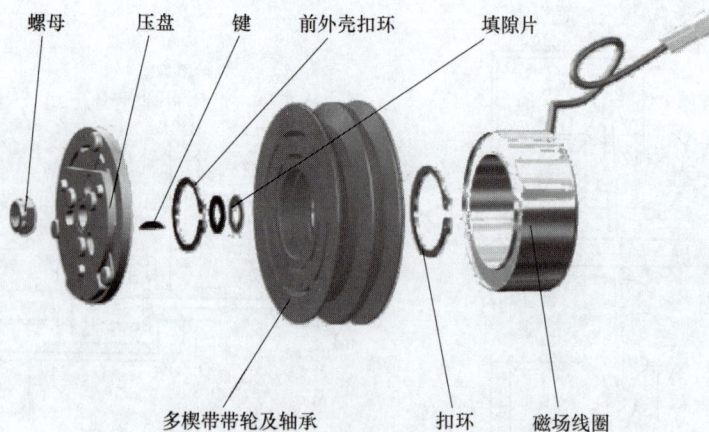

图 3-15 电磁离合器结构（实物）

1. 泄漏

压缩机泄漏有漏油和漏气两种情况，轻微泄漏，只泄漏制冷剂；严重时，既泄漏制冷剂又泄漏冷冻机油。一年泄漏量小于 15g，正常；若泄漏量超过 15g，则需检修，更换密封件。压缩机缸体裂纹泄漏，需更换压缩机总成。

2. 运转困难

运转困难通常是由于压缩机润滑不良或者没有润滑造成的。

① 制冷剂泄漏而造成冷冻机油的泄漏。

② 蒸发器或者 CCOT 系统中的油气分离器堵塞，造成压缩机得不到足够的机油而卡死。

③ 离合器间隙过大或传动皮带打滑也可能是运转困难的原因。

3. 阀板异响

阀板总成包括进气阀板和排气阀板，在压缩机故障中，排气阀板损坏比较常见。

① 连接压力表，检查吸气和排气压力；

② 在怠速的时候运行压缩机 5min 并停掉；

③ 观察吸气压力和排气压力的平衡时间：CCTXV 系统，如果时间少于 2min，CCOT 系统时间更短一些，说明阀片或衬垫可能损坏。

五、压缩机检修

1. 压缩机就车检查

启动发动机，保持 1250～1500r/min，把歧管压力表接入制冷系统中，打开空调系统，风扇开到最大位置，触摸压缩机出口和进口，正常情况下是进口凉，排气口烫，两者之间的温差较大。

如果温差较小，再看歧管压力表，表上显示低压侧和高压侧压力相差不大，则说明压缩机的工作不良，应该拆下检查；如果压缩机较热，再看歧管压力表，低压侧压力太高，高压侧压力太低，则说明压缩机内部密封不良，应该更换压缩机；如果制冷系统的高低压都低，说明系统内部制冷剂太少，应该检查泄漏，如果是压缩机泄漏，一般应进行更换。

2. 压缩机拆装

（1）空调压缩机皮带的拆卸 如图 3-16 所示。

① 用冷媒加注回收机将制冷系统的制冷剂进行回收排空。

② 拆下压缩机上的排出和吸入软管，并把排出和吸入软管接头密封，以防止潮气和灰

尘进入。

③ 用内六角扳手旋松空调压缩机下方两个连接螺栓（箭头 B）。

④ 沿顺时针方向旋转皮带张紧调节螺栓（箭头 A）直至皮带放松。

⑤ 用套筒扳手将皮带由带轮上向汽车前进方向脱出。如更换皮带，应拆卸发动机前悬置；如仅拆卸空调压缩机，可不拆卸发动机前悬置。

（2）空调压缩机的拆卸　如图 3-17 所示。

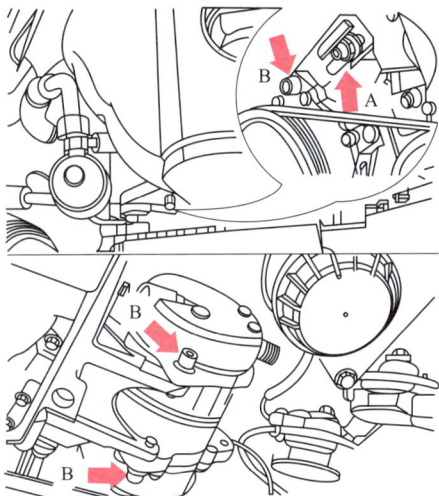

图 3-16　拆卸空调压缩机皮带

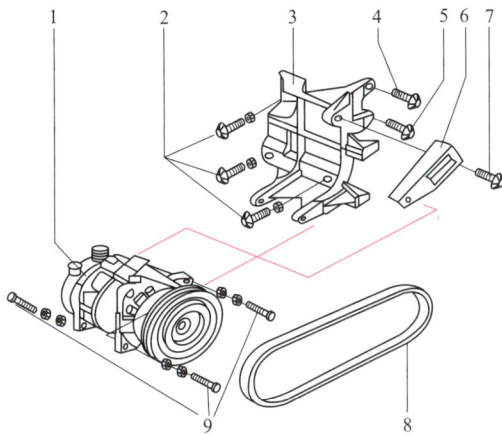

图 3-17　拆卸空调压缩机

1—空调压缩机；2—六角组合螺栓；3—压缩机支架；

4—带肩六角螺栓；5—内六角螺栓；6—皮带张紧支架；

7—皮带张紧调节螺栓；8—压缩机皮带；9—压缩机紧固螺栓

① 拆卸空调压缩机上高、低压管，并封闭管口，防止异物进入。

② 拔下电磁离合器线束插头。

③ 拆下压缩机皮带。

④ 将整车举升到适当高度，旋出压缩机紧固螺栓 9，从压缩机支架 3 上取下空调压缩机 1。

⑤ 安装时按照拆卸的相反顺序操作。

3. 压缩机轴封的更换

压缩机分解如图 3-18 所示。

（1）拆下电磁离合器总成

① 用通用两孔螺母扳手插入离合器前板的两个螺孔中，用 19mm 的棘轮套筒拆出六角螺母。如图 3-19 所示。

② 用通用两孔螺母平扳手 A 固定专用拔取器 B，用扳手顺时针拧动拔取器螺钉，直到前板松开。如图 3-20 所示。

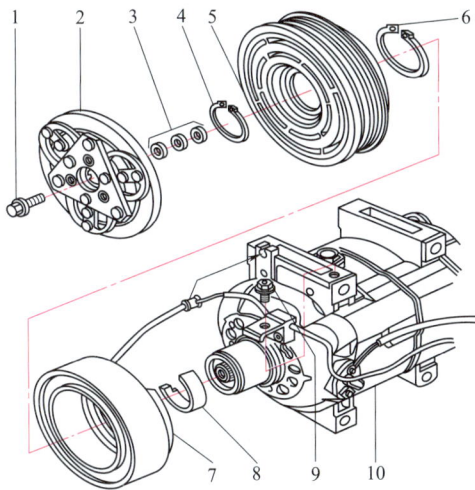

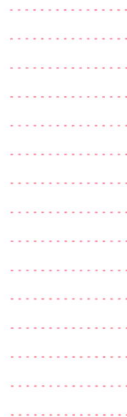

图 3-18　压缩机分解图

1—螺母；2—离合器盘；3—隔套；4—卡簧；

5—皮带轮；6—卡簧；7—电磁线圈；

8—毛毡圈；9—螺栓；10—压缩机

③ 取下隔套，并用卡簧钳取下内外卡簧。

④ 如图 3-21 所示，将两爪拉力器 B 装到台肩 A 上，拉出带轮。

⑤ 取下电磁离合器总成。

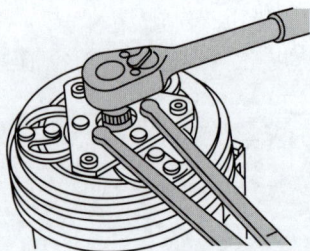

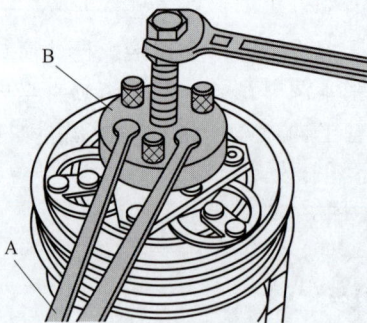

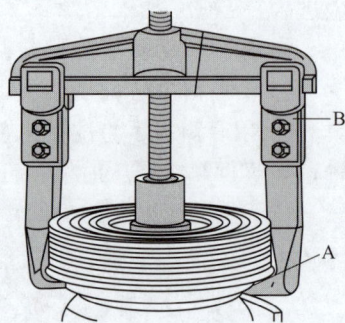

图 3-19　拆卸固定螺母　　　　　图 3-20　拆卸前板　　　　　图 3-21　拆卸带轮

（2）用卡簧钳取下毛毡圈

（3）用轴封专用钳取出轴封座　如图 3-22（a）所示。

（4）用轴封拆卸工具拆卸轴封并更换　如图 3-22（b）所示。

4. 离合器间隙检查

① 用测隙规检查离合器间隙，如图 3-23 所示。正常间隙应为 0.4～0.8mm，整个圆周的间隙都应该在这个范围内。

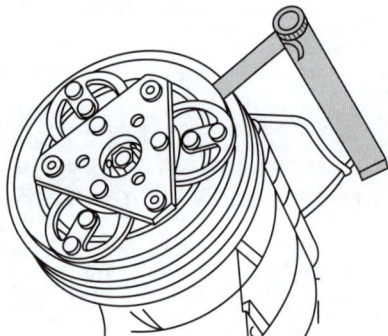

（a）拆卸轴封座　　　　　　（b）拆卸轴封

图 3-22　拆卸轴封座和轴封　　　　　　图 3-23　离合器间隙测量

② 当离合器间隙不均匀时，将低处轻轻撬起，将最高处轻轻敲下；若间隙超过规定范围，则需要拆下前板，调整垫片厚度，再重新安装。

🗒 任务实施

一、巩固理论知识

（1）掌握汽车空调压缩机故障诊断与排除方法，完成对应任务工单活页中理论知识巩固练习的内容。

（2）完成课后阅读，领会汽车工匠精神的含义，并从自身出发，在实践操作过程中践行"劳模精神和劳动精神"。

二、提升专业技能

（1）在实车上，对车辆进行预检，以空调压缩机异响故障现象为问题导向，制订检修工作计划，并完成对应任务工单活页中专业技能提升训练的内容。

① 故障现象的确认。在实车上对空调的各项功能进行检查和测试，准确地描述故障现象，并根据空调压缩机的工作原理对现象进行分析，确定故障范围。

② 故障原因的分析。对照维修手册中空调压缩机故障诊断说明，根据故障范围，列出引起故障所有可能的原因，并按照"由简单到复杂""由外到内"的思路进行排序。

③ 故障诊断流程。按照故障产生可能性的大小，制订检修计划或诊断流程图，在保障安全的前提下进行逐步诊断和排除，记录诊断数据，找出故障点。

④ 故障排除。根据故障的性质，采用更换或维修的方式排除故障，分析故障机理，完成故障检修工作小结。

（2）在实践操作过程中要按照"8S"现场管理制度要注意的内容，重点做好"清扫"和"清洁"的养成。

💡 课后阅读

精益求精 勇于创新——工匠精神述评

任务二　汽车空调热交换器检修

📖 任务导入

在一炎热的夏日，某品牌 4S 店，一维修工接收一台关于空调故障的奥迪车。客户抱怨，当和家人开车外出郊游了一个月后，在驾驶员侧地板垫上发现了一摊水迹。请查阅车型资料，熟悉该车空调系统蒸发器的构造和工作原理，并对客户做出合理的解释。

🌀 知识准备

汽车空调制冷系统中的冷凝器和蒸发器统称为热交换器，作用是制冷系统通过它们和外界进行热量交换，达到制冷目的。热交换器不仅直接影响制冷性能，其金属材料消耗大，体积大，重量占整个汽车空调总重量的 $50\% \sim 70\%$，它所占据的空间直接影响到汽车的有效容积，布置起来很困难，因此使用高效热交换器极为重要。

一、冷凝器

1. 冷凝器的作用及安装位置

（1）冷凝器的作用　压缩机排出的高温高压的气态制冷剂流入冷凝器进行冷却，并使其凝结成为液体，凝结时所放出的热量排出到大气中，达到散热的作用，制冷剂在冷凝器中的变化如图 3-24 所示。

提示：冷凝器的入口必须在顶部，这样随着制冷剂蒸气的凝结不断被收集在冷凝器底部的出口处。

（2）冷凝器的安装位置　汽车空调冷凝器大多布置在汽车发动机舱的前部，发动机散热水箱前端，进气栅格的后面。一般会在水箱后面加装两个风扇共同进行冷却，如图 3-25 所示，冷凝器安装在车头散热器水箱的前面。

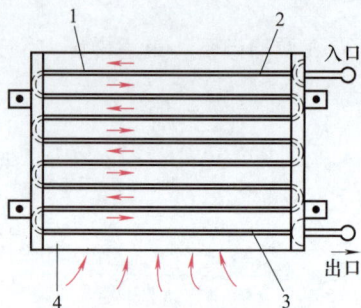

图 3-24 制冷剂在冷凝器中的变化

1—蒸发器管；2—高温高压气态制冷剂；

3—高压液态制冷剂；4—散热器片

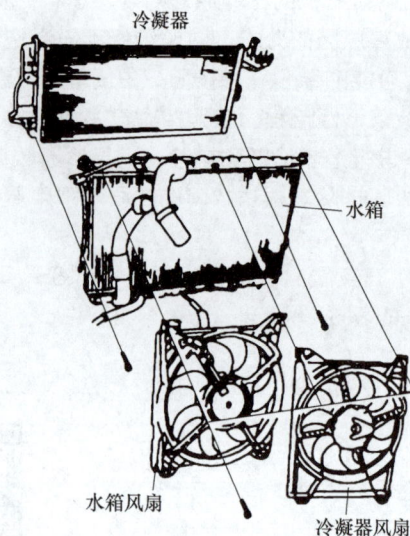

图 3-25 冷凝器安装在发动机水箱的前面

2. 冷凝器的结构

汽车空调系统冷凝器形状与发动机散热器相似，主要由管子和散热片组成，有一个制冷剂的进口和出口，冷凝器的材料可以是铜、钢、铝，现在以铝质居多。管子做成各种盘管状，散热片是为了增大冷凝器的散热面积，而且可以支撑盘管。汽车空调中的冷凝器常用的有以下几种。

（1）管带式　这种冷凝器目前普遍使用在小型轿车上，如捷达轿车，它采用一整根扁形管，弯成蛇形。管内用隔筋隔成若干个孔道，管外用 0.2mm 铝片焊在上下两管外皮处，铝片折成皱纹状以增大散热面积。具体结构如图 3-26 所示。

（2）管翅式　也叫管片式，制作工艺简单，它是在圆钢管上安装 0.2mm 铝片组合而成的，是较早采用的一种冷凝器，一般用于大型客车中的冷气装置上，具体构造如图 3-27 所示。

（3）平行流式　这种冷凝器为汽车空调使用制冷剂 R134a 而开发并投放市场。制冷剂由输入端接头进入圆柱主管中，再分别流入多个扁管，并平行地流至对面的主管，再集中经

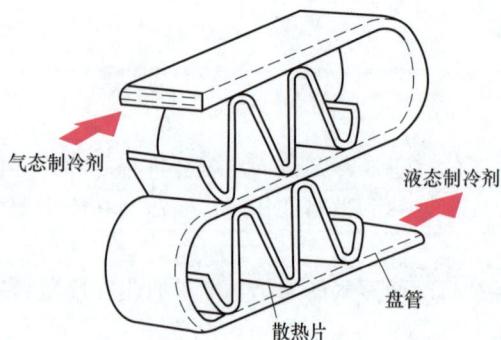

图 3-26 管带式冷凝器

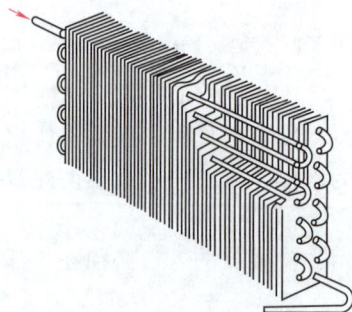

图 3-27 管翅式冷凝器

过跨接管流至冷凝器输出端接头。平行流式冷凝器具有制冷侧的压力损失小、导热性好、制冷剂充注量少等特点，其具体构造如图3-28所示。

二、蒸发器

1. 蒸发器及其作用

蒸发器和冷凝器一样，也是一种热交换器，也称冷却器，是制冷循环中获得冷气的直接器件。其外形近似冷凝器，但比冷凝器窄、小、厚。它的作用是使低温低压液态制冷剂在其管道中吸热并蒸发，使蒸发器周围的空气温度降低，同时空气中所含的水分由于冷却而凝结在蒸发器表面，经收集排出，使空气减湿。最后，鼓风机将冷而干的空气吹到车室内，达到降温降湿的目的。

蒸发器安装在驾驶室仪表台的后面，其结构如图3-29所示，主要由管子和散热片组成，在蒸发器的下方还有接水盘和排水管。

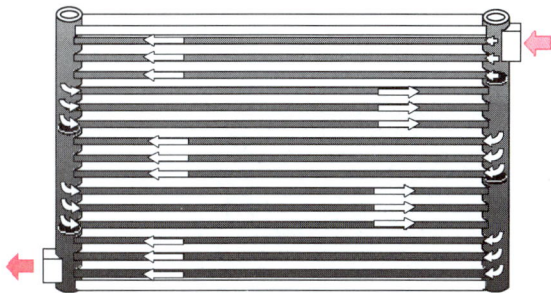

图 3-28　平行流式冷凝器

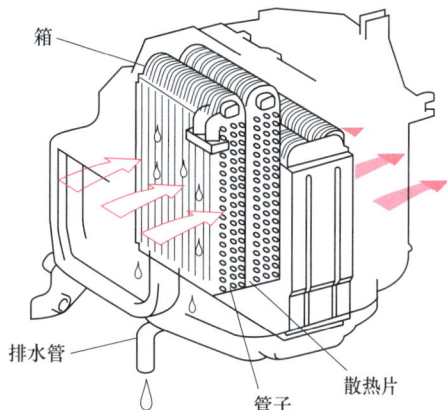

图 3-29　蒸发器

2. 蒸发器的主要结构形式

汽车空调蒸发器主要有管片式、管带式、层叠式三种结构。

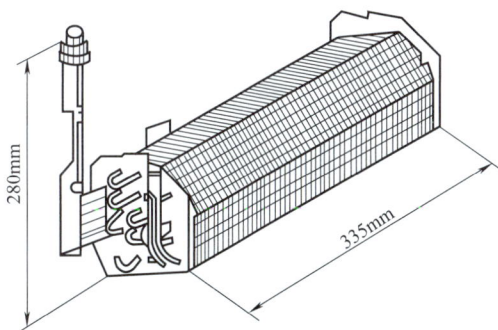

图 3-30　管片式蒸发器

（1）管片式蒸发器　如图3-30所示，它由铜质或铝质圆管套上铝翅片组成，经胀管工艺使铝翅片与圆管紧密相接。它是汽车空调中早期采用的一种冷凝器，制造工艺简单，即用胀管法将铝翅片胀紧在紫铜管上，管的端部用U形弯头焊接起来，这种冷凝器清理焊接氧化皮较麻烦，而且其散热效率较低。翅片安装环翻片破裂是生产厂家遇到的大难题。安装贴合不紧或破裂，都会使换热性能变差。目前可以采用共熔合金固化工艺制造出新型铝合金高强度翅片，这种材料内含有直径为 $2\mu m$ 的颗粒合金，因颗粒间距很小，阻碍颗粒的错位流动和塑性流动，所以材料强度得以提高，获得了优良成形性能，解决了翻片破裂问题。

（2）管带式蒸发器　由多孔扁管与蛇形散热铝带焊接而成，工艺比管片式复杂，需要采用双面复合铝材（表面覆一层 0.02～0.09mm 厚的焊药）多孔扁管材料，如图 3-31 所示。该种蒸发器热效率可比管片式提高 10% 左右。

图 3-31 管带式蒸发器

（3）层叠式蒸发器 如图 3-32 所示，层叠式蒸发器由两片冲成复杂形状的铝板叠在一起组成制冷剂通道，每两片通道之间夹有蛇形散热铝带。这种蒸发器也需要双面复合铝材，且焊接要求高，因此，加工难度最大，但其换热效率高，结构也最紧凑。

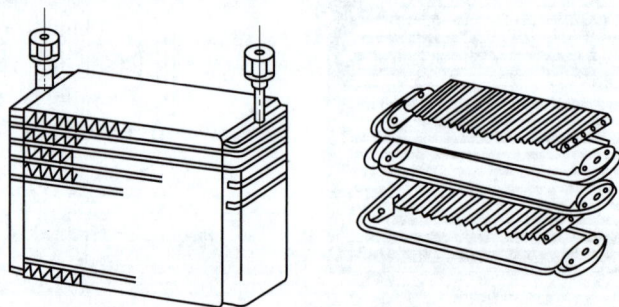

图 3-32 层叠式蒸发器

三、热交换器常见故障检修

1. 冷凝器的检修

冷凝器常见问题有内外部堵塞、外界撞击破坏或泄漏等。

外部堵塞一般是由于冷凝器外部有灰尘、小虫、树叶或其他外来碎屑覆盖造成空气流动不畅，冷凝器散热能力变弱，从而造成空调制冷不足。内部堵塞的冷凝器可能导致压缩机出口压力过大，并且这种堵塞可能会导致冷凝器内部温度的变化，甚至在堵塞点的后面会有结霜或者结冰的现象发生，并且伴随空调制冷严重不足。

（1）冷凝器外部清洗 有以下两种方法：

① 用软鬃毛刷（如发刷）清理，不要弄弯叶片，否则会影响冷凝器的散热效果。

② 用清水从后（发动机侧）向前清洗散热器/冷凝器总成。如果使用了空气，则只使用低压空气以防止高压空气损坏细而脆的散热片。不使用蒸汽清洁器来清除来自冷凝器的碎屑，否则高温的蒸汽可能会造成空调系统压力的增加。

（2）冷凝器内部堵塞检查 平行流式的冷凝器堵塞区域的判断如图 3-33 所示。

冷凝器发生内部堵塞的原因大多是由于压缩机运行产生的碎屑引发的，这种情况可以采用内部清洗的方法清除堵塞。如图 3-34 所示。

提示：对于制冷系统其他部件发生堵塞，也可以利用这种方法进行清洗。

（3）冷凝器更换的具体步骤

① 拆卸发动机罩压紧机构和任何阻碍拆卸冷凝器的其他电缆或者硬件。

② 拆卸冷凝器上部的热气管路。

③ 拆卸并且废弃所有的 O 形圈。

④ 拆卸冷凝器底部的液相管，并且废弃所有的 O 形圈，保留固定冷凝器的所有固定螺栓和螺母。

⑤ 从车辆上拆下冷凝器。

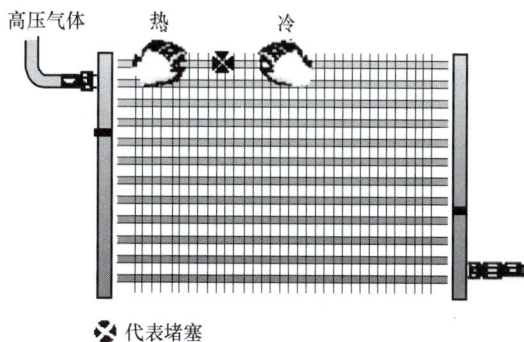

图 3-33　用手感知温度变化判断堵塞位置

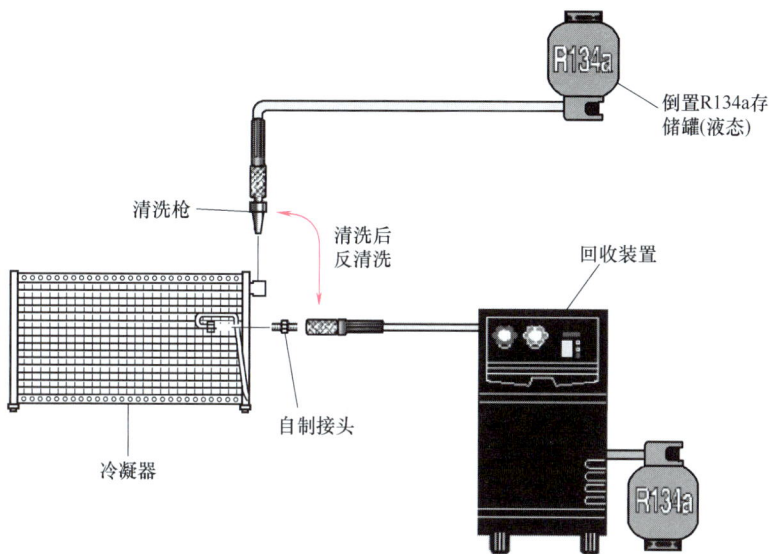

图 3-34　冷凝器冲洗

⑥ 按照相反顺序，安装新的冷凝器。

⑦ 对系统进行渗漏检测、抽真空和加注作业。

注意事项：

① 连接冷凝器管路接头时，需要注意哪里是进口，哪里是出口，顺序绝对不能接反。否则会引起制冷系统压力升高，冷凝器胀裂等严重事故。

② 未连接管路接头之前，不要长时间打开管路的保护盖，以免潮气进入。

③ 安装的 O 形圈必须是新的 O 形圈，O 形圈不允许重新使用。并在新的冷凝器中加注新的等量的冷冻机油。

2. 蒸发器的检修

（1）蒸发器的检修内容　主要包括：检查蒸发器外表面是否有积垢、异物，蒸发器是否损坏，用检漏仪检查是否存在泄漏，观察排气管路是否洁净、畅通。

（2）蒸发器的检修方法

① 检查蒸发器外表面是否有积垢、异物，如有要用软毛刷（或软布、棉纱）和清水清洁，注意不要用硬毛刷和高压水冲刷，不要弄弯吸热片。

② 检查蒸发器的内部盘管是否有泄漏现象。若有泄漏现象，通常要由专业修理人员对泄漏处进行焊补。

③ 测试蒸发器内部压力，如图 3-35 所示，用专用接头分别使蒸发器的进出口连接到高低压组合表截止阀上，用压缩机向蒸发器加压，压力一般应为 1.5MPa 左右，停止加压后 24h 压力应无明显下降。也可用肥皂水涂在系统各处进行检漏。

（3）蒸发器的拆卸

① 拆下电源接线。

② 对制冷系统进行排空或制冷剂回收。

③ 把蒸发器两端的接头拆下，拿出蒸发器，并立即封住其开口部位和两端软管接口。

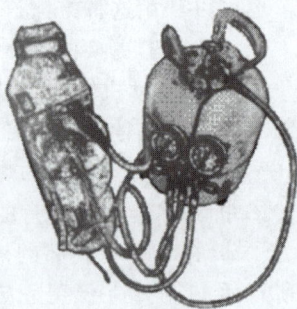

图 3-35　测试蒸发器压力

任务实施

一、巩固理论知识

（1）掌握汽车空调冷凝器与蒸发器故障诊断与排除方法，完成对应任务工单活页中理论知识巩固练习的内容。

（2）完成课后阅读，领会汽车工匠精神的含义，并从自身出发，在实践操作过程中践行"劳模精神和劳动精神"。

二、提升专业技能

（1）在实车上，对车辆进行预检，以空调冷凝器外表结霜故障现象为问题导向，制订检修工作计划，并完成对应任务工单活页中专业技能提升训练的内容。

① 故障现象的确认。在实车上对空调的各项功能进行检查和测试，准确地描述故障现象，并根据空调冷凝器的工作原理对现象进行分析，确定故障范围。

② 故障原因的分析。对照维修手册中空调冷凝器故障诊断说明，根据故障范围，列出引起故障所有可能的原因，并按"由简单到复杂""由外到内"的思路进行排序。

③ 故障诊断流程。按照故障产生可能性的大小，制订检修计划或诊断流程图，在保障安全的前提下逐步进行诊断和排除，记录诊断数据，找出故障点。

④ 故障排除。根据故障的性质，采用更换或维修的方式排除故障，分析故障机理，完成故障检修工作小结。

（2）在实践操作过程中要按照"8S"现场管理制度要注意的内容，重点做好"清扫"和"清洁"的养成。

课后阅读

一人一生一事 创新传承诠释"大国工匠"

任务三 汽车空调节流装置检修

任务导入

某地一大众 4S 店接收一台日产轩逸轿车，车主反映开启空调一段时间后，膨胀阀体表面和制冷系统低压管路会结上一层冰霜，紧接着空调制冷效果明显减弱，要求维修人员尽快解决该故障，并做出解释。

知识准备

节流计量装置：通过控制进入蒸发器内制冷剂量的方式来控制蒸发器表面温度，它是制冷系统中自动调制制冷剂流量的元件，其工作特性的好坏直接影响整个制冷系统能否正常工作。常见的节流计量装置有两种类型：一种是热力膨胀阀（常用缩写 TXV 表示）；另一种是节流管，也称为固定限流管（常用缩写 FOT 表示）。

一、膨胀阀

1. 膨胀阀的功能

（1）节流降压 使从冷凝器出来的高温高压液态制冷剂节流降压成为容易蒸发的低温低压雾状物进入蒸发器，即分离了制冷剂的高压侧与低压侧，但制冷剂的液体状态没有改变。

（2）自动调节制冷剂流量 由于制冷负荷的改变以及压缩机转速的改变，要求流量作相应调整，以保持车内温度稳定，制冷剂正常工作。膨胀阀就起了把进入蒸发器的流量自动调节到制冷循环所要求的合适程度的作用。

（3）控制作用 控制制冷剂流量、防止"液击"和异常过热发生，膨胀阀常以感温包作为感温元件控制流量大小，保证蒸发器尾部有一定的过热度，从而保证蒸发器总容积的有效利用。避免液态制冷剂进入压缩机而造成"液击"现象，同时又能将过热度控制在一定范围内，从而防止异常过热现象发生。

2. 膨胀阀的种类

主要有热力式膨胀阀和 H 型膨胀阀。热力式膨胀阀也叫做感温式膨胀阀，有外平衡式和内平衡式两种（图 3-36）。

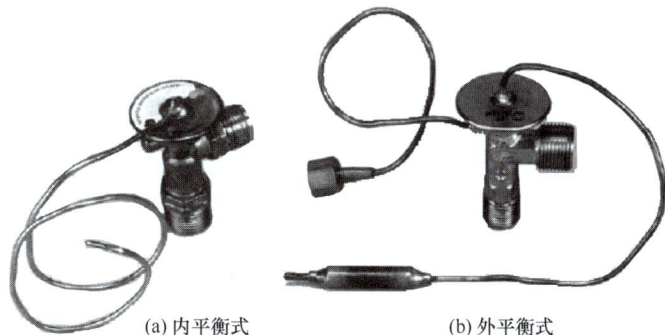

(a) 内平衡式   (b) 外平衡式

图 3-36 典型热力式膨胀阀

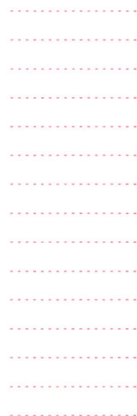

3. 膨胀阀的结构和工作原理

（1）外平衡式热力膨胀阀　外平衡式热力膨胀阀的结构如图 3-37 所示，膨胀阀的进口接储液干燥器，出口接蒸发器，上部有一个膜片，膜片上方通过一条毛细管接一个感温包，感温包安装在蒸发器出口的管路上，内部充满制冷剂气体，蒸发器出口的温度发生变化时，感温包内的气体体积也变化，进而产生进气压力变化，这个压力变化作用在膜片的上方，感温包和蒸发器必须紧密接触，不能和大气相通。如果接触不良，感温包就不能正确地感应蒸发器出口的温度。如果密封不严，感应的温度是大气温度。因此，要用一种特殊的空调胶带，捆扎和密封感温包，膜片下方的腔室还有一根平衡管通蒸发器出口，阀的中部有一阀门控制制冷剂的流量，阀门的下方有一调整弹簧，弹簧的弹力试图使阀门关闭，弹簧的弹力通过阀门上方的顶杆作用在膜片的下方。可以看出，膜片共受到三个力的作用，一个是感温包中制冷剂气体向下的压力，一个是弹簧向上的推力，还有一个是蒸发器出口制冷器的压力，作用在膜片的下方，阀的开度取决于这三个力综合作用的结果。

当制冷负荷发生变化时，膨胀阀可根据制冷负荷的变化自动调节制冷剂的流量，确保蒸发器出口处的制冷剂全部转化为气体并有一定的过热度。当制冷负荷减小时，蒸发器出口的温度就会降低，感温包的温度也会降低，其中的制冷剂气体便会收缩，使膨胀阀膜片上方的压力减小，阀门就会在弹簧和膜片下方气体压力的作用下向上移动，减小阀门的开度，从而减小制冷剂的流量。反之，制冷负荷增大时，阀门的开度会增大，从而增加制冷剂的流量。当制冷负荷与制冷剂的流量相适应时，阀门的开度保持不变，将维持一定的制冷强度。

（2）内平衡式热力膨胀阀　结构与外平衡式热力膨胀阀结构大同小异，如图 3-38 所示。不同之处在于内平衡式热力膨胀阀没有平衡管，膜片下方气体的压力直接来自蒸发器的进口，内平衡式热力膨胀阀的工作过程与外平衡式热力膨胀阀的工作过程完全相同。

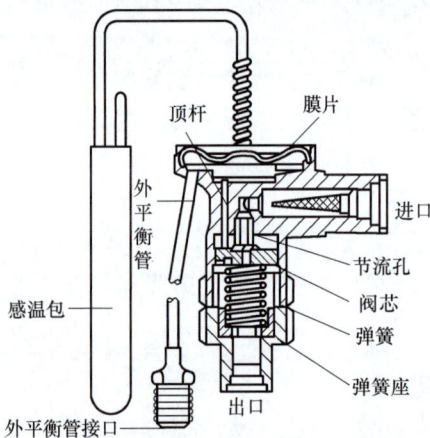

图 3-37　外平衡式膨胀阀结构和工作原理

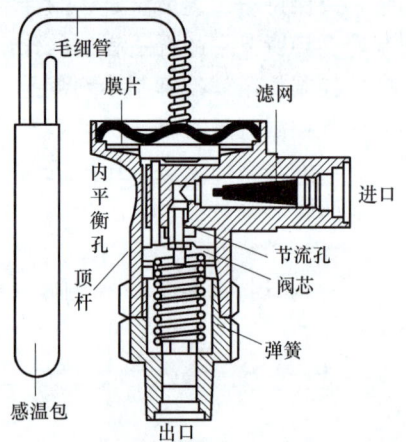

图 3-38　内平衡式热力膨胀阀结构和工作原理

（3）H 型膨胀阀的结构和工作原理　前面所述的热力式膨胀阀因其形状像英文字母"F"而简称为 F 型膨胀阀，H 型膨胀阀则因其通道像字母"H"而得名。H 型膨胀阀是一种整体型膨胀阀，又称块阀，其结构如图 3-39 所示。

采用的是内、外平衡式膨胀阀的制冷系统，其蒸发器的出口和进口不在一起，因此需要在出口处安装感温包和管路，结构比较复杂。如果将蒸发器的出口和进口制作为一体，就可以将感温包的管路去掉，这就形成了 H 型膨胀阀。它取消了外平衡膨胀阀的外平衡管和感温包，直接与蒸发器进、出口相连。它有四个接口通往空调系统，其中两个接口和普通膨胀

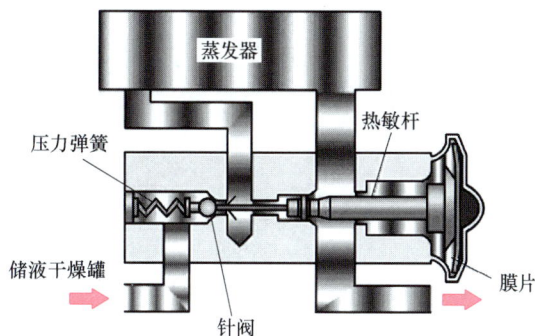

图 3-39　H 型膨胀阀的结构

阀一样，一个接储液干燥罐出口，一个接蒸发器进口，另外两个接口，一个接蒸发器出口，一个接压缩机进口。感温元件处在进入压缩机的制冷剂气流中。

H 型膨胀阀中也有一个膜片，膜片的左方有一个热敏杆，热敏杆的周围是蒸发器出口处的制冷剂，制冷剂温度的变化（制冷剂负荷的变化）可通过热敏杆使膜片右方的气体压力发生变化，从而使阀门的开度变化，调节制冷剂流量以适应制冷负荷的变化。这种膨胀阀安装在蒸发器的进、出口之间，感应温度不受环境影响，也无需通过毛细管而造成时间滞后，调节灵敏度较高。由于无感温包、毛细管和外平衡管，不会因为汽车颠簸使充注系统断裂外漏以及感温包捆扎松动而影响膨胀阀的正常工作。H 型膨胀阀具有结构简单、工作可靠的特点，符合汽车空调的特点，在现代汽车上应用越来越广。

二、节流管

节流管是制冷系统的高压和低压的分界点。它没有感温包、平衡管，而是由一个小孔节流元件和一个网状过滤器组成，是一种固定孔口的节流装置，又称孔管，其作用与膨胀阀基本相同。节流管直接安装在冷凝器出口和蒸发器进口之间，用于将液态制冷剂节流降压。由于不能调节流量，液态制冷剂很有可能流出蒸发器而进入压缩机，造成压缩机液击。因此，装有节流管的系统，必须同时在蒸发器出口和压缩机入口之间安装一个集液器，实现气液分离，避免压缩机发生液击。

节流管是用于离合器节流短管空调系统（属 CCOT 系统）的节流元件，其结构如图 3-40 所示。它是一根细铜管，装在一根塑料套管内。有的还有两个外环形槽，每槽各装一个 O 形圈。把塑料套管连同节流管都插入蒸发器进口管中，O 形圈的作用是密封塑料套管外径和蒸发器进口管内径间的配合间隙。节流管两端都装有滤网，以防止系统堵塞。节流管不能维修，损坏了只能更换。

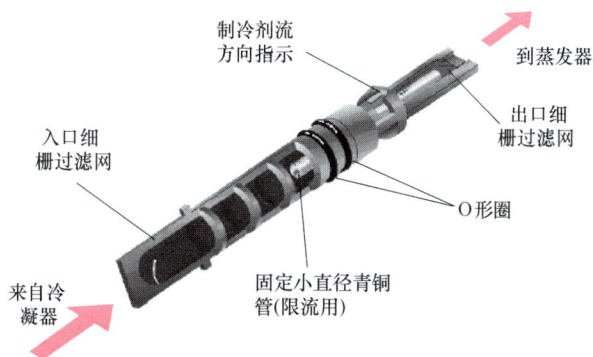

图 3-40　节流管构造

与膨胀阀相比，它结构简单，可靠性好，价格便宜，但节流管只有节流的作用，没有调节制冷剂流量的功能，在低速运行时制冷效果差一些。使用节流管的车型有通用、红旗、奥迪等汽车。

注意：节流管的颜色一般不同，不同颜色代表不同的管径。更换过程中注意替换件的颜色与原有件保持一致。

三、节流装置的检修

1. 膨胀阀的检修

（1）膨胀阀常见的故障现象

① 膨胀阀的开度过大，制冷系统中的高低压侧压力均高。低压侧管路有结霜或大量的露水，并伴随着蒸发器表面结霜，制冷效率明显下降等现象。

② 膨胀阀开度过小，制冷剂高压侧压力高，低压侧压力低，制冷效率不足等现象。

③ 膨胀阀入口滤网堵塞。

④ 膨胀阀的针阀与阀口产生卡滞或阀口脏污堵塞。

⑤ 当很多的冰粒凝结在节流部位时，就堵塞了节流通道，形成膨胀阀冰堵。

⑥ 热力式膨胀阀的感温包或毛细管破裂、失效。

（2）膨胀阀的检修步骤　测定膨胀阀的性能有两种方法：一是在汽车空调系统中测定；二是为避免各种压力保护开关及调节阀对测量工作的影响而将膨胀阀从车上拆下，在台架上测定。

① 在汽车上测定膨胀阀的性能。

a. 将歧管压力表组件与空调系统相连，启动发动机，将转速调至 $1000\sim1200r/min$，空调温控器（或拨杆）调至最冷（MAX）位置，让空调系统运行 $10\sim15min$。

b. 查看低压侧压力表读数，如果偏低，在膨胀阀周围包上约 52℃ 的电热布，继续观察低压表读数。

c. 若低压压力能上升至正常值或接近正常值，则说明系统内有水汽，应设法消除（更换储液干燥器，并用较长时间抽真空，再充注制冷剂，重新检测系统）。

d. 若低压压力未升高，则从蒸发器出口处小心卸下膨胀阀感温包，将感温包握在手中，观察低压表读数。

e. 若压力仍偏低，则说明膨胀阀有问题，应将其卸下，在台架上进行检查。

f. 按上述第 b 条查看低压表读数时，若低压读数偏高，则从蒸发器出口处小心卸下膨胀阀感温包，将其放入冰水中（在冰水中加些盐，使其温度降至 0℃）。

g. 若低压压力降至或接近正常值，则可能是感温包隔热包扎不严或安放位置不对，对其重新定位并包扎后再测定。

h. 若低压压力仍然偏高，则应卸下膨胀阀，移到台架上进行检查。

i. 测试结束后，应关闭所有空调控制器，降低发动机转速，直至关机，取下压力表组。

② 在台架上校验膨胀阀的性能。

a. 将膨胀阀从制冷系统中取下来，如果过滤网（若有过滤网）上有污物，要取下清洗干净。

b. 按图 3-41 所示的连接方式将歧管压力表组件与制冷剂瓶、膨胀阀连接好，软管与低压表之间接一个带开关的过渡接头。

c. 关闭压力表的手动阀门。

d. 在过渡接头上钻一个小孔，小孔直径为 0.23mm，将其开关拧松，以降低通过进气管的压力。

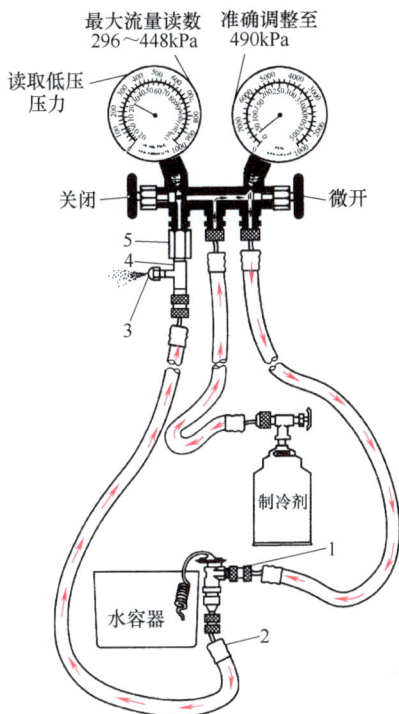

图 3-41 检测膨胀阀的性能

1—入口；2—出口；3—过渡接头
（上钻 φ0.23mm 孔）；4—三通；5—接头

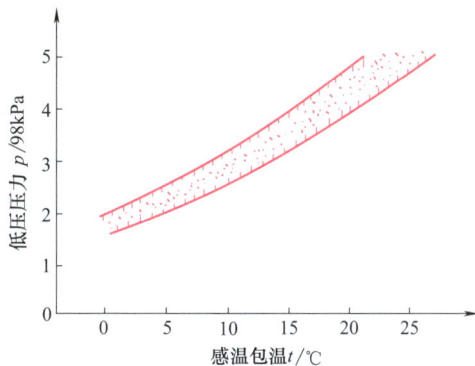

图 3-42 膨胀阀特性

e. 开启高压手动阀门，将高压侧压力调整到 490kPa 左右。

f. 将感温包浸入水中，使水温变化，在读低压表读数的同时，测量水温。

g. 对照图 3-42 比较测得的温度与压力交点是否落在阴影区内，若交点不在阴影区内，则说明需要更换膨胀阀。

③ 检验膨胀阀的流量。

a. 检验膨胀阀的最大流量。

第一步：倒置制冷剂瓶。

第二步：按上述（在台架上校验膨胀阀的性能）a～d 步骤操作。

第三步：把感温包放入温度为 51℃ 的保温水箱内。

第四步：打开高压阀，精确调整压力至 392kPa。

第五步：读低压表读数，最大流量压力应是 245～314kPa；压力超过 314kPa，表示开度过大；压力不足 245kPa，表示开度过小。

b. 检验膨胀阀的最小流量。

第一步：把感温包插入 0℃ 水中。

第二步：打开高压表开关，精确调整压力至 392kPa。

第三步：读低压表读数，从表 3-1 中找到相应的过热度，低压值应在表中规定的数值之内。

表 3-1 过热度与表压的关系

过热度/℃	5	6	7	8	9	10	11	12
表压/98kPa	1.62～1.83	1.56～1.78	1.51～1.72	1.48～1.69	1.42～1.63	1.37～1.58	1.33～1.55	1.27～1.48

④ 膨胀阀的清洗与调节。如果膨胀阀未能通过上面的一项或两项检测，那么可以尝试清洗阀门。具体操作步骤如下。

a. 卸下膜盒、毛细管、感温包总成（如果可以卸掉的话）。

b. 卸下过热度调整螺钉，记住拧下的圈数。

c. 卸下过热度弹簧及阀座，卸下阀及推杆。

d. 用干净的无水酒精清洗全部零件，擦净并吹干。

e. 按与卸下相反的顺序重装这些零件，按原拧下的圈数装上过热度调整螺钉。

f. 按上述检验膨胀阀的流量的方法检查最大流量和最小流量。

g. 若不符合要求，则可调节过热度弹簧。

h. 若反复调整均无效，则要更换新阀。

2. 节流管检修

（1）节流管的检测步骤

① 将歧管压力计与系统连接，发动机转速调至 1000～1200r/min，将空调控制器调至最冷（MAX）位置，空调系统运行 10～15min。

② 查看低压表读数。若系统无其他问题，制冷剂量合适，低压表读数偏低，说明节流管可能堵塞。

③ 将低压开关短路。

④ 在节流管周围包上约 52℃ 的电热布。

⑤ 若低压表读数上升至正常值或接近正常值，表明系统内有水汽，节流管正常，应更换集液器。

⑥ 若低压表读数仍偏低，甚至出现真空，则说明节流管有脏堵，应更换节流管。

（2）节流管的拆装

节流管有两种类型：一种是可接近的节流管，另一种是不可接近的节流管。它的安装位置在冷凝器和蒸发器之间的任何位置上，它的精确安装位置由液相管的金属部分上的一个圆形凹陷或者三道刻槽来确定。在对节流管进行拆装之前必须要排空空调系统中的制冷剂。

① 可接近的节流管拆装。

a. 用冷媒回收与充注机将系统中的制冷剂回收。

b. 把蒸发器进口管路拆下（此时节流管就露出来了），把进液管中的任何碎片、污物清理干净。

c. 倒一点冷冻机油到节流管的密封部分。

d. 拆卸工具（如图 3-43 所示，T 形套筒中加一个开槽的圆管）上的槽对准节流管上的柄脚（凸起）并插入。

e. 转动 T 形手柄，使开口圆管夹住节流管。

f. 握住 T 形手柄（千万别转动），顺时针转动外面的细长形六角套筒，这样节流管就会被拉出。

如果节流管已破碎，用一般工具较难取出。此时，应用如图 3-44 所示的专用工具将其取出，用法如下：

a. 首先将蒸发器进液管中的所有碎片（节流管的）清除出去，在进液管中加几滴冷冻机油。

b. 将有一根细长尖形螺纹锥的专用工具的螺纹锥伸到坏节流管的铜质孔中，用手转动T 形螺杆，直到确认已接触到节流管。

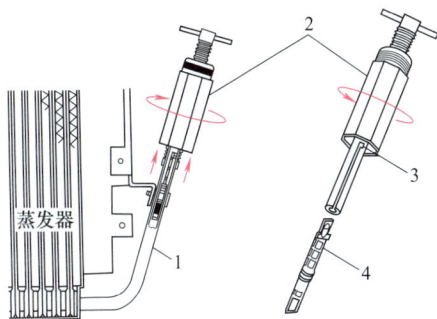

图 3-43　节流管的拆卸工具
1—蒸发器进液管；2—节流管拆卸工具；
3—切口；4—节流管

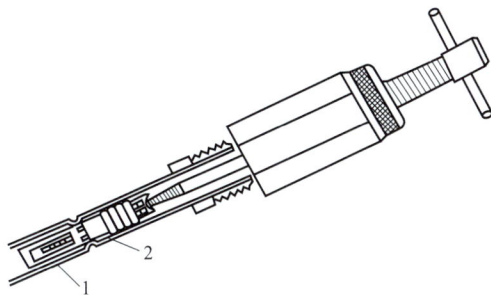

图 3-44　取破碎节流管的专用工具
1—蒸发器进液管；2—取破碎节流管

c. 转动工具的外壳，直到坏节流管被拉出。

d. 若拉出的仅是节流管中的铜管，其塑料套管仍留在蒸发器进液管中，则应将拉出的铜管卸掉，再把工具插入塑料管中，将塑料管拉出。

② 不可接近的节流管拆装。

不可接近的节流管的拆卸方法如下：

a. 缓慢排放系统中的制冷剂。

b. 从汽车上拆下液管。注意液管安装方向，以便按同样方向将其装回。

c. 确定节流管的位置。圆形凹陷或三个凹口均标明节流管的出口端。

d. 用在两端弯头处使其露出至少 25.4mm。

不可接近的节流管的安装步骤如下：

a. 朝液管各端面套上压紧螺母。

b. 使压紧环锥形部分朝向压紧螺母，向液管各端面套上压紧环。

c. 用洁净的冷冻机油润滑两只 O 形圈，并将其分别套在液管的每一截面上。

d. 把内部装有节流管的节流管套装到液管的两截面上，用手拧紧两个压紧螺母。注意箭头所标明的流动方向，应朝着蒸发器方向流动。

e. 用虎钳夹住节流管套以拧紧压紧螺母。确保软管弯头与被拆卸时的排列方法相同，以便于重新放置液管。

f. 各压紧螺母拧紧的拧紧力矩为：87～94N·m。

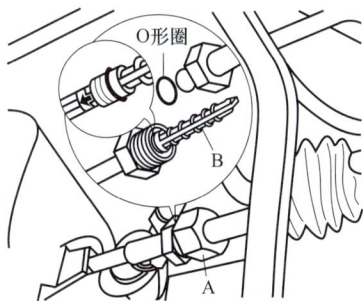

图 3-45　拆卸节流管

安装完后需要按照维修程序对系统进行检漏、抽真空、充注制冷剂，再次检测无问题后才可以使用。

以奥迪 A6 为例，其具体拆装步骤：

a. 排空制冷管路中的制冷剂。

b. 用合适的开口扳手或其他合适的工具，松开螺纹接头 A，拆下制冷管路并封闭，如图 3-45 所示。

c. 用尖嘴钳从制冷管中拔出节流管 B。

d. 更换节流管时要注意颜色，只可使用相同颜色的节流管。

e. 将新的节流管插入蒸发器，直到节流管顶在蒸发器管入口的凹座上。特别注意其安装方向，节流管上的箭头指向蒸发器。

f. 根据具体情况，在蒸发器或者液相管上安装新的 O 形圈，安装时需要在 O 形圈上涂上适当的冷冻机油。

g. 把液相管连接到蒸发器上，并且用合适的扳手拧紧螺母。根据维修手册确定拧紧力矩。

任务实施

一、巩固理论知识

（1）掌握汽车空调节流装置故障诊断与排除方法，完成对应任务工单活页中理论知识巩固练习的内容。

（2）完成课后阅读，领会汽车工匠精神的含义，并从自身出发，在实践操作过程中践行"劳模精神和劳动精神"。

二、提升专业技能

（1）在实车上，对车辆进行预检，以空调膨胀阀进、出口无温差，车内冷气出风口温度偏高故障现象为问题导向，制订检修工作计划，并完成对应任务工单活页中专业技能提升训练的内容。

① 故障现象的确认。在实车上对空调的各项功能进行检查和测试，准确地描述故障现象，并根据空调膨胀阀的工作原理对现象进行分析，确定故障范围。

② 故障原因的分析。对照维修手册中空调膨胀阀故障诊断说明，根据故障范围，列出引起故障所有可能的原因，并按照"由简单到复杂""由外到内"的思路进行排序。

③ 故障诊断流程。按照故障产生可能性的大小，制订检修计划或诊断流程图，在保障安全的前提下逐步进行诊断和排除，记录诊断数据，找出故障点。

④ 故障排除。根据故障的性质，采用更换或维修的方式排除故障，分析故障机理，完成故障检修工作小结。

（2）在实践操作过程中要按照 8S 现场管理制度要注意的内容，重点做好 "清扫"和"清洁"的养成。

课后阅读

在平凡中追求价值

项目四
汽车空调暖风与配风系统检修

项目描述

汽车空调暖风与配风系统是空调系统的重要组成部分，其主要作用是调节风向、调节车内空气湿度和洁净度等。本项目选取了汽车维修企业典型空调系统故障案例，通过学习，主要了解常见车型汽车空调暖风与配风系统的组成、原理以及常见故障诊断与排除方法。根据汽车维修企业机电维修工岗位要求，达到以下学习目标。

素质要求

1. 崇德向善、热爱劳动，自觉履行职业道德准则和行为规范，践行工匠精神和劳模精神。
2. 着装整洁，服从管理，规范作业，重点关注"素养"和"安全"，在实践操作过程中逐步养成"8S"的工作习惯。
3. 能够在工作过程中与小组其他成员合作、交流，养成团队合作意识，锻炼沟通能力。

知识要求

1. 了解空调暖风系统性能测试方法，能识别空调暖风系统的类型并测试其性能，确定维修内容。
2. 了解空调暖风系统的常规检查方法，能通过眼看、耳听、鼻闻和手摸诊断空调暖风系统故障，确定维修项目。
3. 掌握空调冷却和暖风系统的软管或皮带、散热器及加水口盖和水泵、节温器、旁通阀和护罩、加热器冷却液控制阀的检查和更换方法，以及加热器芯的冲洗方法。
4. 掌握空调暖风系统维修资料或信息查询和获取方法，能理解对空调暖风系统冷却液的回收和冲洗流程。

技能要求

1. 能检查、回收冷却液，用正确的方法冲洗冷却系统并重新加注冷却液。
2. 能检查、测试并更换风扇（电动和机械式）、风扇离合器、风扇传动皮带、风扇护罩和导风板。
3. 能检查、测试并更换加热器冷却液控制阀（手动、真空和电动型），能检查、冲洗和更换加热器芯。
4. 能根据故障现象，分析故障原因，诊断与排除故障，并按要求填写作业工单。

任务一　汽车空调暖风系统认知

任务导入

维修技师小王在值班时，一位别克威朗轿车车主反映，打开空调暖风系统有异味。请查阅车型资料，了解汽车空调暖风系统的组成及工作原理，对照实车，制订详细的检查方案，对汽车空调暖风系统检查，并给客户一个满意的解释。

知识准备

现代汽车空调已经发展成为冷暖一体化装置，不仅能制冷，而且能制热和通风，成为适应全年性气候的空气调节系统。汽车的暖风系统是将车外新鲜空气引入热交换器，吸收其中某种热源的热量，从而提高空气的温度，并将空气送入车内的装置。其主要作用有：

① 与蒸发器一起共同将空气调节到使人感到舒适的温度。

② 在寒冷的冬季向车内提供暖气，提高车内空气的温度。

③ 当车窗结霜，影响司机和乘客的视线，不利于行车安全时，可通过暖风装置吹出热风来除霜。

汽车空调暖风装置的种类有很多：按照热源的不同，可分为水暖式暖风装置、气暖式暖风装置；按空气循环方式的不同，可分为余热式暖风装置、独立燃烧式暖风装置以及综合预热式暖风装置。

一、余热式暖风装置

1. 水暖式暖风装置

水暖式暖风装置是利用发动机的冷却循环水的余热作为热源，将其引入热交换器（加热器），由鼓风机将车厢内或车外部的空气吹过热交换器而使之升温，如图 4-1 所示。

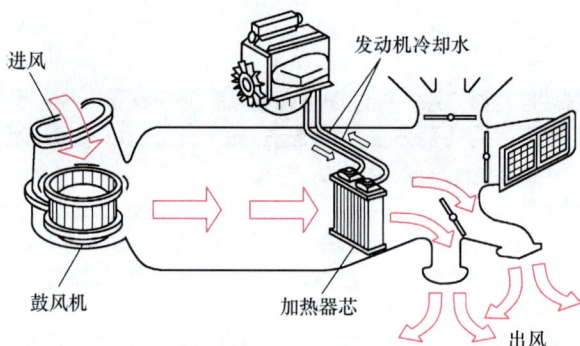

图 4-1　水暖式暖风装置工作示意

水暖式暖风装置一般由冷却液控制阀、节温器、加热器芯及相应的管路组成，其结构示意图如图 4-2 所示。

（1）冷却液控制阀　冷却液控制阀一般安装在加热器芯的入水管前面，用来控制进入加热器芯的发动机冷却水的流量。

冷却液控制阀有两种控制方式。一种是拉绳控制阀，其结构如图 4-3 所示。拉绳控制阀应用在手动空调中，它需依靠人工移动调节键来移动开关，达到关闭或打开控制阀的目的。另一种是真空控制阀，主要由真空膜片、活塞等组成，其结构如图 4-4 所示。其工作原理：供暖风时，真空膜片盒的右空腔与真空源导通，在两端压力差作用下，膜片克服弹簧力，带动活塞一起右移，活塞将冷却液通路开启，这时发动机冷却液流向加热器，系统处于供暖状态。若真空膜片盒的真空源断开，则弹簧压力通过膜片带动活塞左移，此时冷却液的通路被关闭，加热器不会发热。真空控制阀可以用在手动空调上，也可用在自动空调上。

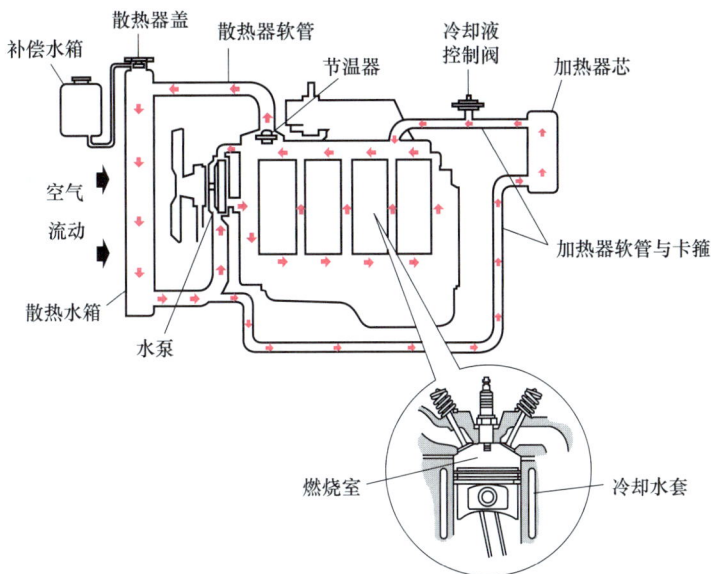

图 4-2　水暖式暖风装置的结构示意

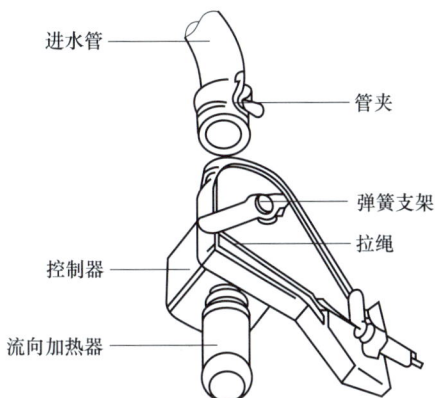

图 4-3　拉绳控制阀

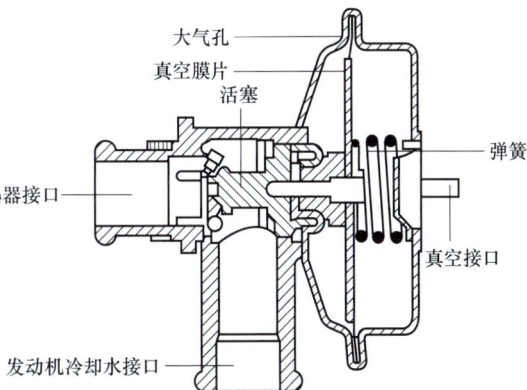

图 4-4　真空控制阀

（2）加热器芯　加热器芯由管/叶片和膜片组成，将管子弄扁可以改善传导并使加热性能变得更好，加热器芯上的水箱用来引导冷却液流经芯子，一般由黄铜或塑料和铝制成，其结构如图 4-5 所示。

（3）节温器　节温器一般安装在发动机冷却液通道的出口处，通过感知发动机冷却液的温度控制冷却液的大小循环，目前大都使用石蜡式节温器，其具体结构如图 4-6 所示。

（4）加热器软管与卡箍　一般有两根软管与加热器相连，一根进水软管和一根出水软管。这些软管一般由耐油污和耐臭氧的增强合成橡胶所构成。通过卡箍进行固定连接并与加热器相连。经常采用的卡箍有恒定张力卡箍（图 4-7）和涡轮式卡箍（图 4-8）两种。

轿车、载货汽车和小型客车经常利用发动机冷却液的余热作为热源，将热源引入热交换器，由鼓风机将车厢内或车外部空气吹过热交换器使之升温。此种装置设备简单、安全经济，但热量小，受发动机运行工况影响较大。

水暖式暖风装置在不使用暖风时，冷却液通过水泵将发动机内的高温冷却液泵入散热器，散热后的冷却液由散热器出水管回到发动机。水暖式暖风装置工作原理，如图 4-9 所示。

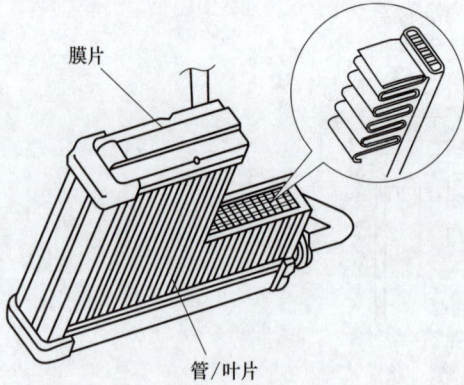

膜片
管/叶片

图 4-5　加热器芯构造

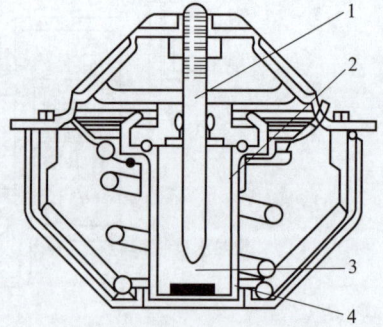

1
2
3
4

图 4-6　石蜡式节温器的构造
1—发动机缸体；2—节温器；3—橡胶套；4—感温套

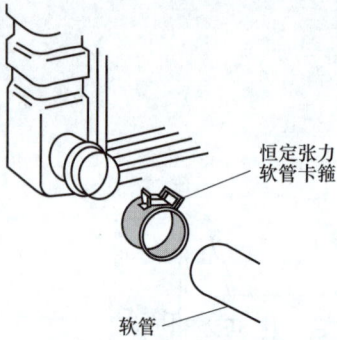

恒定张力
软管卡箍
软管

图 4-7　恒定张力卡箍

图 4-8　涡轮式卡箍

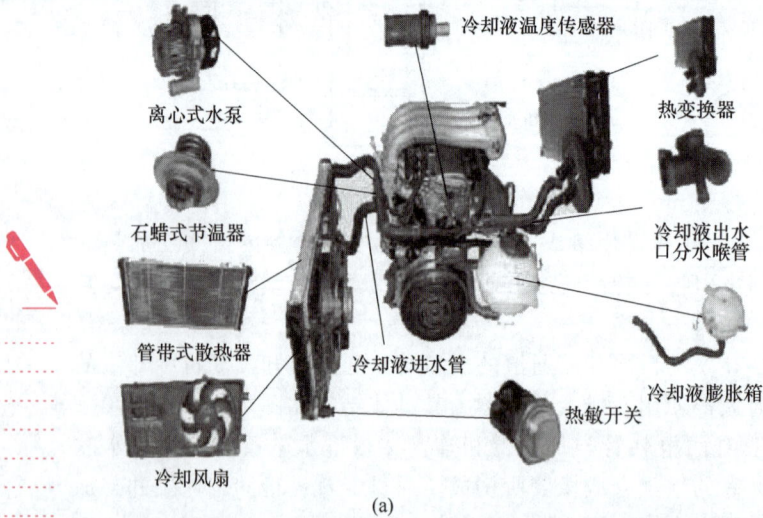

冷却液温度传感器
热变换器
离心式水泵
石蜡式节温器
冷却液出水口分水喉管
管带式散热器
冷却液进水管
冷却液膨胀箱
热敏开关
冷却风扇

(a)

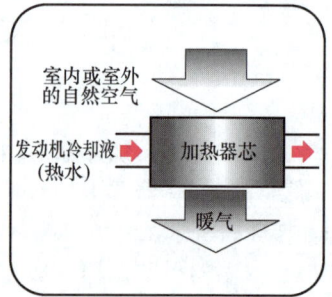

室内或室外的自然空气
发动机冷却液（热水）　加热器芯
暖气

(b)

图 4-9　水暖式暖风装置工作原理

　　使用暖风时，经发动机分流出的高温冷却液部分送入暖风装置的加热器芯，冷空气在鼓风机的作用下，通过加热器被加热后，由不同的出风口吹向乘客室。在加热器芯中被吸收热量的冷却液离开加热器被发动机水泵抽回发动机，完成一次循环。暖风还可以通过风窗玻璃下面的出风口，吹到风窗玻璃上，以保持风窗玻璃内侧温度在雾点之上，防止起雾或结霜。

2. 气暖式暖风装置

气暖式暖风装置的结构如图 4-10 所示。

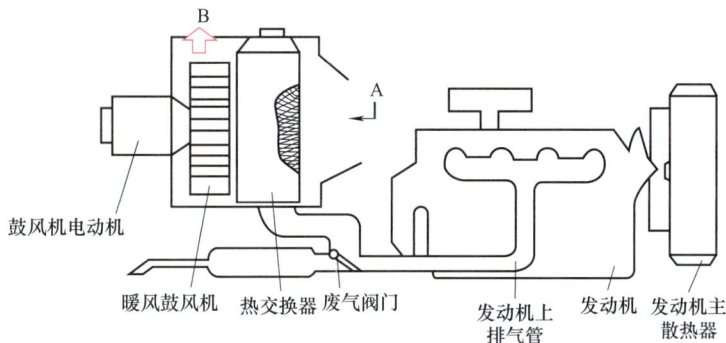

图 4-10　气暖式暖风装置的结构示意

它是利用发动机排气管中的废气余热或冷却发动机后的热空气作为热源，通过热交换器加热空气，把加热后的空气输送到车厢内取暖，此种装置受车速变化的影响大，对热交换器的密封性、可靠性要求较高。气暖式暖风装置有两种：一种是气暖肋片式，另一种是气暖热管式。

（1）气暖肋片式　在发动机排气管上装一段肋片管，管外套上外壳，管内通发动机排气，外壳与管子之间的夹层中通空气，这段管子即是热交换器（见图 4-11）。

在风机的作用下，将空气吸入并加热后送入车室。加肋片的目的在于增加换热面积以强化换热。值得注意的是排气中含有二氧化硫和水分等杂质，具有腐蚀性。因此，要求这管段的管材必须是耐腐蚀的，连接处应该密封严实，且应经常检查。如因受腐蚀而管段穿孔，废气将和空气一起进入车室危及人体健康和安全。

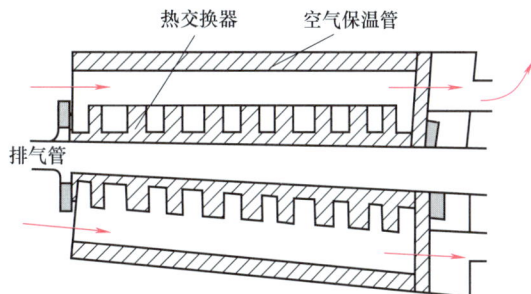

图 4-11　气暖肋片式装置

（2）气暖热管式　其工作原理：车用发动机的废气流经热管的吸热端，利用风机强制车室内空气流过热管的放热端，真空密闭的金属管内装入约占热管容积 1/3 的工作液体，在管子下部即吸热端的工作液体被发动机废气热流体加热，吸收热量后沸腾变为气体，由于气体的密度小而上升。

到管子的上部将热量传给车室的空气而凝结，这种垂直布置可利用重力差，加速凝结液回流，稳定其换热性能，凝结液沿管内壁流回下部，再吸热沸腾为气体。如此反复进行，不断地将下部的热量传到上部（见图 4-12）。

气暖热管式装置的优点是结构简单、启动快、传热系数高、换热效果好，不需外加动力也无运动部件，维护方便，而且发动机排出的废气和进入车室采暖用空气互不泄漏，工作安全可靠。

二、独立燃烧式暖风装置

利用发动机余热式取暖装置普遍受发动机功率和工况的影响较大，车速低或下坡时

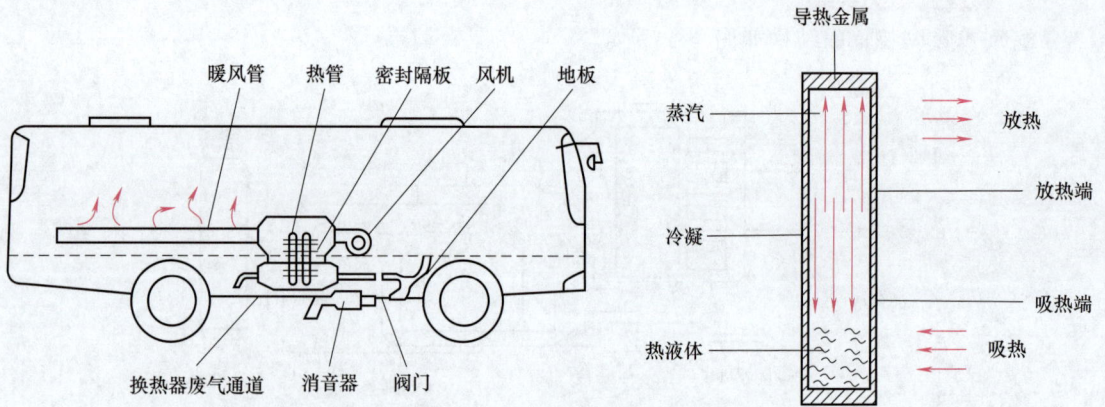

图 4-12　气暖热管式装置

暖风效果不理想，目前大客车普遍采用独立式取暖装置，其热容量大，热效率可达 80%。

独立燃烧式暖风装置装有专门燃烧机构，根据燃烧方式的不同有直接式和间接式之分。所谓直接式指的是把燃料燃烧产生的热量在换热器中直接传递给空气，然后用风机将热空气送入车室内；而间接式则是先用燃料燃烧的热量把水加热，再利用水与空气热交换向车室提供暖风。

1. 直接独立燃烧式暖风装置

直接独立燃烧式暖风装置由燃烧室、热交换器、供给系统和控制系统四部分组成，其结构如图 4-13 所示。

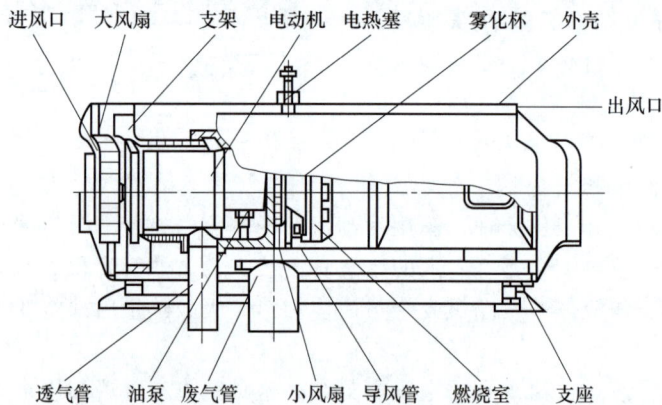

图 4-13　直接独立燃烧式暖风装置

工作过程是：当暖风装置中的电动机接通电源后，就带动大风扇、油泵、雾化杯、小风扇同时工作。其中，油泵将燃油送入雾化杯进行雾化，并和透气管送来的空气混合，形成可燃混合气体。与此同时，电源通过电热塞将混合气体点燃，使其在烧烧室中持续燃烧，并在燃烧室的表面产生高温。大风扇将室外冷空气从进风口吸入，经过燃烧室表面进行加热形成热空气，并由导风管将其送至出风口，然后送入车厢内，调室车内温度。小风扇的作用是将烧烧后的废气通过废气管排出。另外，在电动机轴向前端安装的新鲜空气送风机将空气送入装置中，该空气接受热交换器散发出的热量而使温度升高。

直接独立燃烧式暖风装置具有取暖快、不受汽车行驶条件的影响等优点，缺点是加热出来的空气为高温干热状态，舒适性差。

2. 间接独立燃烧式暖风装置

间接独立燃烧式暖风装置用水作为热介质向车室内提供暖风，出风柔和舒适感好，且采用内循环空气、灰尘少、效果较为理想。间接独立燃烧式暖风装置与直接式大体相同，同样由燃烧室、热交换器、供给系统和控制系统四部分组成，其结构如图 4-14 所示。

间接独立燃烧式暖风装置不仅可作为车厢取暖用，还可预热发动机、润滑油和蓄电池等。

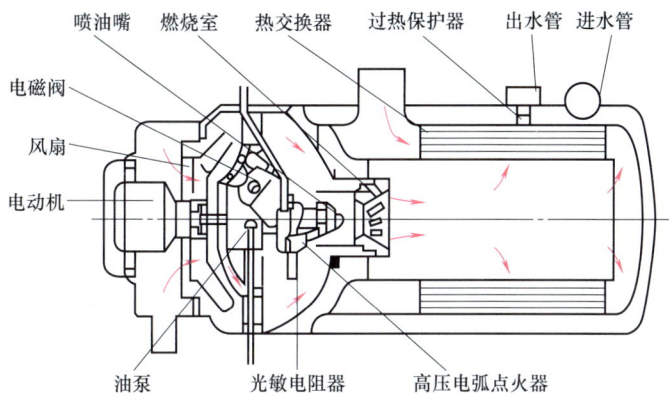

图 4-14　间接独立燃烧式暖气装置

间接式与直接式大体相同，也包括四个部分。但它们之间还是有区别的。

① 燃烧室由喷油嘴和高压电弧点火器组成。高压电弧点火器具有点火迅速、使用可靠的优点。

② 热交换器的一侧仍为高温的燃烧气体，而另一侧则是水，不再是空气。供水系统以水泵代替风机作为动力。

③ 控制系统里有水温控制器和水温过热保护器，前者根据水温的高低控制燃油的喷油量，后者则在水温超过预调温度时，将油门切断，停止燃油燃烧。其点火燃烧过程与直接式相仿。

三、综合预热式暖风装置

既利用发动机冷却液的热量，又安装有独立的燃烧装置的暖风装置为综合预热式暖风装置。综合预热式暖风装置多用于大客车上，比较常见的加热装置有 PTC 加热器、电热塞型加热装置和燃气型加热装置等。

（1）PTC 加热器　这种加热器是通过 PTC 电加热器穿过加热器芯来加热发动机冷却液的，当空调温度调节开关开至最大，发动机水温较低、车外温度低于 7℃，发动机转速大于 500r/min 时，发动机电脑将控制 PTC 加热器工作，辅助加热发动机冷却水，以满足驾乘人员的取暖需求。其工作原理如图 4-15 所示。

（2）电热塞型加热装置　这种加热装置是在气缸的出水口上安装电热塞加热发动机的冷却液，辅助达到取暖的效果。其结构如图 4-16 所示。

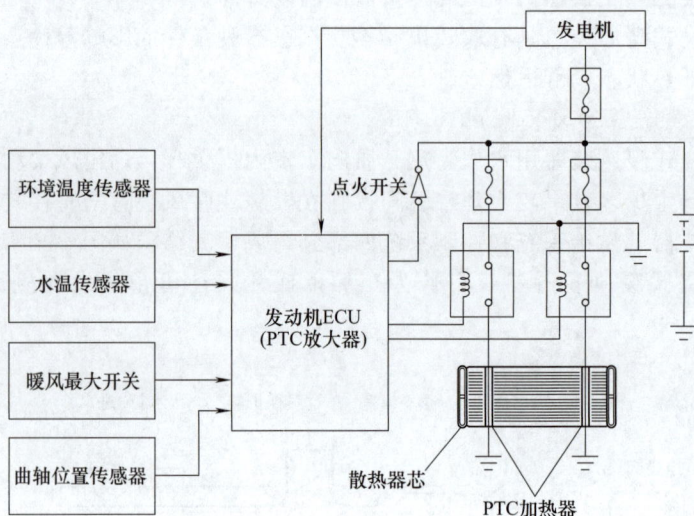

图 4-15　PTC 加热器

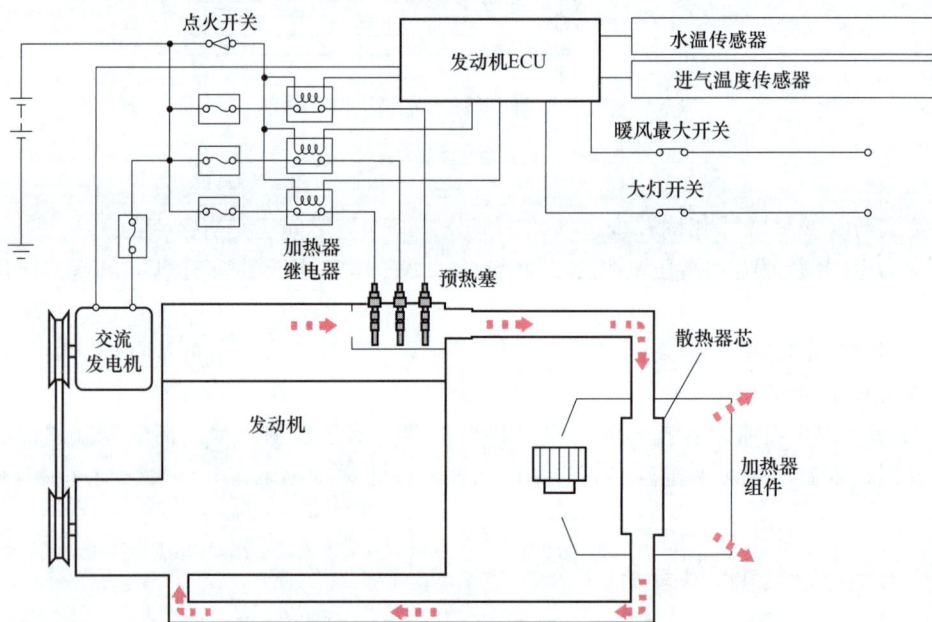

图 4-16　电热塞型加热器

（3）燃气型加热装置　燃油和空气在燃烧室中混合燃烧，加热发动机的冷却水，加热后的水进入加热器芯处散热，降温后返回发动机再进行循环。其示意图如图 4-17 所示。

按照输入暖风机的空气循环的方式不同，汽车供暖系统还可以分为三种类型：输入车内空气的循环称为内循环式，输入车外的新鲜空气的循环称为外循环式，同时输入车内外两种空气的循环称为混合循环式。一般内循环采暖效果好、加热空气吸热量少，外循环吸入的空气新鲜，混合循环则具备两者优点，在汽车上应用广泛。

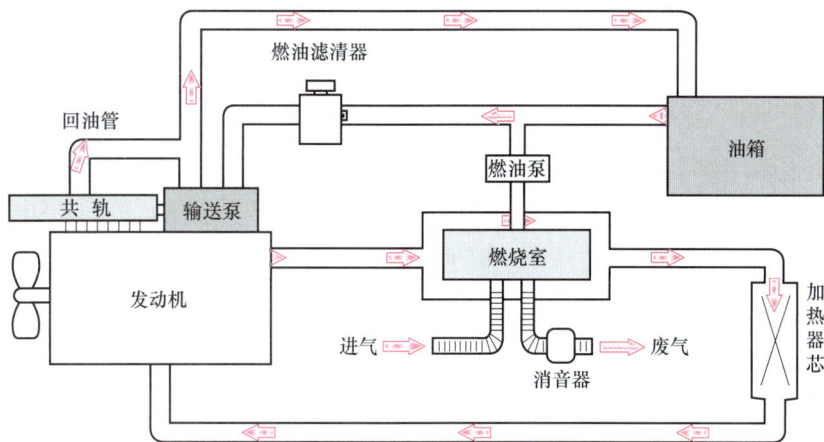

图 4-17　燃气型加热装置

任务实施

一、巩固理论知识

（1）熟悉汽车空调暖风系统的结构组成及常见类型，完成对应任务工单活页中理论知识巩固练习的内容。

（2）在实车上，找出汽车空调暖风系统的各个组成部件，通过角色扮演的方式，用通俗易懂的语言向客户介绍暖风系统的工作原理。

（3）完成课后阅读，领会汽车工匠精神的含义，并从自身出发，在实践操作过程中践行"劳模精神和劳动精神"。

二、提升专业技能

（1）在实车上，对车辆进行预检，完成对应任务工单活页中专业技能提升训练的内容。

（2）在实践操作过程中要按照"8S"现场管理制度要注意的内容，重点做好"素养"和"安全"的养成。

课后阅读

工匠精神是从血脉里流淌而来

任务二　汽车空调配风系统认知

任务导入

维修技师小王在值班时，一位丰田卡罗拉轿车车主反映，打开空调配风系统时，感觉风量比较小。请查阅车型资料，了解汽车空调配风系统的组成及工作原理，对照实车，对汽车空调配风系统进行检查，并给客户一个满意的解释。

知识准备

汽车空调配风系统（也称过滤通风系统）主要由空气过滤装置、空气净化装置与配风装置等组成，其中配风装置主要由内外循环风门、空气混合风门、出风模式风门、空气分配管道及风门控制机构等组成，如图 4-18 所示。内外循环风门用于控制空气内循环进风或外循环进风；空气混合风门又叫作温度控制风门，用于调节出风温度；出风模式风门将混合气分配至相应空气管道。无论空调系统需要输送的是冷气还是暖气，都要经过配风系统进行输送分配。

暖风散热器　内外循环风门　除霜出风口　空调过滤器　脚部出风口　蒸发器　鼓风机　脸部出风口

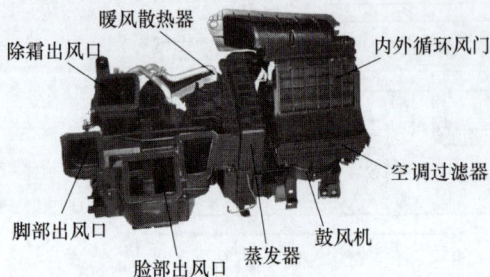

图 4-18　汽车空调配风系统结构示意图

一、空气过滤装置

汽车车内的空气循环模式有两种，即车外空气循环和车内空气循环。汽车车外空气受到粉尘、烟尘以及汽车尾气中一氧化碳、二氧化硫等有害气体污染；车内空气受乘客呼出的二氧化碳、人体汗味以及漏入车内的废气污染。这些因素降低了车内空气的洁净度，因此，现代汽车空调安装了空气过滤装置，能够清除车内空气中的异味，去除车外空气中的花粉和灰尘，使空气净化。

一般的汽车空调系统过滤装置是空调过滤器，主要是除去空气中的悬浮尘埃。而在一些中高档汽车的空调单元中，还设有除臭和空气负离子发生装置，使空气保持清洁。空调过滤器一般安装在鼓风机的上方（进风口），如图 4-19 所示。使车内、车外循环的空气都经由过滤器过滤。

空调滤芯的制造材料是由不同性能的无纺布且中间夹活性炭进行有序复合加工而成。滤芯加工成褶皱状，有效地增加了过滤面积。汽车空调过滤器不但能过滤空气中的细微颗粒、花粉，同时，利用活性炭的物理性能，有效地吸附空气中的甲醛、氨、醋酸等十几种有害气体，尤其对烟雾产生的恶臭气体有显著的吸附效果。汽车空调过滤器对保持车厢内的空气清洁，有效保护车内人员的健康起到了一定的作用。

空调过滤器　鼓风机

图 4-19　空调过滤器安装位置

另外，某些车型安装烟雾传感器，如图 4-20 所示。它检测香烟烟雾并自动地使鼓风机电机以"HI"转速（最高转速）运行。

二、空气净化装置

部分汽车除了安装空调过滤器之外，还装有空气净化装置，以对车内的空气进行净化。

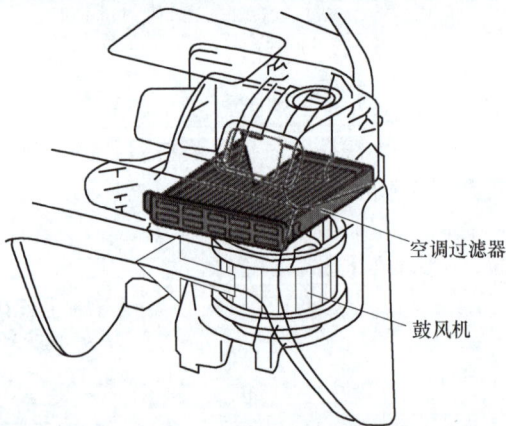

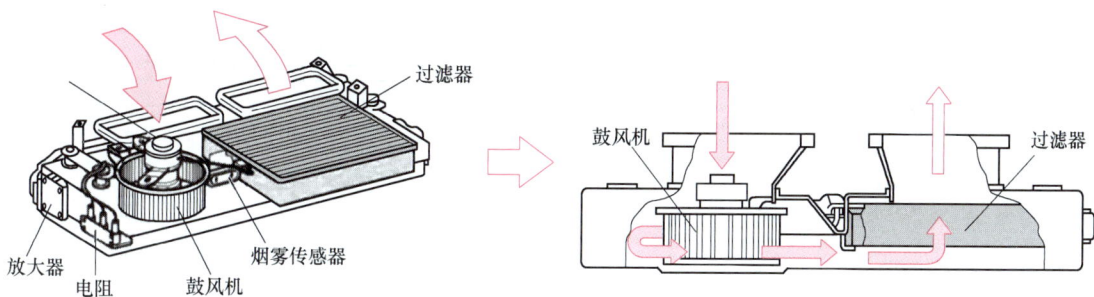

图 4-20　带有烟雾传感器的空气过滤装置

汽车空调系统采用的空气净化装置通常分为过滤除尘、离心除尘和静电除尘三种。

（1）过滤除尘　过滤除尘装置结构简单，广泛应用于各种普通轿车空调系统中。它是在空调系统的送风口和回风口处设置尼龙、纤维等过滤材料（花粉滤清器），仅能过滤空气中的灰尘和杂物，只需定期清理过滤网上的灰尘和杂物即可。如图 4-21 所示。

（2）离心除尘　离心除尘是工业中应用比较广泛的除尘方式之一。其除尘原理是给进气通道连续设几个急弯，当进气气流通过连续的急转弯时，旋转气流中的粒子受到的离心力比重力大得多，由于惯性作用粉尘颗粒来不及随气流一起转弯而碰壁沉积下来，这样就达到除去空气中灰尘和杂质的目的。

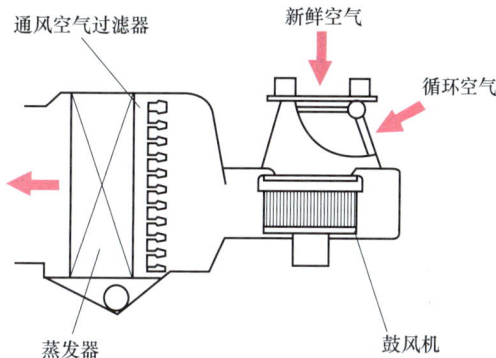

图 4-21　过滤除尘装置

（3）静电除尘　静电除尘装置结构复杂、成本较高，一般只用于高级轿车和旅游车上。图 4-22 所示为静电集尘式空气净化系统的空气净化过程。

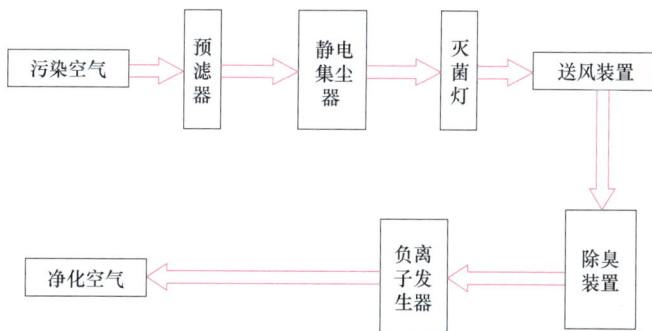

图 4-22　静电集尘式空气净化系统的空气净化过程

静电集尘器则以静电集尘方式把微小的颗粒尘埃、烟灰及汽车排出的气体中含有的微粒吸附在集尘板上。工作原理是：高压放电时产生的加速离子通过热扩散或相互碰撞而使浮游尘埃颗粒带电，然后在高压电场中库仑力的作用下，克服空气的阻力而被吸附在集尘电极板上，图 4-23 所示为静电集尘原理图，其中图 4-23（a）是放电电极流出的辉光电流使尘埃颗粒带电，图 4-23（b）为带电的尘埃颗粒向集尘电极板运动。

图 4-24 所示为实用的静电集尘式空气净化装置结构示意图，它通常安装在制冷、供暖

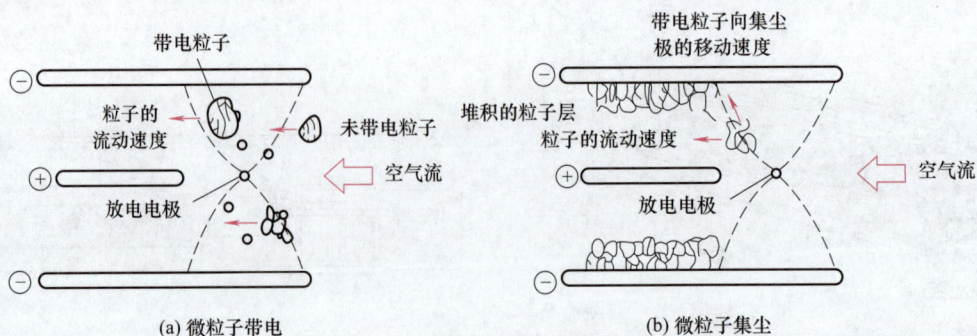

图 4-23　静电集尘的工作原理

采用内循环方式运行的大客车上，经过这种装置净化后的空气清洁度很高，可以充分满足对汽车舒适性的要求。

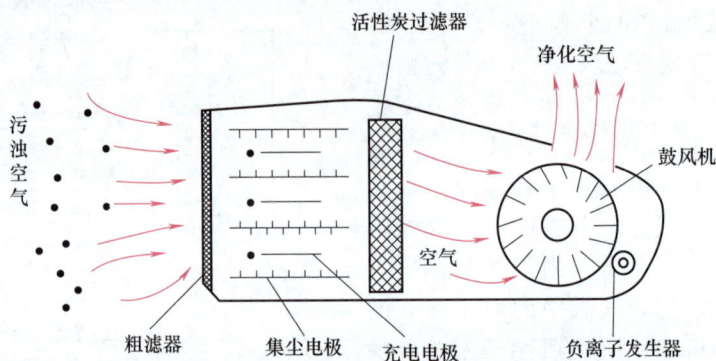

图 4-24　静电集尘式空气净化装置

三、配风装置

汽车空调已由单一制冷或取暖的方式发展到冷暖一体化方式，由季节性空调，发展到全年性空调，真正起到空气调节的作用。汽车空调配风装置由通风系统、配风系统与配气系统组成，其作用主要是控制车内的暖气和冷气气流的流向、流速，以及控制车内的空气清新度，将新鲜空气引入车内，以提高乘员舒适性。系统根据空调的工作要求，可以将冷、热风按照配置送到驾驶室内，满足调节需要。

1. 汽车空调的通风方式

汽车空调通风系统的作用是在汽车运行中从车外引入一定量的新鲜空气，并将车内的污浊空气排出车厢外，同时还可以防止风窗玻璃起雾。

汽车空调的通风方式有两种，即自然通风和强制通风，排风也有自然排风和动力抽风两种。为保证进气正压和清洁，进风口一般设在轿车、货车的车头部位。为了便于车内污浊气体的排出，排风口一般设置在前驾驶室两侧上部的负压区处。

（1）自然通风　自然通风是利用汽车行驶时对车身外部所产生的风压为动力，在适当的位置开设进风口和排风口，以实现车内通风换气，如图 4-25 所示。

（2）强制通风　强制通风是利用鼓风机将车外新鲜空气吸入车厢内进行通风换气，这种方式需要外界提供能源和设备，如图 4-26 所示。

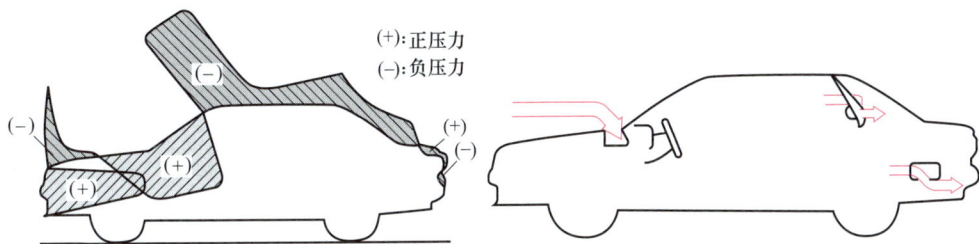

图 4-25　自然通风

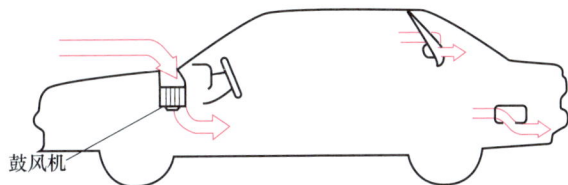

(+)：正压力
(-)：负压力

鼓风机

图 4-26　强制通风

2. 汽车空调配风方式

汽车空调不仅能将新鲜空气引入车厢内，而且能将冷风、暖风、新鲜空气有机地进行配合调节，形成冷暖适宜的气流吹出。配风系统常见的空气混合方式见表 4-1。

表 4-1　汽车空调的配风方式

序号	种类	构　成	备注
1	冷、暖风独立式		内 车内空气（循环空气） 外 车外空气（新鲜空气） 鼓风机 H 加热器芯 蒸发器芯
2	冷、暖风转换式		
3	半空调式		混合风门 内外侧入口门 冷暖风选择门 除霜风门
4	全空调式（空气混合）		DEF—除霜 ROOM—车室内 COOLER—制冷

（1）冷、暖风独立式　当夏季气温炎热时，车内空气在鼓风机吹送下，通过蒸发器芯冷却后，吹向车内降低车内温度。当冬季气温降低时，车内空气与车外空气混合，在鼓风机的吹送下，通过加热器芯升温，从中、下风门输送到车内，或经上风口吹向风窗玻璃进行除霜。

（2）冷、暖风转换式　车内循环空气和外界新鲜空气经风门混合后，由鼓风机送入。当选择制冷（COOLER）功能时，混合空气经蒸发器芯冷却后吹出。当选择制热功能时，混合空气经加热器芯升温后由地板风口吹出。当选择除霜功能时，热风由除霜风口吹向风窗玻璃。当加热器和蒸发器全部关闭时，送入车内的为自然风。

（3）半空调方式　车内循环空气和新鲜空气经风门调和混合后，先经过蒸发器冷却，后经鼓风机送入风门调节，一部分或大部分进入加热器，冷气出口不再进行调节，混合空气已经被除湿。如果蒸发器不开，送出的是暖风；若加热器不开，则送出的是冷风；若两者都不开，则送出的是自然风。

（4）全空调式　全空调式也称空气混合式，其应用较为普遍，即新鲜空气和车内循环空气经风门调节后，由鼓风机吹向蒸发器进行降温除湿，再经风门进入加热器加热，出来的冷风和暖风混合后，按功能要求送入车内。可通过调节风门来控制混合空气的温度。若关闭蒸发器，则送出的是暖风；若关闭加热器，则送出的是冷风；若两者均不开，则送出的是自然风。

3. 配气系统的工作过程

汽车空调配气系统分为通风、制冷、再热系统。常见的汽车空调配气系统的工作过程如图 4-27 所示。

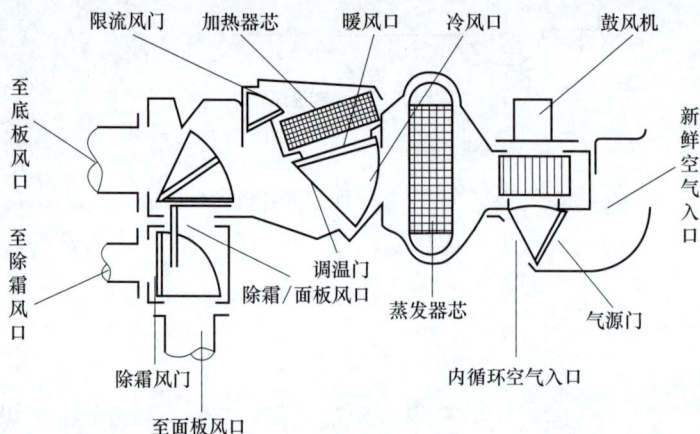

图 4-27　汽车典型配气系统

汽车空调配气系统一般由三部分构成：第一部分为空气进入段，主要由气源门和鼓风机等组成，用来控制室内循环空气和室外新鲜空气进入；第二部分为空气混合段，主要由蒸发器、加热器和调温门组成，用来调节所需空气的温度；第三部分为空气分配段，分别可使空气吹向脸部、脚部和挡风玻璃上，主要包括中风门、下风门、除霜门和上、中、下风口。

其工作过程是：当调温门处于全开位置状态时冷空气经过加热器，当调温门处于全闭位置状态时冷空气不经过加热器。这样只要调温门处于全开或全闭位置，就可得到最高或最低温度的空气。另外，也可调节调温门处于全开或全闭之间的不同位置，得到不同温度和湿度的空气。分配段的除霜门、中风门、下风门，可调节空调风吹向挡风玻璃、乘员的脸部或脚部。另外，控制空调器内鼓风机转速，可以调节空调风的流量，改变人体的体感温度。

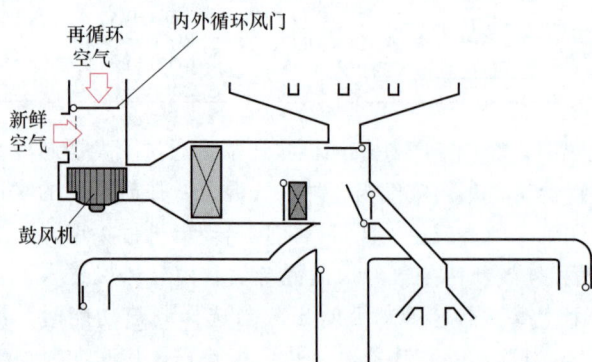

图 4-28　内外循环风门控制示意图

4. 空调通风控制

汽车空调通风的控制主要包括内外循环风门控制、空气混合风门控制和出风模式风门控制三个部分。

（1）内外循环风门控制　是通过

控制进气风挡位置来选择是车内循环还是车外循环的。其控制方式如图 4-28 所示。

外循环：外循环利用鼓风机将车外的空气抽吸到车内，也就是说车外与车内的气道是流通的，空调系统吹出的风来自车外。

内循环：内循环关闭了车外的气流通道，不开鼓风机就没有气流循环。开鼓风机时吸入的气流也仅来自车内，形成车辆内部的气流循环。

（2）空气混合风门控制　空调系统既可以吹冷气，又可以送出暖风。冷气和暖风的比例是由空气混合风门（也称温度调节风门）来控制的。出风温度的高低完全取决于空气混合风门的位置，即：空调系统通过移动空气混合挡板，改变流经加热器芯的热空气和蒸发器的冷空气的比例来控制空调出口的温度和湿度。

① 最低温度位置　当驾驶人将温度选择开关逆时针转动到极限位置时，鼓风机输送的气流通过制冷系统的蒸发器冷却后变成冷气通往出风口，如图 4-29 所示。

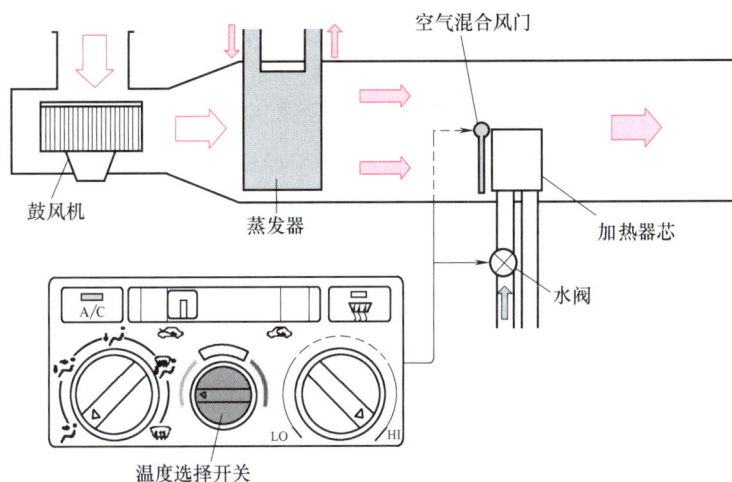

图 4-29　空气混合风门最低温度位置

② 中间位置　当驾驶人将温度选择开关转到中间位置时，空气混合风门允许部分气体通过暖风加热器芯，气流被加热到合适的温度，如图 4-30 所示。

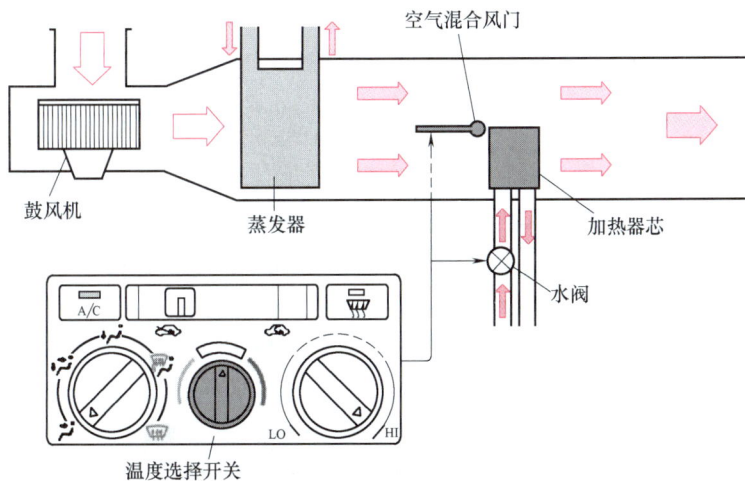

图 4-30　空气混合风门中间位置

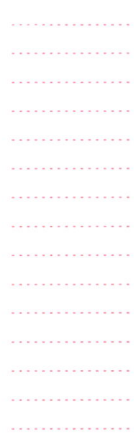

③ 最高温度位置　当驾驶人将温度选择开关顺时针转动到极限位置时，空气混合风门将关闭气流的直接流出通道，这时气流最大限度地流经暖风加热器芯，如图 4-31 所示。

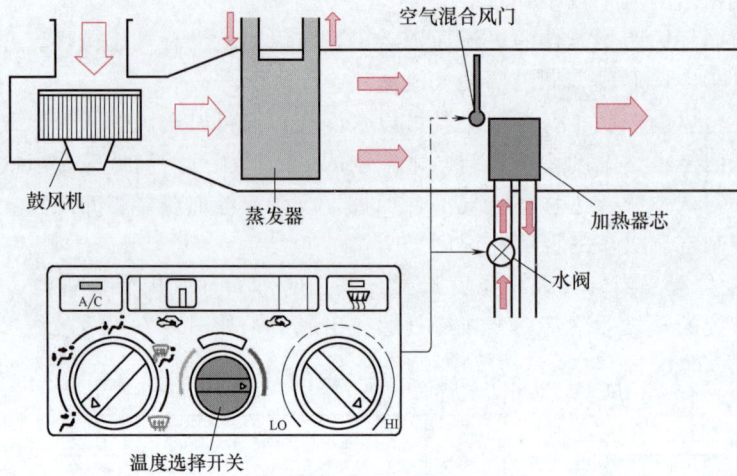

图 4-31　空气混合风门最高温度位置图

（3）出风模式风门控制　出风模式风门的机械操作装置由模式选择旋钮、拉索、传动机构和模式风门等组成，出风模式风门由中央与侧通风风门、脚部风门、除霜风门等多个风门通过传动机构连接而成。通过旋钮的转动，使拉索拉动风门传动机构，再带动出风模式风门转到相应的位置进行出风模式的选择。

出风模式有 FACE（脸部）、FACE＋FOOT（脸部与脚部）、FOOT（脚部）、FOOT＋DEF（脚部与除霜）、DEF（除霜）五种模式。

① FACE（脸部）模式　当驾驶人操纵出风模式旋钮至 FACE（脸部）模式时，旋钮带动拉索拉动出风模式风门控制机构，使模式风门转到 FACE 位置。除霜风门封闭除霜出风口，脚部风门封闭脚部出风口，中央与侧通风风门打开，气流从仪表板上的中央和侧通风出风口吹出，如图 4-32 所示。

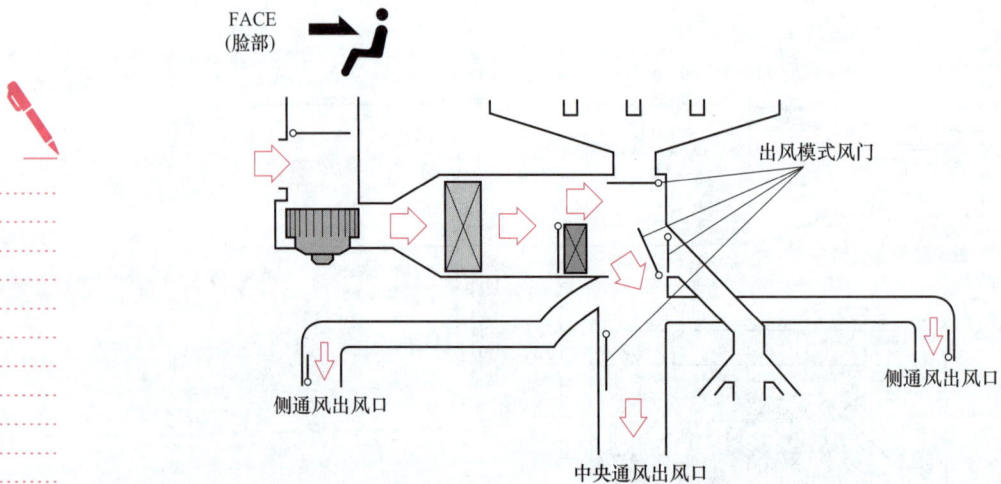

图 4-32　FACE（脸部）模式控制示意图

② FACE＋FOOT（脸部＋脚部）模式　当驾驶人操纵出风模式旋钮至 FACE＋FOOT

（脸部＋脚部）模式时，旋钮带动拉索拉动出风模式风门控制机构，使模式风门转到
FACE＋FOOT 位置。除霜风门封闭除霜出风口，脚部风门打开脚部出风口，中央与侧通风
风门仍然打开，因此，气流从中央与侧通风出风口和脚部出风口吹出，如图 4-33 所示。

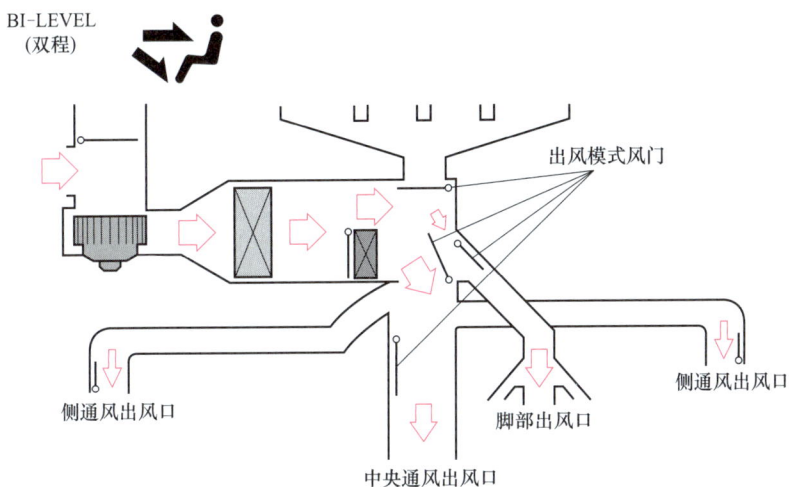

图 4-33　FACE+ FOOT（脸部+ 脚部）模式控制示意图

③ FOOT（脚部）模式　除霜风门关闭除霜出风口，中央与侧通风风门关闭中央与侧
通风出风口，仅脚部风门打开。因此，气流经脚部出风口吹出（部分车型侧通风出风口仍有
少量的风吹出），如图 4-34 所示。

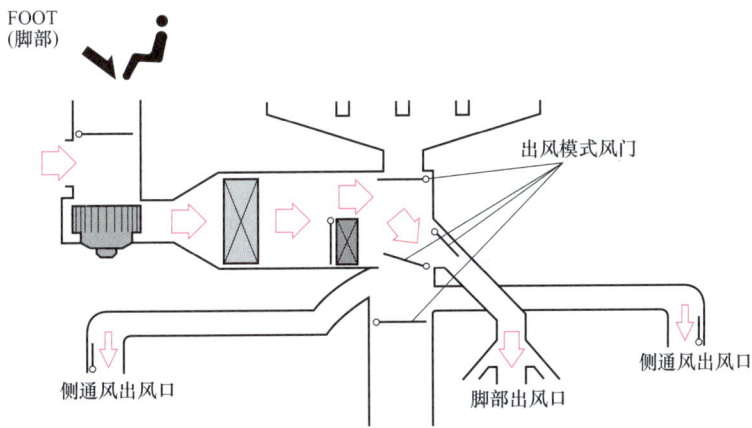

图 4-34　FOOT（脚部）模式控制示意图

④ FOOT＋DEF（脚部＋除霜）模式　除霜风门打开除霜出风口，中央与侧通风风门
关闭中央与侧通风出风口，脚部风门打开脚部出风口，因此，气流从脚部和除霜出风口吹
出，如图 4-35 所示。

⑤ DEF（除霜）模式　除霜风门打开除霜出风口，中央与侧通风风门关闭中央与
侧通风出风口，脚部风门关闭脚部出风口。因此，气流从除霜出风口吹出，如图 4-36
所示。

5. 风门控制方式

常见的风门控制方式有拉线式和电机式两种。

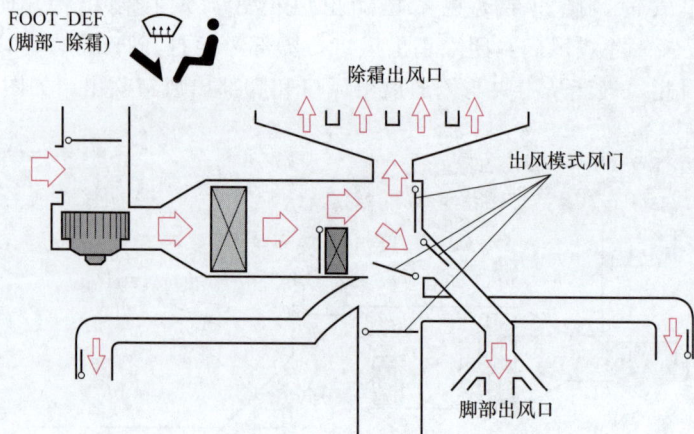

图 4-35 FOOT+ DEF（脚部+ 除霜）模式控制示意图

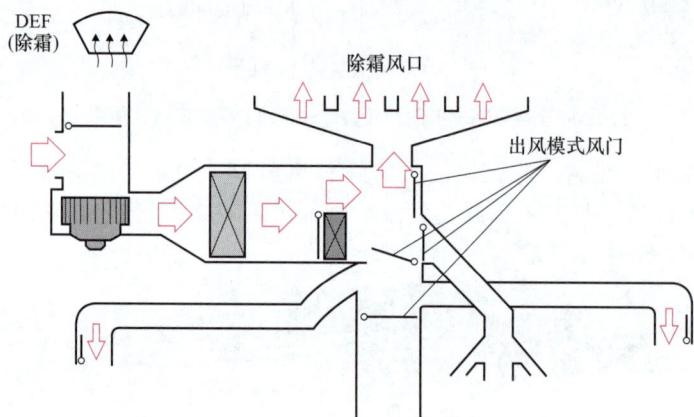

图 4-36 DEF（除霜）模式控制示意图

（1）拉线式 由操纵杆、拉索和风门组成，控制板上的操纵杆与拉索相连，拉索根据操纵杆的运动操纵风门。结构简单，但当拉索的滑动出现问题时，面板的选择操作杆就会不灵敏甚至失效。其控制方式如图 4-37（a）所示。

（2）电机式 由伺服电机、风门、控制面板及控制器组成，按下控制面板上的按钮，便可使伺服电机运转，带动风门运动。目前的汽车大都采用电机式控制方式，如图 4-37（b）所示。

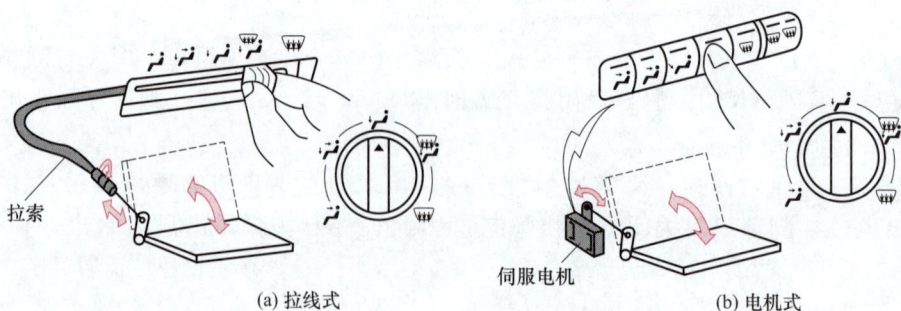

(a) 拉线式   (b) 电机式

图 4-37 风门控制方式

📋 任务实施

一、巩固理论知识

（1）掌握汽车空调配风系统的工作原理及检查方法，完成对应任务工单活页中理论知识巩固练习的内容。

（2）完成课后阅读，领会汽车工匠精神的含义，并从自身出发，在实践操作过程中践行"劳模精神和劳动精神"。

二、提升专业技能

（1）在实车上，对车辆进行预检，以检查空调配风系统功能是否正常为问题导向，制订检修工作计划，并完成对应任务工单活页中专业技能提升训练的内容。

（2）在实践操作过程中要按照"8S"现场管理制度要注意的内容，重点做好"素养"和"安全"的养成。

💡 课后阅读

大国工匠李勇的春夏秋冬

任务三　汽车空调暖风与配风系统常见故障检修

📖 任务导入

维修技师小王在值班时，一位科鲁兹轿车车主反映，打开汽车空调时，感觉风量比较小，而且有异味。请查阅车型资料，制订检修计划，分析故障原因并排除故障。

汽车空调制暖系统检修

🌐 知识准备

一、汽车空调暖风系统常见故障检修

汽车空调暖风系统常见的故障有不供暖或供暖不足、鼓风机不运转、加热器漏水、暖风过热、除霜热风不足、调节机构操纵困难（沉重）以及供暖风量不足等，其故障检查流程如图 4-38 所示。

1. 轿车空调不供暖或供暖不足

① 鼓风机电动机损坏：应检查鼓风机电动机并予以修复或更换。

② 鼓风机继电器损坏：应检查并修复或更换继电器。

③ 加热器漏风：应密封加热器壳体。

④ 加热器翅片积灰或变形：会导致通风不畅，应清洁、修理或更换加热器。

⑤ 发动机冷却水不足：应检查冷却系统内是否有泄漏并修复，补充冷却水。

不供暖或供暖不足

送风
是否正常 ←是 ← → 是→ 供暖循环
是否正常

熔断器或
开关是否损坏 —是→ 更换

热水通路
是否堵塞泄漏 —是→ 检修

鼓风机继电
器是否损坏 —是→ 更换

节温器是否损坏 —是→ 更换

鼓风机调速
电阻是否损坏 —是→ 更换

热交换器是
否堵塞泄漏 —是→ 检修、更换

鼓风机
是否损坏 ←否 — —否→ 风门控制电
动机是否损坏

检修、更换（鼓风机是） 检修、更换（风门控制电动机是）

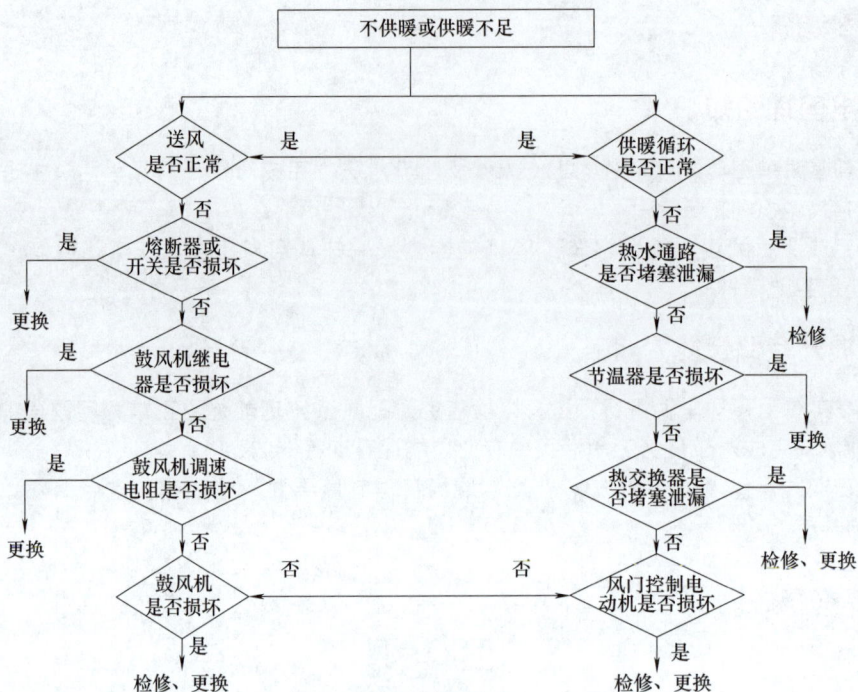

图 4-38　汽车空调暖风系统故障检查流程

⑥ 发动机节温器失效：应更换节温器。

⑦ 温度调节门的真空电动机损坏：应更换真空电动机。

⑧ 热水开关或真空电动机失效：会导致没有足够的热水量，应拆修或更换。

⑨ 加热器芯管积垢堵塞：可用化学方法除垢。

⑩ 加热器芯管内部有空气：排出管内空气即可。

⑪ 冷却水管受阻：说明水管严重扭曲变形，应检查修理或更换水管。

⑫ 外管道受阻：应清除阻塞物。

⑬ 空气循环量不足：可能是风机调节失效、加热器漏风、混合风门位置不对等。应进行检查并予以维修、更换、堵漏或重新调整。

2. 轿车空调除霜热风不足

① 供暖不足：参见上述 1 中方法进行排除。

② 出风口堵塞：清除堵塞物。

③ 除霜风门调整不当：应重新调整。

④ 除霜开关损坏：更换除霜开关。

3. 轿车空调暖风过热

① 调温风门位置不当：可调节调温风门的位置，必要时更换。

② 鼓风机调速电阻损坏：应更换调速电阻。

③ 发动机冷却系统节温器损坏：应更换节温器。

④ 驾驶员操作不当：若将温度调节键调至"最热"挡，而将鼓风机转开关至"最低"挡，则会造成送出的暖风过热。此时应重新正确操作各调节键，使温度与风量合理搭配。

4. 轿车空调暖风调节机构操纵困难

① 风门卡滞：应维修或更换。

② 操作机构卡死：应重新调整操作机构。

③ 真空电动机失灵：应更换真空电动机。

5. 轿车空调暖风加热器漏水

① 水管接头松动：拧紧或更换加热器水管接头。

② 热水开关关闭不严：维修或更换热水开关。

③ 软管老化破损：应更换软管。

6. 轿车空调供暖风量不足

① 加热器外壳或风机外壳漏风：应拧紧连接螺钉，更换密封垫片。

② 加热器毡垫挡住热风出口：应重新调整毡垫位置，若损坏应更换。

③ 加热器内散热片被挤瘪变形：减小了流经加热器的空气流速，此时应该用尖嘴钳扳直散热片或更换新的加热器。

④ 风机开关失灵：应更换风机开关。

⑤ 调温风门调节不当：应重新调好风门。

7. 轿车空调暖风系统循环热水量不足

① 加热器供水管阻塞或扭曲：应进行修理或更换。

② 加热器内各管道阻塞：应拆下各管道检查、清洗或更换。

③ 加热器热水管内有空气：它会阻碍热水均匀流过加热器。因此应排出热水管内的空气，其方法是在发动机运转时，暂时拆开加热器的顶部出口管，让加热器热水管的空气流走，直至发现有冷却水流出时，重新接好管子。

④ 控制暖风循环热水量的电磁阀失灵：应更换该电磁阀。

⑤ 发动机冷却水不足：此时应查明冷却水减少的原因，找出泄漏部位予以修复，并加满冷却水。

⑥ 冷却系统节温器失灵：造成冷却水升温时间长，且无法为加热器提供足量的热水，此时应更换节温器。

二、汽车空调配风系统常见故障检修

1. 通风系统风门功能检查

启动发动机，将鼓风机开关旋到最高挡，按下内外循环开关到外循环位置（此时开关指示灯不亮）。

用手感觉（或用风速计测量）车外挡风玻璃下外循环进风口处应有气流吸入。

如图 4-39 所示，再次按下内外循环开关，此时应位于内循环位置（开关指示灯亮）。

再用手感觉车外挡风玻璃下外循环进风口处应没有气流吸入。否则说明内外循环风门工作不正常，需要进一步检测风门与电机是否损坏。

2. 空气混合风门功能检查

启动发动机，将鼓风机开关旋到最高挡，打开 A/C 开关，将温度选择旋钮转到最冷位置，并运转发动机 3～5min，使发动

图 4-39　内外循环开关面板

机水温升到正常。

用手感觉（或用温度计测量）中央通风出风口和侧通风出风口应有较凉爽的风吹出。

将温度选择旋钮转到中间位置，用手感觉中央通风出风口和侧通风出风口应有较暖和的风吹出，如图 4-40 所示。

图 4-40　温度计测量出风口

再将温度选择旋钮转到最热位置，用手感觉中央通风出风口和侧通风出风口应有较热的风吹出。否则说明空气混合风门工作不正常，需要进一步检测风门是否卡住或损坏。

3. 出风模式风门功能检查

启动发动机，将鼓风机开关旋到最高挡，将出风模式风门旋转到脸部模式。

用手感觉仪表板中央通风出风口和侧通风出风口应有较大的气流吹出，用手感觉脚部出风口和除霜出风口应没有气流吹出。

① 将出风模式风门旋转到脸部＋脚部模式。

② 用手感觉仪表板中央通风出风口应有气流吹出，用手感觉脚部出风口也应有气流吹出，除霜出风口应没有气流吹出。

③ 将出风模式风门旋转到脚部模式。

④ 用手感觉仪表板中央通风出风口应没有气流吹出，用手感觉脚部出风口应有较大气流吹出，除霜出风口应没有气流吹出。

⑤ 将出风模式风门旋转到脚部＋除霜模式。

⑥ 用手感觉仪表板中央通风出风口应没有气流吹出，用手感觉脚部出风口应有气流吹出，除霜出风口也有气流吹出。

⑦ 将出风模式风门旋转到除霜模式。

⑧ 用手感觉仪表板中央通风出风口应没有气流吹出，用手感觉脚部出风口应没有气流吹出，除霜出风口应有较大气流吹出。

三、空调过滤器检查与更换

① 拆下手套箱的固定螺栓。

② 取下手套箱阻尼器。

③ 拿出手套箱。

④ 按下空调过滤器盖板卡扣，并取下盖板，如图 4-41 所示。

⑤ 取出空调过滤器滤芯，如图 4-42 所示，如果较脏应更换。

⑥ 用压缩空气与吹尘枪按与气流相反的方向吹净空调过滤器上的灰尘。

⑦ 安装空调过滤器，注意箭头方向与气流方向一致。

⑧ 按与拆卸相反的顺序安装好空调过滤器盖板和手套箱。

四、鼓风机拆装与检测

1. 鼓风机拆卸

① 拆下手套箱总成。

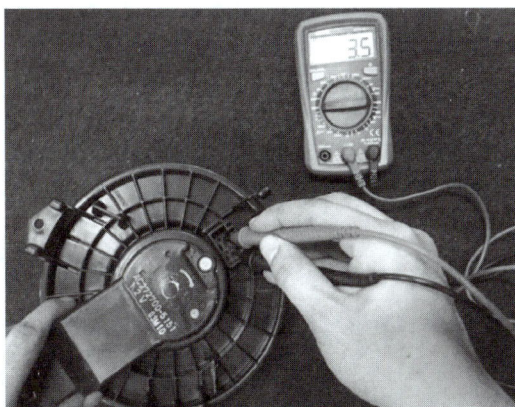

图 4-41　空调过滤器盖板拆卸示意图

② 拔下鼓风机的线束连接器。

③ 选用十字螺丝刀拆下鼓风机的 4 个固定螺栓，如图 4-43 所示。

④ 取下鼓风机总成。

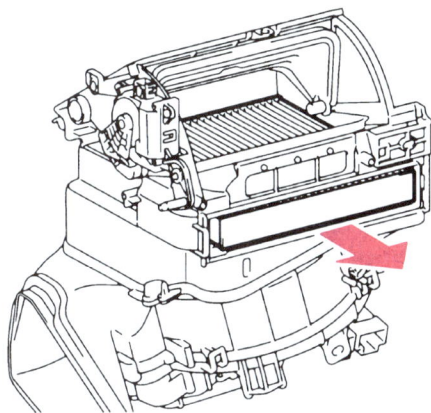

图 4-42　空调滤芯拆卸示意图

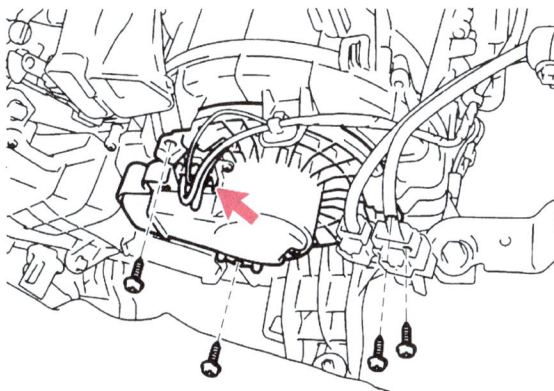

图 4-43　鼓风机固定螺栓拆卸示意图

2. 鼓风机检测

① 检查鼓风机的笼型风扇应无裂纹和扇叶脱落。

② 用万用表测量鼓风机电机两个端子的阻值为 $1\sim2\Omega$，如图 4-44 所示。

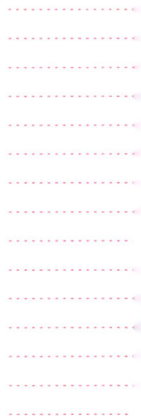

图 4-44　万用表测量鼓风机电机端子阻值

③ 用万用表测量鼓风机电机某一端子与电机外壳阻值应为无穷大。

五、鼓风机电阻器拆装与检测

① 选用十字螺丝刀从鼓风机壳体上拆下鼓风机电阻器的两个固定螺栓，如图 4-45 所示。

② 取下鼓风机电阻器。

③ 用万用表电阻挡测量鼓风机电阻器端子的阻值，如图 4-46 所示，测量端子 1—4，阻值 $3.12\sim3.60\Omega$；测量端子 2—4，阻值 $1.67\sim1.93\Omega$；测量端子 3—4，阻值 $2.60\sim3.00\Omega$。如测量阻值与标准值不相符，则更换鼓风机电阻器。

图 4-45　拆卸鼓风机电阻器固定螺栓

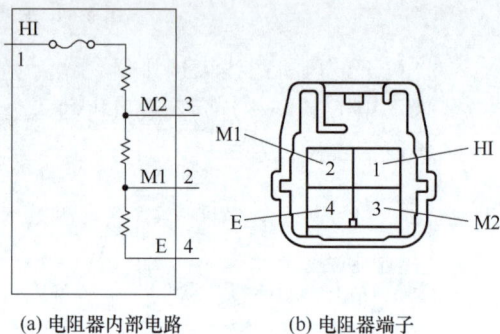

(a) 电阻器内部电路　　(b) 电阻器端子

图 4-46　鼓风机电阻器端子

④ 按与拆卸相反的顺序安装鼓风机电阻器。

六、蒸发器拆装

① 用制冷剂鉴别仪鉴别制冷剂的成分，确认是否能够回收，如果能回收，用回收加注机回收制冷剂。

② 转动方向盘，使两前轮位于正前方，再拆下蓄电池负极端子接头。

③ 拆卸雨刮片与雨刮臂，拆下挡风玻璃下方的通风栅板，拆下雨刮电机与连杆。

④ 拆下制冷管路与膨胀阀的固定螺栓，如图 4-47 所示，分离制冷管路与膨胀阀。

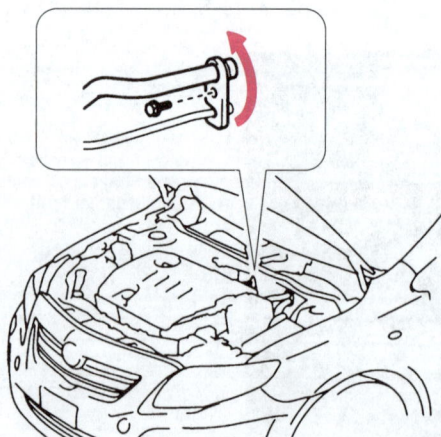

图 4-47　拆卸制冷管路与膨胀阀的固定螺栓

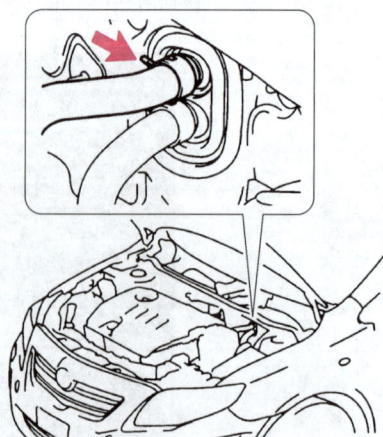

图 4-48　拆卸暖风水管夹

⑤ 用锂鱼钳夹住暖风水管夹并移出，如图 4-48 所示，分离暖风进、出水管与散热器芯。

⑥ 拆下仪表板各部位的装饰板，拆下中央通风出风口，拆下组合仪表装饰板，再拆下组合仪表。

⑦ 拆下手套箱总成，拆下空调控制面板。

⑧ 拆下前排乘客侧气囊总成。

⑨ 断开与仪表板连接的所有线束连接器。

⑩ 拆下仪表板固定螺栓并取下仪表板，如图 4-49 所示。

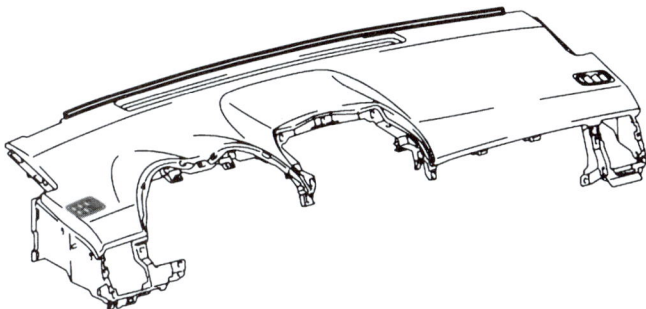

图 4-49　仪表板

⑪ 拆下驾驶侧气囊组件，拆下方向盘。

⑫ 拆下组合开关与螺旋电缆。

⑬ 在转向主轴与转向器连接处做好装配标记，松开转向主轴与转向器的连接螺栓，并断开转向主轴与转向器。

⑭ 拆下转向柱的固定螺栓，并取下转向柱。

⑮ 断开仪表板加强件上的所有线束连接器与连接管路，并拆下所有固定螺栓，取下仪表板加强件。

⑯ 拆下所有出风口的通风连接管道。

⑰ 拆下鼓风机线束连接器，分离线束与空调通风箱，拆下空调通风箱的所有固定螺栓。

⑱ 取下空调通风箱总成，分离暖风箱与鼓风机壳体。

⑲ 拆下所有风门电机或拉索。

⑳ 拆下膨胀阀，分解空调暖风箱，取出蒸发器总成，拆下蒸发器温度传感器。

㉑ 按与拆卸相反的顺序安装新的蒸发器，按标记装好转向主轴，并按维修手册标准要求拧紧固定螺栓。

㉒ 安装完毕后检查仪表各指示灯工作是否正常，各系统功能是否正常等。

㉓ 对制冷系统进行抽真空检漏，确保制冷系统没有泄漏。

㉔ 按维修手册标准加注定量的冷冻机油与制冷剂。

㉕ 检测空调制冷系统工作是否正常。

任务实施

一、巩固理论知识

（1）掌握汽车空调暖风与配风系统故障诊断与排除方法，完成对应任务工单活页中理论知识巩固练习的内容。

（2）完成课后阅读，领会汽车工匠精神的含义，并从自身出发，在实践操作过程中践行"劳模精神和劳动精神"。

二、提升专业技能

（1）在鼓风机不运转、加热器漏水、暖风过热、除霜热风不足、调节机构操纵困难（沉重）以及供暖风量不足等故障现象中选择一个故障，在实车上设置故障，制订检修工作计划，并完成对应任务工单活页中专业技能提升训练的内容。

① 故障现象的确认。在实车上对空调的各项功能进行检查和测试，准确地描述故障现象，并根据空调冷凝器的工作原理对现象进行分析，确定故障范围。

② 故障原因的分析。对照维修手册中空调暖风与配风系统故障诊断说明，根据故障范围，列出引起故障所有可能的原因，并按照"由简单到复杂""由外到内"的思路进行排序。

③ 故障诊断流程。按照故障产生可能性的大小，制订检修计划或诊断流程图，在保障安全的前提下逐步进行诊断和排除，记录诊断数据，找出故障点。

④ 故障排除。根据故障的性质，采用更换或维修的方式排除故障，分析故障机理，完成故障检修工作小结。

（2）在实践操作过程中要按照"8S"现场管理制度要注意的内容，重点做好 "素养"和"安全"的养成。

课后阅读

发扬劳动精神、工匠精神展现央企使命担当

项目五
汽车空调电气控制系统检修

项目描述

　　汽车空调电气控制系统是空调正常工作的核心部分，其主要包括鼓风机控制、压缩机控制、冷凝器风扇控制和怠速提升控制等几个方面。本项目选取了汽车维修企业典型空调系统故障案例，通过学习，主要了解常见车型汽车空调控制系统的组成、原理以及常见故障诊断与排除方法。根据汽车维修企业机电维修工岗位要求，达到以下学习目标。

素质要求

　　1. 崇德向善、热爱劳动，自觉履行职业道德准则和行为规范，践行工匠精神和劳模精神。
　　2. 着装整洁，服从管理，规范作业，重点关注"节约"和"学习"，在实践操作过程中逐步养成"8S"的工作习惯。
　　3. 能够在工作过程中与小组其他成员合作、交流，养成团队合作意识，锻炼沟通能力。

知识要求

　　1. 了解空调电气控制系统性能测试方法，能识别空调系统的类型并测试其性能，确定维修内容。
　　2. 了解空调电气控制系统的常规检查方法，能通过眼看、耳听、鼻闻和手摸诊断空调系统故障，确定维修项目。
　　3. 掌握空调暖风鼓风机、压缩机离合器线圈、冷凝器风扇电机、继电器/模块、导线、传感器、开关、二极管和保护装置的测试和更换方法。
　　4. 掌握空调维修资料或信息查询和获取方法，能对空调系统相关的发动机控制系统元件的测量和调整方法。

技能要求

　　1. 能检查、测试、维修并更换空调暖风鼓风机、空调压缩机离合器线圈、继电器/模块、导线、传感器、开关、二极管和保护装置。
　　2. 能检查、测试、维修、更换和调整与空调系统相关的发动机控制系统的元件、冷凝器风扇电机、继电器、开关、传感器、导线和保护装置。
　　3. 能检查、测试、维修或更换暖风、通风和空调系统控制面板总成。
　　4. 能根据故障现象，分析故障原因，诊断与排除故障，并按要求填写作业工单。

任务一　汽车空调电气控制系统认知

任务导入

　　维修技师小王在值班时，一辆别克威朗轿车在做空调常规保养时，车主对汽车空调控制原理比较感兴趣，专程来咨询有关技术。请查阅车型资料，了解汽车空调控制装置的组成及工作原理，对照实车，制订详细的讲解方案，并给客户一个满意的解释。

🔴 知识准备

汽车空调电气控制系统包括电源控制电路、压缩机离合器控制电路和安全保护控制电路、数据通信电路等，主要由空调开关、空调控制器（手动空调系统）或控制模块（自动空调系统）、蒸发器温度传感器、冷却液温度传感器、压力开关、电磁阀、温度控制器等部件组成。

汽车空调电气控制系统的功能是保证空调系统在任何情况下都能有效工作，并确保空调系统和发动机的安全运行。

一、压力开关的分类

汽车空调电气控制系统一般都装有各种形式的压力开关，部分车型空调制冷系统只安装一个低压开关，部分车型安装一个低压与高压组合开关。设置压力开关的作用有两个：一是压力控制，二是系统保护。这些开关装在空调管道上或储液干燥器上，用来感测系统的工作压力，一旦压力异常高或低，压力开关就会打开或闭合，为了加强散热效果，这时空调系统会自动切断压缩机电磁离合器线圈的供电或控制冷却风扇，防止损坏系统部件。常见压力开关主要有以下四种：低压开关、高压开关、高低压开关和三功能复合开关。

1. 低压开关

低压开关的结构如图 5-1 所示，空调系统有时因某些原因造成制冷剂泄漏时，如果开启空调系统将会因制冷剂严重不足或没有制冷剂而引起压缩机润滑不良，使压缩机损坏。为此，一般在高压管路中设有低压压力开关。常见的低压开关位于制冷系统的高压端，一般安装在储液干燥器上，它主要是保护压缩机在制冷系统泄漏、压力过低情况下不空转，避免压缩机因缺乏润滑油而损坏。空调工作时高压端压力过低，一般情况下说明系统存在泄漏。

低压开关还可以起到环境低温保护的作用，当环境温度较低时，低压开关断开，切断离合器电源，防止空调在低温环境下工作。这个作用原理较简单，当环境温度较低时，制冷剂对应的压力也低，这时低压开关断开，空调不能启动。

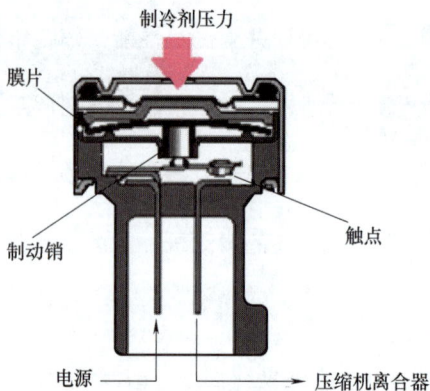

图 5-1　低压开关结构

汽车空调压力测量方法（二维码）

还有一种低压开关设在低压回路中，感受吸气压力的变化，其原理是当低压压力低于某一规定值时，接通高压旁通电磁阀，使部分高压蒸汽直接进入蒸发器，以达到除霜的目的。

2. 高压开关

高压开关的结构如图 5-2 所示。从图中可以看出，它主要由接头、膜片、固定及活动触点、弹簧、接线柱等组成。

高压开关一般安装在储液干燥器与膨胀阀之间的高压管路上，其作用是防止制冷系统在异常高压下工作，若系统高压过高，它将自动切断电磁离合器回路，使压缩机停机，以加强散热，尽快降低系统的温度和压力，保护制冷系统零部件特别是压缩机不被损坏。有的还同时接通冷凝器风扇高速挡电路，自动提高风扇转速，以降低冷凝器的温度和压力。

3. 高低压开关

高低压开关又称作双重压力开关，它是将高压开关和低压开关装在一个壳体内，同时具有低压开关和高压开关的功能，通常安装在制冷系统的高压侧，有的安装在储液干燥器上，有的安装在高压管路上。其安装位置如图 5-3（a）所示。

空调高低压开关的作用是检测到制冷循环系统中的压力异常时，停止压缩机工作，防止故障扩大，保护制冷循环系统中的部件。部分车型空调制冷系统只安装一个低压开关，部分车型安装一个低压与高压组合开关。高低压开关的结构如图 5-3（b）所示。

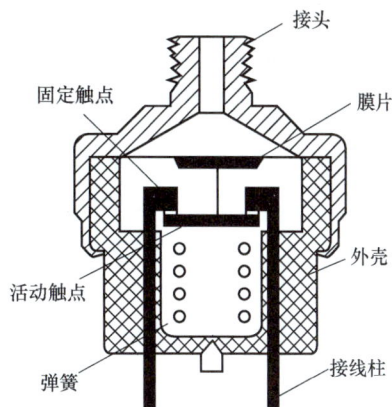

图 5-2　高压开关结构

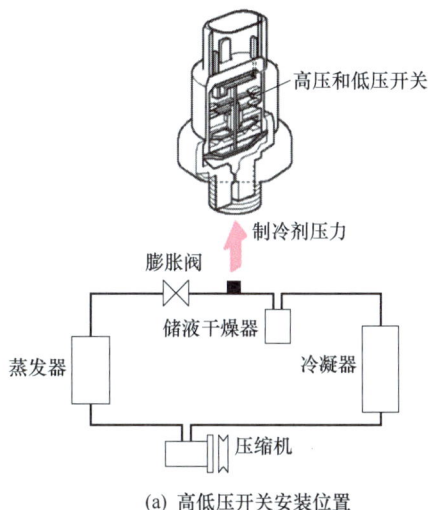

(a) 高低压开关安装位置

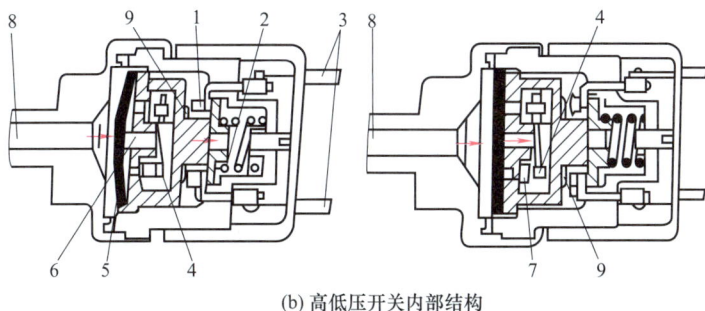

(b) 高低压开关内部结构

图 5-3　高低压开关安装位置与内部结构

1—低压保护触点；2—弹簧；3—接线柱；4—高压保护动触点；5—金属膜片；
6—销（和膜片一体）；7—高压保护定触点；8—压力引入口；9—低压保护动触点

当制冷系统制冷剂泄漏致使压力过低或已没有制冷剂循环时，高低压开关中的低压开关动作，切断压缩机电磁离合器电源，以保护压缩机免受破坏。若由于散热不良等原因致使系统压力超过设计值时，高低压开关中的高压开关动作，切断压缩机离合器电源。高低压开关的工作原理及压力范围可参看图 5-4。

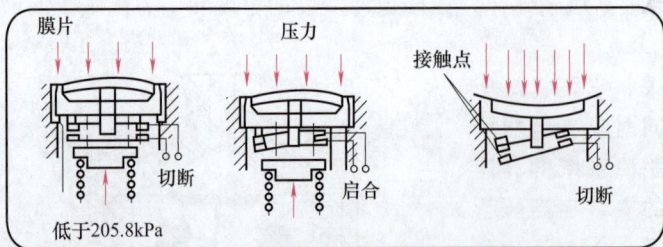

系统	规格	
R134a	0.226MPa ON OFF 0.196MPa	2.55MPa ↕　↕ 3.14MPa
R12	0.230MPa ON OFF 0.206MPa	0.206MPa ↕　↕ 2.66MPa

(a) 高低压开关工作原理　　　　　　　　　　(b) 高低压开关工作压力范围

图 5-4　高低压开关工作原理及压力范围

4. 三功能组合开关

三功能组合开关又称作三重压力开关，为了减少压力开关的数量和接口，以进一步减少制冷剂泄漏的可能，使空调结构更加紧凑，目前很多汽车空调采用三功能组合开关。这种开关由高-低压力开关（双重压力开关）和一个中压力开关组成，装在制冷系统高压侧的储液干燥器上，感受高压侧制冷剂压力信号。

三功能组合开关的作用如下：

① 防止因系统制冷剂泄漏，高压压力过低而损坏压缩机。

② 当系统内制冷剂异常、高压时保护系统不受损坏。

③ 在正常状况下，冷凝器风扇低速运转，实现低噪声，节省动力；在系统压力高后（即中压时）风扇高速运转，以改善冷凝器的散热条件，实现风扇二级变速。三功能组合开关的结构及工作过程如图 5-5 所示。

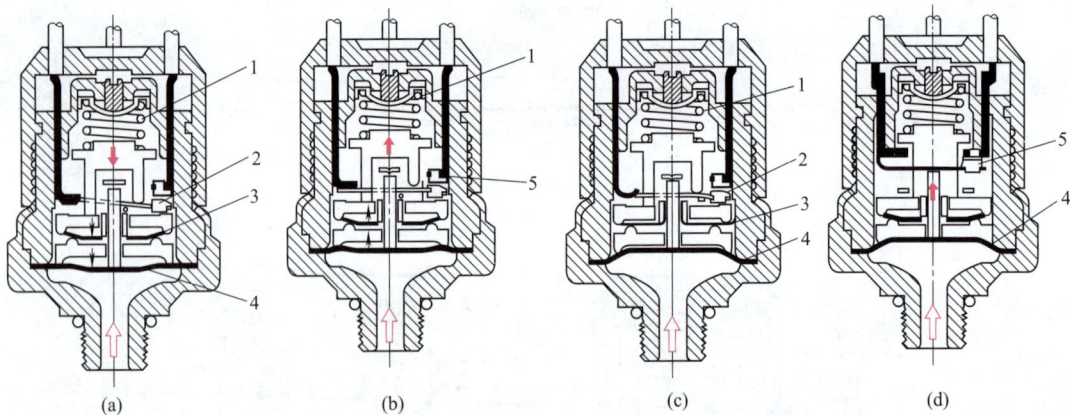

(a)　　　　　　　(b)　　　　　　　(c)　　　　　　　(d)

图 5-5　三功能组合开关的结构及工作过程
1—弹簧；2—接点（OFF）；3—碟形弹簧；4—隔膜；5—接点（ON）

以 R134a 制冷剂为例，别克威朗轿车空调三功能组合开关工作过程如下。

① 制冷剂压力≤0.19MPa，如图 5-5（a）所示。此时由于隔膜、碟形弹簧以及弹簧的弹力大于制冷剂压力，高低压触点断开，压缩机停转，实现低压保护。

② 制冷剂压力为 0.2～3MPa 时，如图 5-5（b）所示。此时制冷剂压力大于开关弹簧的弹力，弹簧挠曲，高低压触点接通，压缩机开始运转。

③ 制冷剂压力≥3.14MPa，如图 5-5（c）所示。此时制冷剂压力大于碟形弹簧的弹力，碟形弹簧反转使高低压触点断开，压缩机停转，实现高压保护。

④ 中压压力开关，如图 5-5（d）所示。当制冷剂压力＞1.77MPa 时，此压力大于隔膜弹力而使隔膜反转，隔膜反转使轴上推而接通冷凝风扇的高速挡位，实现中压保护。

二、空调传感器的作用

1. 空调压力传感器

压力传感器可以一直监测制冷系统压力并向空调 ECU 发送信号。它由空调 ECU 提供 5V 标准电源，内部有一个压敏电阻，当空调制冷系统的压力发生变化时，压敏电阻的阻值发生变化，再通过内部放大电路放大后输出一个与制冷剂压力成正比的电压信号给空调 ECU，如图 5-6 所示。

当空调 ECU 检测到高压侧的压力低于 200kPa 或高于 3000kPa 时，会使压缩机停止工作；当检测制冷剂压力高于 1700kPa 时，使冷凝器风扇高速运转。空调压力传感器输出信号曲线如图 5-7 所示。

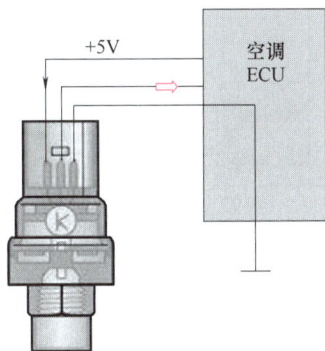

图 5-6　空调温度传感器工作示意图

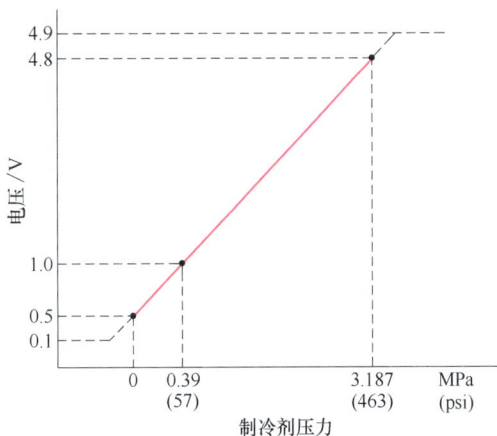

图 5-7　空调压力传感器输出信号曲线

2. 蒸发器温度传感器

蒸发器温度传感器的作用是通过感测蒸发器的表面温度，将温度变化信号转化成电信号，并输送给空调 ECU，以实现压缩机的通断控制，防止蒸发器结冰。蒸发器温度传感器通过塑料支架直接插装在蒸发器散热片上，如图 5-8 所示。

蒸发器温度传感器是负温度系数的热敏电阻，当蒸发器温度升高时，其阻值下降，当蒸发器温度降低时，其阻值增加。蒸发器温度传感器输出电量变化关系如图 5-9 所示。

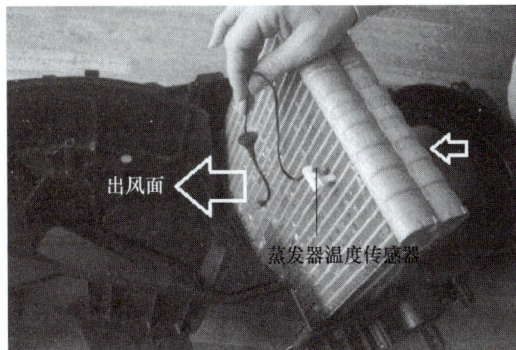

图 5-8　蒸发器温度传感器安装位置

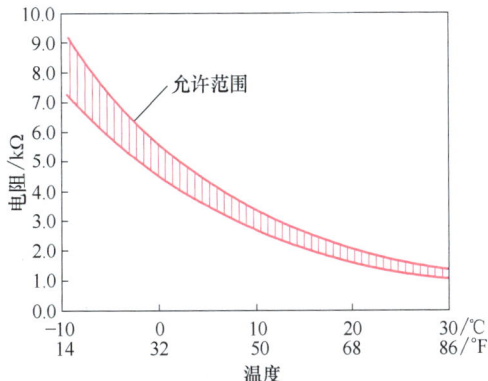

图 5-9　蒸发器温度传感器输出电量变化关系

三、空调保护开关的工作特性（电磁阀）

1. 过热保护开关

过热保护开关的作用是当系统温度过高时，过热限制器受热反应，切断电磁离合器电源，停止压缩机工作，保护压缩机免受损坏。

过热保护开关主要由过热开关和熔断器两部分组成。其原理如图 5-10 所示。过热开关一般装在压缩机后缸盖上，它是一个温度开关，其结构如图 5-11 所示。系统压力正常时，此开关保持常开，而当制冷系统的制冷剂泄漏或某些原因而使压缩机过热时，该开关受热动作，即开关闭合。

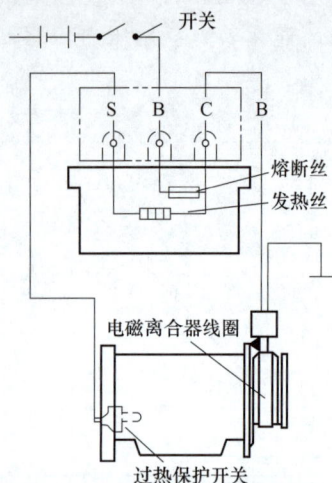

图 5-10　过热开关原理

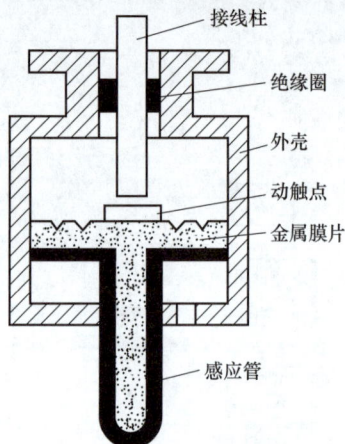

图 5-11　过热开关结构

2. 离合器二极管

当离合器断电时，离合器线圈因磁场消失，瞬间产生电磁感应电压，可能会对控制单元等部件造成危害，在压缩机电磁离合器的接线插头里面并联安装一个二极管，可以有效避免此类危害。离合器二极管连接形式如图 5-12 所示。

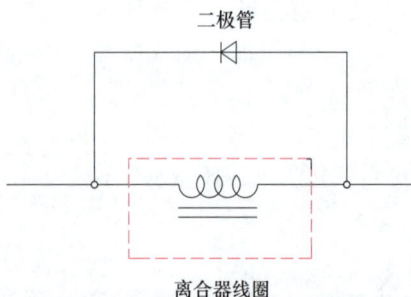

图 5-12　离合器保护二极管示意图

3. 环境温度控制开关

在部分车型手动控制空调系统中，设置了环境温度开关，一般串联在电磁离合器的电路中，其作用是感知车外环境温度，当环境温度<5℃时，自动切断压缩机电磁离合器电路，起到保护压缩机的效果。

4. 冷却液温度控制开关

当发动机冷却液温度升高到限值时，如不能及时切断压缩机离合器电源，冷却液温度还会进一步升高，最终会导致发动机动力严重不足，甚至出现拉缸、抱瓦等现象。为了防止发动机运行温度过高，在一些汽车的发动机上设置了冷却液温度过热保护开关。

通常，冷却液温度开关安装在发动机散热器或冷却水管路上，用来感测发动机冷却液温度，当冷却液温度超过一定值，直接切断或通过控制单元切断电磁离合器供电电路，空调压缩机停止工作；当冷却液温降低到某一值时，开关接通，空调压缩机重新工作。

5. 除霜器开关

除霜器的作用是清除蒸发器外表面的积霜，一般安装在空调系统的膨胀阀与蒸发器之间的管路外壁上，其工作原理如图 5-13 所示。当温度为 0℃ 时，波纹管收缩，除霜开关接通继电器线圈电路，继电器常闭触点断开，压缩机停止转动。当蒸发器温度升高，波纹管膨胀，除霜器开关断开，继电器常闭触点闭合，压缩机重新转动。

6. 传动皮带保护装置

当动力转向装置、压缩机以及发动机等共用一个传动带驱动时，若压缩机出现故障卡死，传送带将损坏，其他装置也将停止工作。为了避免这种情况发生，某些空调的控制电路采用传动带保护装置，当出现故障时能及时切断压缩机电磁离合器，避免传送带损坏。图 5-14 所示为传送皮带保护装置电路。

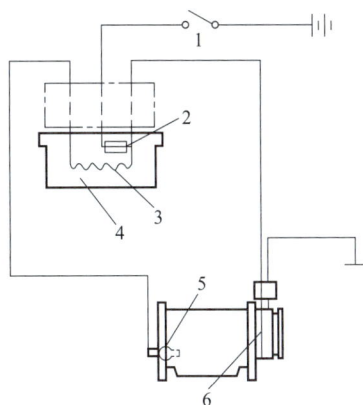

图 5-13　除霜开关工作原理

1—除霜开关；2—除霜开关继电器熔断器；
3—波纹管；4—感温包；5—空调压
缩机搭铁；6—压缩机电磁离合器

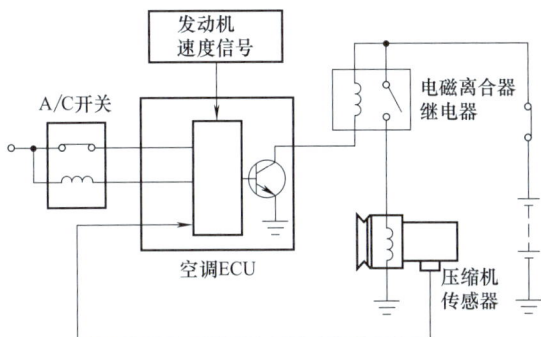

图 5-14　传送皮带保护装置电路

四、汽车空调控制器的工作原理

1. 温度控制器

温度控制器又叫恒温器、热敏开关等，它是汽车空调电路控制系统里用作温度控制的一种基础元件。其作用是用来检测车室内的温度并将它稳定在一定的范围内，且可防止蒸发器表面结霜。

温度控制器一般安装在蒸发器组件或靠近蒸发器组件的空调操作面板上，有机械式和电子式两种。其工作原理是通过感测蒸发器的表面温度，将温度变化信号转化成电路的通断信号，以实现压缩机的循环通断控制，驾驶人预置温度后，温度控制器在选定的位置上往复地使离合器接合和断开，起到调节车内温度、防止蒸发器结霜以及避免压缩机产生液击等作用。有些车还将温度控制器用作空气混合调节风门的控制。

（1）机械式温度控制器　主要由温感系统、调温系统以及触点开闭机构组成。其工作原理是利用波纹管的伸长（温度升高时）或缩短（温度降低时）来接通或断开触点，从而使压缩机工作或停止，其工作原理如图 5-15 所示。

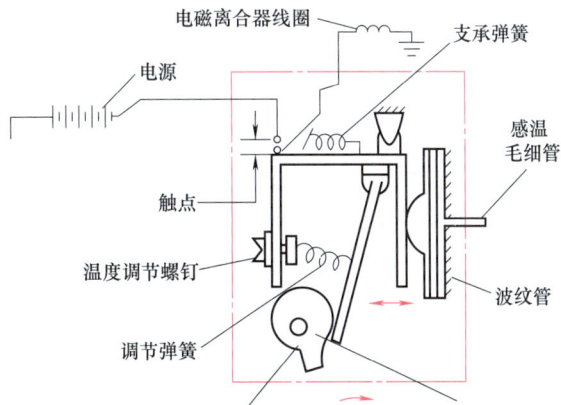

图 5-15　机械式温度控制器工作原理

　　机械式温度控制器的工作过程是当蒸发器温度升高时，毛细管里的制冷剂便因温度升高而膨胀，波纹管亦膨胀推动框架摆动，使触点闭合，接通电磁离合器线圈回路使其通电产生电磁吸力，压缩机旋转，制冷系统开始制冷。当车厢内温度降低到调定温度以下时，波纹管收缩，框架则逆向转动，使触点断开，电磁离合器线圈断电，压缩机停止工作。

　　常见的机械式温感器有波纹管式、双金属片式和热敏电阻式三种。

　　① 波纹管式温度控制器　主要由毛细管和波纹管组成，在这个密封的空腔内充满处于饱和状态的制冷剂，如图 5-16 所示。调温机构由调节凸轮、轮轴、调节螺钉等组成，其功能是使温度控制器能在最低至最高温度范围内对任一设定的温度产生控制动作。温度控制器触点开关的断开点是根据调节轴给定的位置而变化的，触点的闭合点与断开点的位置平行。

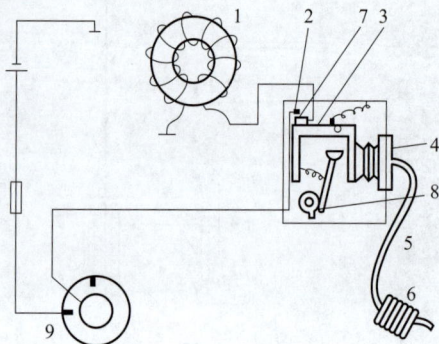

图 5-16　波纹管式温控器

1—电磁离合器；2—定触点；3—摆动框架；4—波纹管；5—毛细管；6—感温包；7—动触点；8—调节凸轮；9—开关

　　② 双金属片式温度控制器　是家用电器中常用的温度控制器，它是由两层或几层不同热膨胀系数的金属片合成的，如图 5-17 所示，双金属片上面的触点为动触点，壳体上面的触点为定触点。在设定的温度范围内，双金属片平伸，这时动触点 3 和定触点 4 闭合，线路接通。当温度降低时，双金属片变形，温度越低变形量也就越大。当温度低于某一极限值时，动触点 3 和定触点 4 断开，这时线路被切断，压缩机停止转动。

　　双金属片式温度控制器可直接将热能转变成机械能，达到接通、断开电路。由于双金属片温度控制器控温较准确、电气性能优良、制作简单和价廉实用，广泛应用于小家电、电机、整流设备和日用电器之中，其用途主要用于调温、控温及过热保护等。

　　③ 热敏电阻式温度控制器　一般采用负温度系数的热敏电阻，装在蒸发器的出口用以检测蒸发器的出口温度，热敏电阻通过导线与晶体管电子线路相连，由于温度变化使热敏电阻的阻值发生变化，再转换为电压变化，传递给空调控制单元，当温度低于某一设定值时，空调控制单元切断电磁离合器的电路。热敏电阻式温度控制器控制电路如图 5-18 所示。

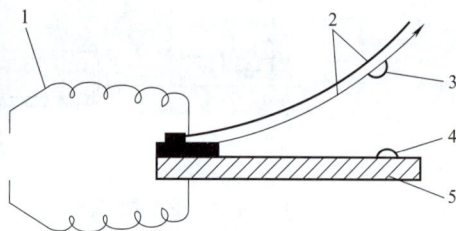

图 5-17　双金属片温度控制器

1—引线；2—双金属片；3—动触点；4—定触点；5—温度控制器壳体

　　（2）电子式温度控制器　是目前汽车空调上广泛应用的一种温度控制器，一般简单的电子式温度控制器只具备温控功能，它所用的感温元件为一支热敏电阻，通过小插片插在蒸发器出风口方向翅片上，用来检测蒸发器出风口温度。当温度变化时，其电阻值发生相应的变化，汽车空调上一般采用负温度特性的热敏电阻。

　　电子式温度控制器电路原理如图 5-19 所示。接通空调开关 2，电流便从电源（蓄电池 1）→空调开关 2→R_1→R_2→R_3，加在 VT_1 的基极上，于是 VT_1 导通，VT_2、VT_3、VT_4 也相继导通。VT_4 导通后，电源电流便经蓄电池 1→空调开关 2→电磁线圈 4→VT_4 搭铁，电流通过电磁离合器继电器的线圈 4 后，产生电磁吸力使继电器的触点 5 吸合。触点 5 闭合

图 5-18 热敏电阻式温度控制器控制电路

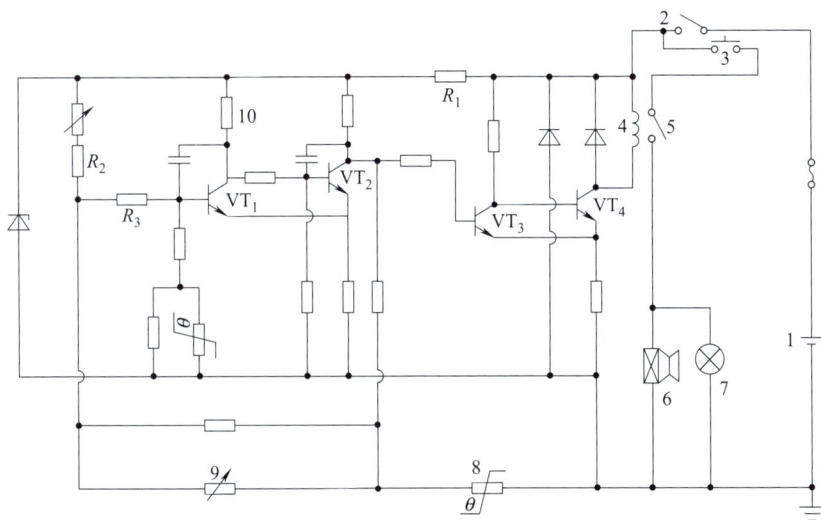

图 5-19 电子式温度控制器电路原理

1—蓄电池；2—空调开关；3—压力开关；4—电磁线圈；5—触点开关；6—电磁离合器；
7—空调指示灯；8—热敏电阻；9—可变温度控制电阻；10—调温电阻

后，电流经蓄电池 1→空调开关 2→压力开关 3→电磁离合器继电器触点 5→电磁离合器 6→搭铁。电磁离合器通电后，压缩机即开始工作制冷。

2. 速度控制装置

（1）怠速稳定控制器的作用 当汽车临时停车和慢速行驶时，发动机处在小负荷或空载负荷运行工况。此时，非独立空调系统会出现由于压缩机所需转矩的增大，而使发动机负荷增大的矛盾，其结果会造成发动机怠速工况不稳定，甚至导致发动机熄火，影响汽车的低速和怠速性能。为了保证汽车的怠速稳定性能，必须增加怠速稳定控制器，以保证在发动机高速时能自动切断空调压缩机的离合器电路。对于非独立式的空调系统，当发动机处于怠速运行或车辆慢速行驶时，此时若开启空调将会引起以下不良情况：

① 造成发动机空负荷工况或小负荷工况怠速不稳定，甚至造成发动机熄火，影响汽车的低速和怠速性能。

② 引起发动机过热。发动机空负荷或小负荷时，散热器和冷凝器的散热主要由冷却风扇完成，迎风和通风量都很小，风压和风量均不足，散热效果差，造成发动机过热，影响发动机正常运行。

③ 空调长时间低速运行，还易造成车上用电量不足，因为怠速时发电机发出的电量相当有限，空调工作时需消耗大量电能，致使车上用电负荷过大，影响其他系统的正常工作。

④ 空载或小负荷工作时，还使冷凝器散热不良，影响制冷剂的液化，致使空调制冷效果差，甚至管道压力过高而发生破坏事故等。

（2）怠速稳定控制器的工作原理　常用怠速稳定控制器有两种类型：一种是自动切断压缩机的离合器电路，停止压缩机运行，来减轻发动机的负荷，稳定发动机的怠速性能；另一种是当发动机怠速还需要空调系统继续工作时，使发动机自动加大节气门开度，以增加发动机的输出功率，并使发动机转速略有提高，达到带负荷低速稳定运转的目的。其工作原理如图 5-20 所示。

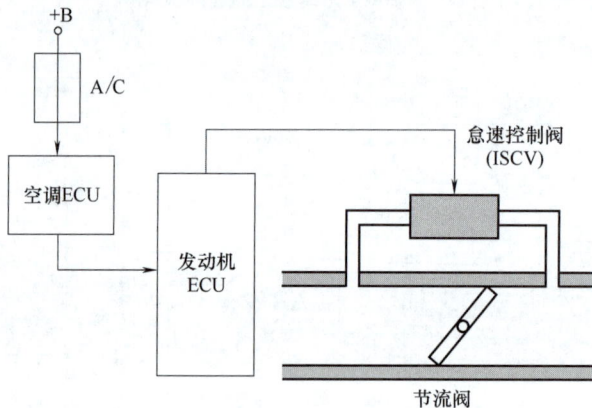

图 5-20　怠速稳定控制器的工作原理示意图

发动机在怠速时输出功率较小，如果在此状态下再驱动压缩机时，发动机增加了过量的负载会导致发动机抖动甚至熄火。因此，空调工作时，发动机 ECU 接到空调 ECU 发出的工作信号，如果发动机在怠速时，会将怠速控制阀打开少许，增加进气量，使得发动机转速提升约 100r/min，该转速也称为空调怠速，约 900r/min。

任务实施

一、巩固理论知识

（1）熟悉汽车空调电气控制系统各元件工作原理，完成对应任务工单活页中理论知识巩固练习的内容。

（2）对照实车，找出空调系统相应控制部件，通过角色扮演的方式，用通俗易懂的语言向客户介绍空调电气控制原理。

（3）完成课后阅读，领会汽车工匠精神的含义，并从自身出发，思考如何传承工匠精神、弘扬劳模精神、践行劳动精神。

二、提升专业技能

（1）在实车上，对车辆进行预检，完成对应任务工单活页中专业技能提升训练的内容。

（2）在实践操作过程中要按照"8S"现场管理制度要注意的内容，重点做好 "节约"和"学习"的养成。

🔆 课后阅读

让劳动精神烛照复兴之路

任务二　汽车空调电气控制系统电路分析

📖 任务导入

维修技师小李在值班时，接到一辆丰田卡罗拉轿车手动空调故障的维修任务，经初步检查，故障现象是空调不制冷，故障原因可能是空调电气控制电路某个元件损坏。请查阅车型资料，了解汽车空调控制装置的组成及工作原理，制订具体的检修计划，并对客户做出合理的解释。

📛 知识准备

汽车空调鼓风机故障检修

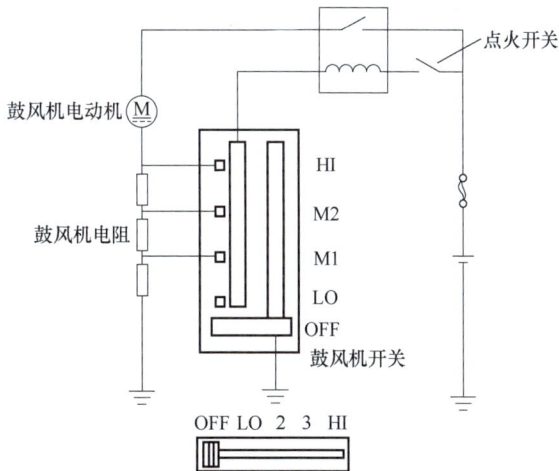

一、鼓风机控制电路分析

鼓风机由直流电动机和笼型风扇组成。在工作时，电动机驱动笼型风扇，推动空气通过蒸发器和加热器进行降温或加热，出风口就可以吹出冷风和暖风。目前汽车空调中均通过外接鼓风机电阻或功率晶体管的方式来控制直流电动机的转速。

1. 鼓风机电阻控制方式

在鼓风机开关与鼓风机电动机之间，串联多个电阻，该电阻称为调速电阻，开关的位置不同，所接入电阻值的大小也不一样，通常有 L0、M1、M2、HI 挡和 OFF 挡 5 个控制挡位，如图 5-21 所示。其工作原理是通过改变鼓风机开关和调速电阻的接通方式，控制通过鼓风机的电流大小，改变鼓风机工作电压降，从而控制电动机的转速，调节空气流量。

2. 功率晶体管控制方式

如图 5-22 所示为丰田卡罗拉轿车鼓风

图 5-21　鼓风机电阻控制原理示意图

机控制电路，鼓风机电动机有一内置的鼓风机控制器，空调放大器以占空控制方式对其进行控制。

占空比是指鼓风机电动机运行时间（A）与其运行和停止总时间（A＋B）的比值。卡罗拉轿车空调放大器的信号使鼓风机电动机运转，并用各种占空比控制鼓风机电动机转速。晶体管占空比信号与鼓风机转速关系如图 5-23 所示。

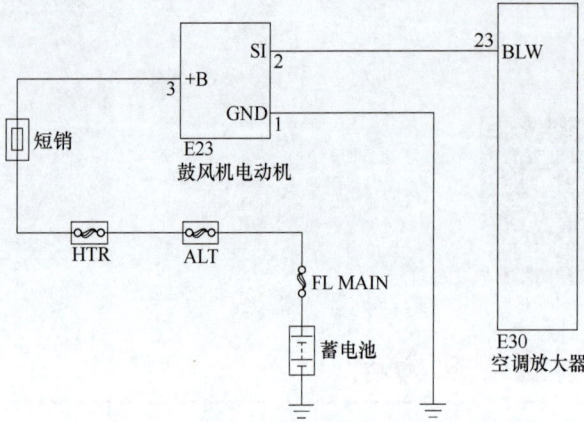

图 5-22　丰田卡罗拉轿车鼓风机控制电路

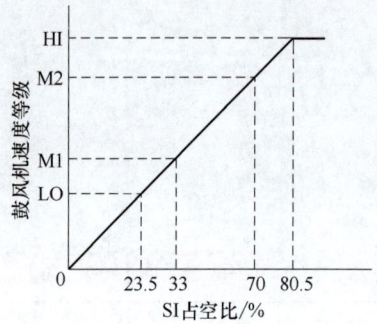

图 5-23　晶体管占空比信号与鼓风机转速关系

二、压缩机控制电路分析

汽车空调压缩机电磁离合器电路中主要有 A/C 开关、制冷剂高低压开关、制冷剂温度开关、冷却液温度开关、压缩机过热开关等控制元件。压缩机是否正常工作由其控制元件及其控制电路决定。

按照压缩机工作方式不同分为三种类型：手动空调压缩机控制、半自动空调压缩机控制及全自动空调压缩机控制。

（1）手动空调压缩机控制　手动空调压缩机工作的必要条件是空调开关（A/C 开关）、热敏电阻器、双重压力开关以及鼓风机开关均闭合，此时鼓风机继电器、冷凝器风扇继电器、压缩机电磁离合器继电器工作，压缩机才工作，控制电路如图 5-24 所示。

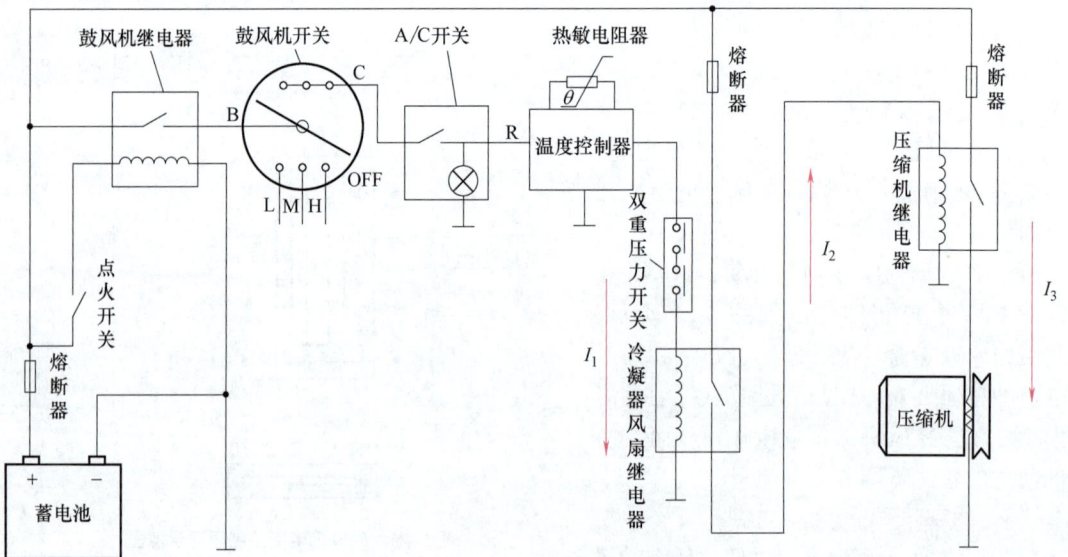

图 5-24　手动空调压缩机控制电路

（2）半自动空调压缩机控制　半自动空调是由空调开关（A/C开关）、压力开关、蒸发器温度信号、车内外温度信号、发动机转速信号以及人工设定温度信号等，通过空调放大器对冷却风扇、压缩机电磁离合器及发动机怠速提高装置进行控制。其工作原理方框图如图5-25所示。

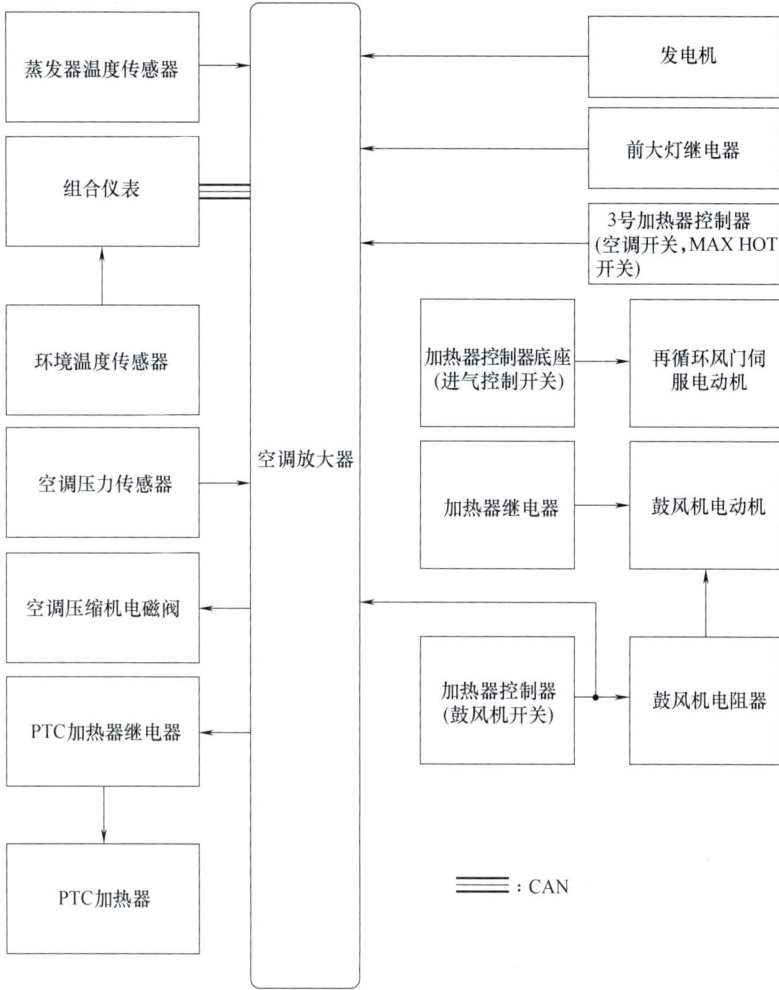

图 5-25　半自动空调压缩机控制工作原理

（3）全自动空调压缩机控制　在全自动空调压缩机控制系统中，压缩机电磁离合器有压力开关控制和蒸发器温度传感器控制两种控制方式。

压力开关控制压缩机的电路如图5-26所示，低压开关与高压开关串联在一起，当制冷系统压力正常时，两个开关都处于接通状态，空调ECU接收开关电压信号后，控制三极管通基极电流，三极管工作，电磁离合器继电器线圈通电，触点吸合，压缩机工作。当制冷系统压力过高或过低时，高压开关或低压开关断开，空调ECU无法接收开关电压信号，控制三极管基极电流断开，电磁离合器继电器断电，压缩机停止工作。

蒸发器温度传感器控制压缩机电磁离合器原理如图5-27所示。蒸发器温度传感器的热敏电阻通过检测蒸发器出风口的温度，当蒸发器出风口温度大于3～5℃时，空调ECU控制电磁离合器继电器线圈通电，压缩机运行；当蒸发器出口温度下降到1～2℃时，空调ECU

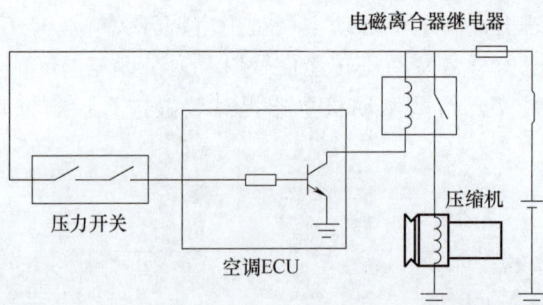

图 5-26　压力开关控制压缩机的电路原理

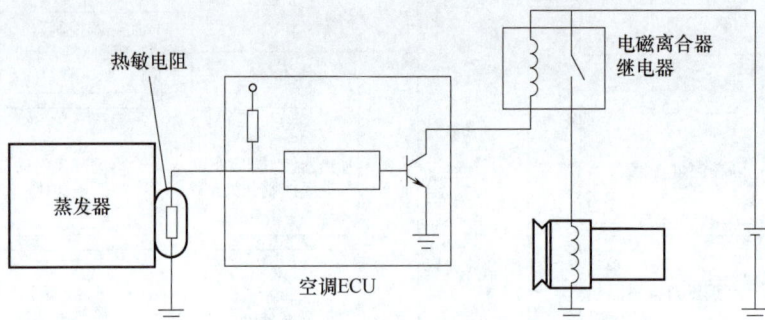

图 5-27　蒸发器温度传感器控制压缩机电磁离合器原理

控制电磁离合器线圈断电,压缩机停止运行,防止蒸发器结霜。待蒸发器温度上升后,又可以恢复继电器供电,使压缩机运行。

三、冷凝器风扇控制电路分析

空调制冷系统工作时,当发动机温度达到上限值时,冷却风扇必须运转,以加强对冷凝器的散热。部分车型在散热器后方安装一个风扇;有的车型安装两个风扇,即冷凝器风扇和散热器风扇。风扇都是由直流电动机和扇叶两部分组成,如图 5-28 所示。

冷凝器/散热器风扇控制电路通常由 A/C 开关、冷却液温度开关、制冷剂温度开关、制冷剂压力开关、继电器等元件组成。车型不同,则配置风扇的数量不同,控制线路设计方面差异也很大,但其控制方式则大同小异,图 5-29 是一种较典型的冷凝器/散热器风扇控制电路。

图 5-28　冷凝器风扇

四、丰田卡罗拉轿车手动空调控制电路分析

1. 丰田卡罗拉轿车手动空调制冷系统控制电路分析

丰田卡罗拉轿车手动空调控制电路如图 5-30 所示,主要控制的内容有:鼓风机控制、压缩机电磁阀控制、内外循环风门电机控制。

鼓风机控制部分包括鼓风机继电器、鼓风机电机、鼓风机开关、鼓风机电阻等元件。当鼓风机开关打到 LO 挡时,鼓风机继电器线圈得电,触点闭合,电源经过鼓风机电机再

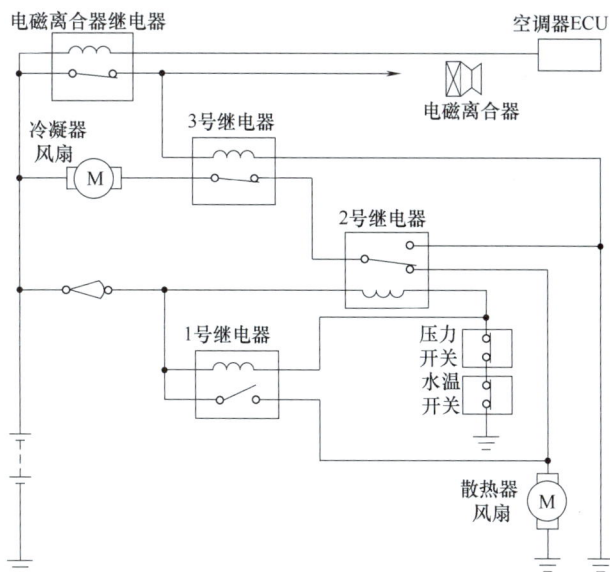

图 5-29 冷凝器/散热器风扇控制电路

经过全部的鼓风机电阻，然后搭铁，形成闭合的电流通路，鼓风机低速运行。依次类推，鼓风机开关挡位越高，串入的电阻值越小，经过鼓风机电机的电流越大，鼓风机转速就越大。

压缩机电磁阀控制部分包括压力传感器、蒸发器温度传感器、发动机 ECU 提供的怠速信号、A/C 开关、空调 ECU 几个元件。空调 ECU 结合压力传感器信号、蒸发器温度传感器信号、发动机 ECU 提供的怠速信号、A/C 开关信号等，并根据空调实际运用工况对压缩机电磁阀实施通断控制。

内外循环风门电机控制部分包括内外循环开关、内外循环风门电动机。驾驶员可以根据自己的需要，通过调节内外循环开关对内外循环风门电机实施控制，使不同出风口按要求出风，达到风向调整的目的。

2. 丰田卡罗拉轿车手动空调加热器控制电路分析

空调不制冷也可能跟暖风系统加热装置工作异常有关，丰田卡罗拉轿车手动空调暖风系统加热装置包括 PTC 加热器和发动机冷却液加热器芯。其中，PTC 加热器安装在加热器装置的散热器内，它在冷却水温度低且正常加热器效率不足时工作。空调控制总成切换 PTC 继电器内电路的通断，并且在满足工作条件（冷却水的温度低于 65℃，设置温度为 MAX HOT、环境温度低于 10℃ 且鼓风机开关未置于 OFF 位置）时运行 PTC 加热器，对发动机冷却液进行加热。发动机冷却液加热器芯安装在空调主风道内，通过发动机冷却液的热量对鼓风机吹出的风进行加热。

加热器开关控制电路如图 5-31 所示。其中，3 号加热器控制器通过 HTR-IG 保险丝供电。3 号加热器控制器将每个开关的工作信号发送至空调放大器。

空调放大器在收到加热器开关信号后，根据发动机冷却液温度的高低，对加热继电器进行控制。发动机冷却液温度较低时，空调放大器开启全部的加热继电器，PTC 加热器内部所有的电阻丝都工作，从而快速提高发动机冷却液温度；冷却液温度逐渐升高时，空调放大器逐个打开加热继电器，当达到规定值时，空调放大器断开全部加热继电器。其控制原理如图 5-32 所示。

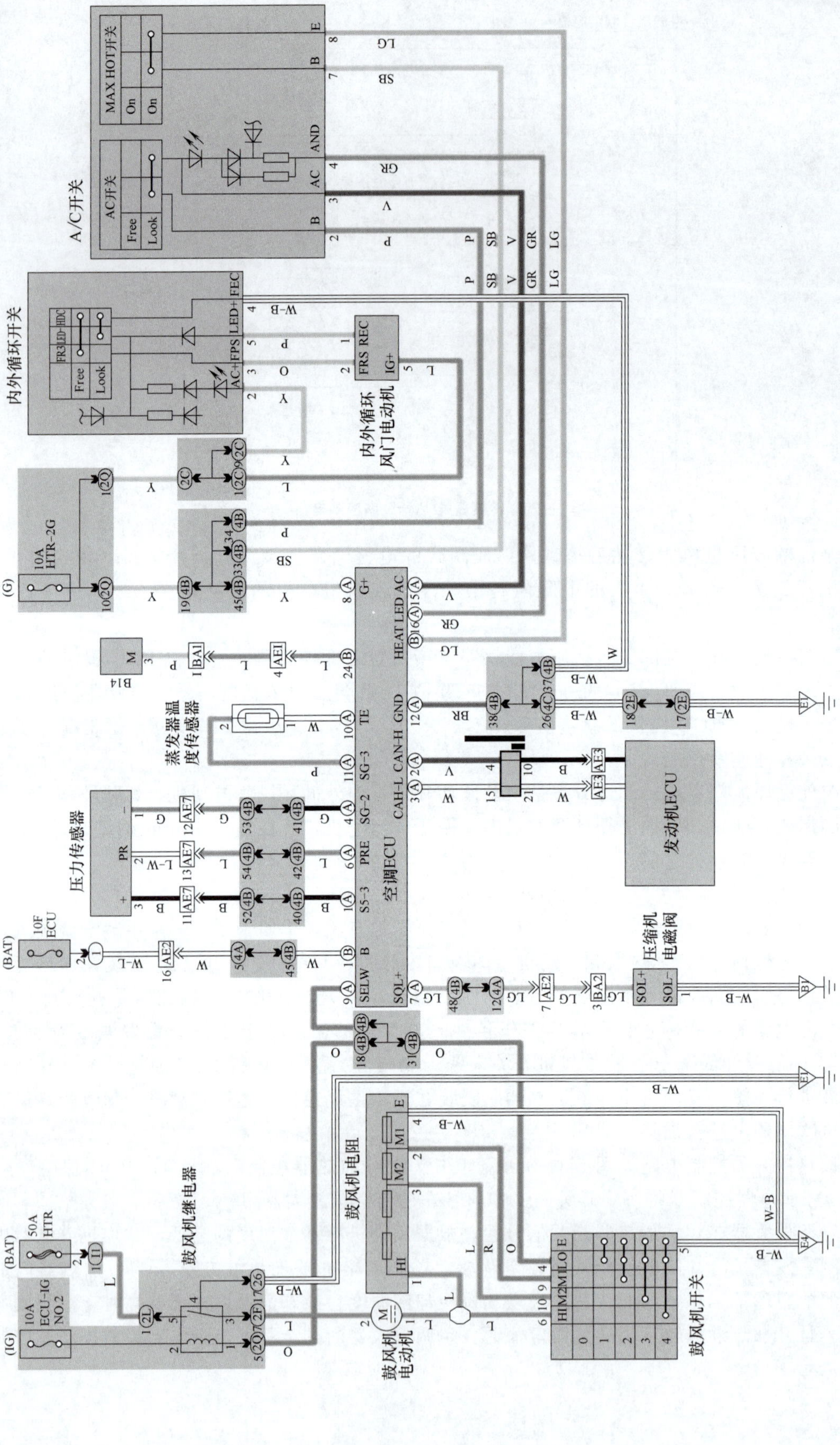

图 5-30 丰田卡罗拉轿车手动空调控制电路

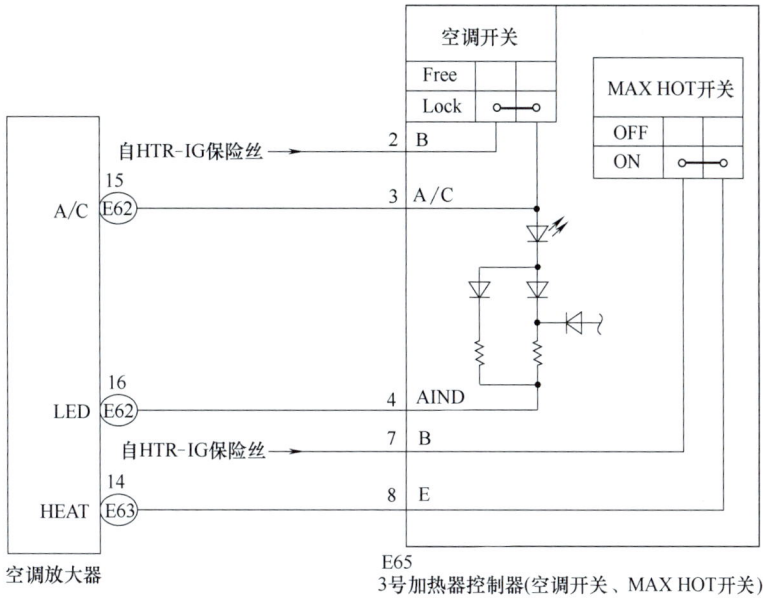

图 5-31 加热器开关控制电路

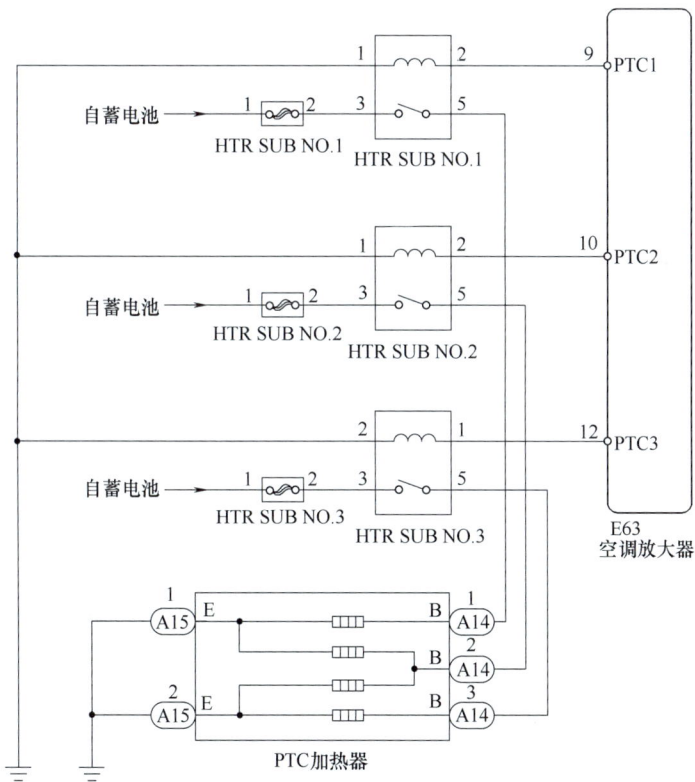

图 5-32 加热器控制电路

任务实施

一、巩固理论知识

（1）掌握汽车空调系统控制电路图的分析方法，完成对应任务工单活页中理论知识巩固练习的内容。

（2）完成课后阅读，领会汽车工匠精神的含义，并从自身出发，在实践操作过程中践行"劳模精神和劳动精神"。

二、提升专业技能

（1）在实车上，对车辆进行预检，以空调不制冷的故障现象为问题导向，分析故障原因，制订检修工作计划，并完成对应任务工单活页中专业技能提升训练的内容。

（2）在实践操作过程中要按照"8S"现场管理制度要注意的内容，重点做好 "节约"和"学习"的养成。

课后阅读

大国工匠陶巍的汽车人生

任务三　汽车空调电气控制系统故障诊断与排除

任务导入

维修技师小赵在值班时，接到一辆科鲁兹轿车手动空调故障的维修任务，经初步检查，故障现象是空调制冷效果不良，故障原因可能是空调控制系统某个元件损坏。请查阅车型资料，了解该车型空调控制装置的组成及工作原理，制订具体的检修计划，诊断与排除故障点，并对客户做出合理的解释。

知识准备

一、汽车空调电气控制系统故障诊断方法

汽车空调系统故障通常分为电路故障、机械故障和制冷系统故障三大方面，汽车空调系统是一个密闭系统，检查时必须运用专门的技术和工具，按照一定的操作步骤和顺序，参照系统正常工作时的各种状态值进行故障判断和诊断。诊断方法通常采用"看、听、摸、测"四步诊断法。

1. "看"各部件工作状态是否正常

① 通过视液镜观察制冷剂的流动情况，空调系统正常工作时，视液镜中流过均匀透明的液体为正常，其余情况说明不正常。

② 低压管表面结露为正常，不结露说明不制冷。

③ 制冷系统各管接头处干燥无油渍为正常，有油迹说明有渗漏。

④ 看冷凝器表面是否脏污，各软管是否磨损、老化、鼓包及有裂纹等。

⑤ 看蒸发器有无滴水情况，正常情况下空调运行 5～10min 有水从蒸发器接水盘中滴出，否则为不正常。

⑥ 看冷凝器风扇是否正常运行。

2. "听"各部件运行声音是否正常

① 听压缩机运转时有无杂音或撞击声，有则为不正常。

② 听鼓风机、冷凝风扇电动机等运转时是否有杂音，有则为不正常。

③ 若有皮带声，说明皮带打滑。

④ 若有尖叫声，则为电磁离合器电磁线圈老化，磁吸力不够，离合器片打滑所致。

3. "摸"各部件运转状况是否正常

① 摸制冷系统的高、低压管，高压管烫手、低压管冷或冰手为正常。

② 冷凝器较热为正常。

③ 储液干燥器内过滤器呈温热态，上下温度均匀且进出口无明显温差为正常。

④ 用手感觉空调出风口吹出的风有冰凉的感觉为正常。

⑤ 用手摸各管接头及电器插座插头是否松动。

4. "测"出具体故障点

通过看、听、摸这些人工诊断方法，只能大概判断故障部位及原因，但要作最后结论，还必须借助于空调系统专用仪器、仪表来进行测试。

二、汽车空调电气控制系统常见故障原因分析

1. 空调不制冷可能的原因及排除方法

（1）总控制电路熔断丝熔断　先查明原因，属实后更换同规格的新熔断丝。

（2）总控制线或搭铁线断开　先检查各接线柱或搭铁是否松动、脱开，若属实，重新接好已松动或脱开处即可。

（3）鼓风机电动机损坏　用万用表或试灯检查鼓风机电动机有无电流通过。若无电流，说明电动机有故障，进一步检查修理或更换鼓风机电动机。

（4）鼓风机继电器损坏　主要检查继电器线圈是否烧坏、触头是否完好，若有问题应予以修理或更换。

（5）电磁离合器线圈损坏　用万用表或试灯检查离合器线圈有无电流通过。若无电流，则应相应修理或更换离合器线圈。

（6）膨胀阀损坏　先检查感温包是否与蒸发器的出口管贴紧，若没贴紧则应重新绑紧。然后检查感温包是否锈蚀，若锈蚀应予以更换。

（7）温度控制器损坏　对于压力机械式温度控制器，应检查感温包内的工质是否泄漏，各机构触点有无损坏；对于热敏电阻式温控器，应先检查调温电阻是否损坏及热敏电阻的特性是否正常，然后再检查放大器有无问题。若存在上述故障，则应予以修理或更换。

（8）压力开关故障　将被检查的压力开关短接，若制冷系统在此之前不能工作，而在压力开关被短接之后又恢复工作，则说明该压力开关有故障，对其应予以修理或更换。

（9）鼓风机不运转　检查鼓风机电路是否正常，鼓风机叶片是否卡住、鼓风机电动机是否烧坏。若存在某一故障，则应排除或更换。

（10）压缩机轴封泄漏　若有泄漏则更换压缩机轴封。

（11）压缩机不能启动　卸下压缩机检查、维修或更换。

（12）压缩机阀片损坏　需更换压缩机阀片。

（13）传动皮带过松或断裂　张紧或更换传动皮带。

（14）制冷系统泄漏　用检漏方法对系统进行泄漏检查，并修理或更换泄漏处。

（15）系统堵塞　系统堵塞一般是储液干燥器滤网或膨胀阀滤网堵塞，其堵塞处前后温差很大，可根据需要清洗滤网或更换整个部件。

（16）管路堵塞　用高压气体冲洗疏通管路。

汽车空调系统不制冷的检查步骤可参照图 5-33。

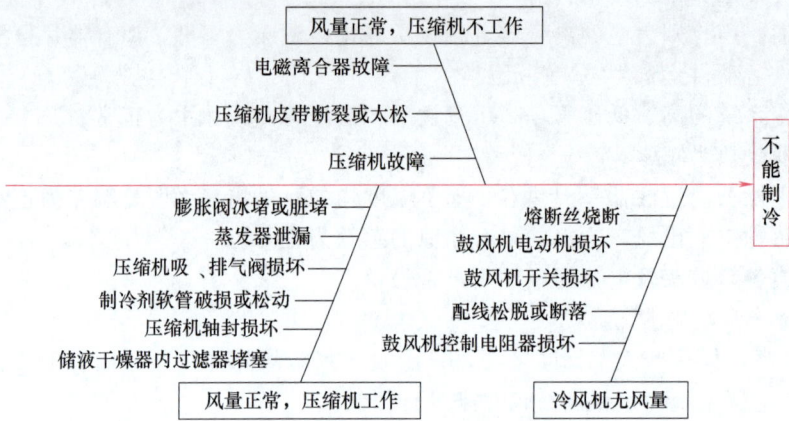

图 5-33　空调不能制冷的检查步骤

2. 空调系统制冷效果不良可能的原因及排除方法

（1）制冷剂过少　观察视液镜中有较多气泡，高低压力都偏低。

（2）制冷剂过多　观察视液镜中无气泡，停机后立即清晰，高低压力均偏高。

（3）系统内有空气　观察视液镜中有较多气泡，高低压力都过高，且压力表指针剧烈抖动。此时应检漏、更换储液干燥器内过滤器、抽真空、加注制冷剂。

（4）系统内有水分　其现象是空调运行一段时间后，低压压力异常低甚至出现真空、膨胀阀产生冰堵、出风不冷等现象，停机休息后重新开启空调，开始尚能正常工作，过一会儿又出现上述故障。此时应检漏、更换储液干燥器过滤器、抽真空、加注制冷剂。

（5）系统中有脏物　其现象是低压侧出现真空，高压侧压力也很低，储液干燥器或膨胀阀前后管路上结霜或结露，出风不冷，停机重新运行故障依旧。

（6）压缩机内部有泄漏　表现为低压过高、高压过低，其原因不外乎是压缩机阀片击碎、轴承损坏、密封垫破损等。此时应修理或更换压缩机。

（7）压缩机传动皮带过松　由于皮带过松打滑，将造成压缩机转速过低，同时产生皮带尖叫声，且出风不冷。

（8）压缩机电磁离合器打滑　将造成压缩机不能正常运转。此时应卸下电磁离合器进行修理或更换。

（9）冷凝器风扇转速过低　将造成高、低压侧压力均过高，且出风不冷。

（10）冷凝器散热片脏污　冷凝器散热片灰尘过多，将影响散热效果，导致高压压力过高。清理冷凝器散热片上的灰尘即可。

（11）蒸发器鼓风机转速不够　将造成蒸发器严重结霜，出风不冷。此时应检查、修理鼓风机开关、鼓风机继电器或更换鼓风机。

（12）蒸发器散热片脏污　将导致出风量减少且出风不冷。此时应用高压空气吹掉翅片上的灰尘。

（13）蒸发器滤网堵塞　蒸发器空气滤网被灰尘堵塞，将造成送风量减小。此时应清洗滤网。

（14）空调送风管道堵塞　将造成送风量减小、噪声增加。此时应清除送风管道内的堵塞物。

（15）膨胀阀滤网堵塞　将导致吸气压力稍低，排气压力稍高，制冷效果下降。此时应卸下滤网清洗或更换。

（16）膨胀阀开度过大　将导致高、低压力均过高，制冷效果也下降。此时应调整膨胀阀的开启度。

（17）膨胀阀感温包有泄漏　此时应更换膨胀阀。

（18）膨胀阀感温包捆扎不好　使绝热层松开，感应温度不准确。此时应重新捆扎好。

（19）温度控制器调整不当　导致温度控制器断开温度过高，达不到设定温度。此时应重新调整温度控制器。

（20）蒸发器压力调节阀损坏或调节不当　此时应重新调节或更换蒸发器压力调节阀。

（21）系统中冷冻机油过多　观察视液镜中有混浊的条纹。此时应放出多余的冷冻机油。

（22）空调新风门未关严　在空调系统工作正常的情况下，导致达不到设定温度。此时应关严新风门。

汽车空调制冷效果不良的检查步骤可参照图 5-34。

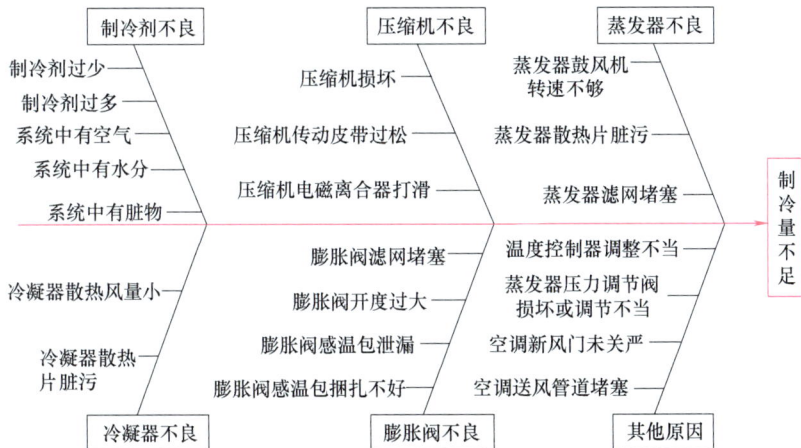

图 5-34　汽车空调制冷效果不良的检查步骤

3. 汽车空调系统间断制冷可能的原因及排除方法

（1）膨胀阀失灵　膨胀阀感温包位置变动，导致感温不准，造成间歇制冷。此时检查修理即可。

（2）系统冰堵　其现象是开始时工作正常，工作一段时间后就不制冷了，停机后重新开机又正常，但过一会儿又不制冷了。出现这种情况后，应检漏、更换储液干燥器、抽真空、加注制冷剂。

（3）继电器、鼓风机电动机故障　导致空调系统工作断断续续，此时应卸下故障零件修理或更换。

（4）温度控制器故障　应修理或更换温度控制器。

（5）电磁离合器打滑　应卸下离合器重新调整间隙。

（6）电磁离合器线圈故障　主要是线圈接触不牢、搭铁不良、连接松动等。应将离合器线圈卸下进行维修或更换。

汽车空调间断制冷的检查步骤可参照图 5-35。

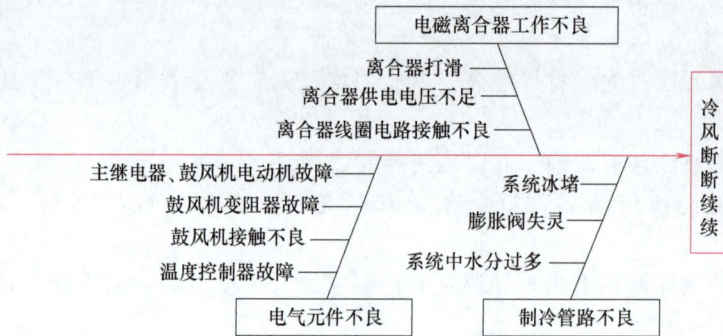

图 5-35　汽车空调间断制冷的检查步骤

4. 汽车空调运行噪声过大可能的原因及排除方法

（1）传动皮带噪声　传动皮带松动打滑或过度磨损，均会产生噪声。此时应张紧或更换皮带。

（2）压缩机机械噪声　安装紧固件松动或压缩机零部件有磨损或损坏。此时应先检查紧固件，然后卸下压缩机拆检维修或更换。

（3）压缩机失去润滑　由于压缩机缺油，从而引起零部件运行时干摩擦，产生噪声。此时应更换或加注冷冻机油。

（4）鼓风机噪声　主要是鼓风机叶片变形和鼓风机电动机过度磨损产生的噪声。此时应维修或更换鼓风机或电动机。

（5）护板松动或变形　导致工作时产生敲击或摩擦声。此时应紧固夹紧卡，消除软管与其他部件的磨蹭或擦碰。

（6）轴承或惰轮故障　工作时有机械摩擦响声，用手转动带轮时有摩擦阻滞感觉。此时应更换轴承，检查惰轮及带轮，必要时维修或更换。

（7）制冷剂过多　仔细听高压管路有振动声，压缩机有敲击声。此时应排掉过多制冷剂。

（8）制冷剂过少　导致蒸发器进口处有"咝咝"声。此时应检查泄漏处，重新充注制冷剂。

（9）电磁离合器噪声　由于电磁离合器打滑，因此接合时产生噪声。此时应拆下电磁离合器修理或更换。

（10）电磁离合器吸合电压不足　导致电磁离合器不能完全吸合而产生噪声，此时应查明原因并维修或更换。

汽车空调运行噪声过大的检查步骤可参照图 5-36。

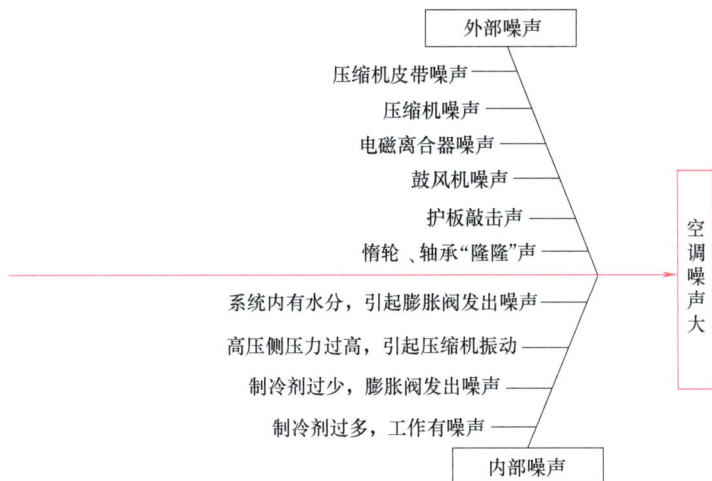

图 5-36　空调噪声过大的检查步骤

5. 压缩机不启动或启动困难可能的原因及排除方法

（1）熔断丝熔断　导致压缩机断电而不能工作。此时应检查并重新接好熔断丝（注意型号要相同）。

（2）环境温度过低　当环境温度低于15℃时，低温保护开关起作用自动切断压缩机电路。此时应检查环境温度是否低于15℃，以及低温保护开关工作是否正常。

（3）设定温度过高　如果温度控制器旋钮调在温度较高的挡位上，而这时车内温度已很低，温度控制器不能接通压缩机工作。此时应检查设定温度并正确调整温度控制器旋钮。

（4）热敏电阻损坏　导致不能正确感应温度。应检查并更换热敏电阻。

（5）电磁离合器不工作　导致压缩机不能工作。此时应检查电磁离合器线圈是否断路、短路，并修理或更换电磁离合器线圈。

（6）电磁离合器不能吸合　导致其不能带动压缩机运转。此时应检查电磁离合器间隙是否过大、线圈电阻是否正常，必要时应重新调整其间隙或更换。

（7）电气元件接触不良或继电器线圈断路　此时应检查各元件工作情况，维修或更换故障元器件。

（8）制冷剂泄漏　制冷剂泄漏较多后，低压保护开关起作用，使压缩机不能启动。此时应检查系统泄漏部位并将其修复。

（9）压缩机轴承损坏或缺少润滑　应更换轴承且按规定加注润滑油。

（10）压缩机卡死　压缩机缸内可能有异物或活塞长期磨损后形状、位置等发生变化而卡住，此时应卸下压缩机进行维修或更换。

（11）系统压力过高　若系统压力过高，高压保护开关便起作用，使压缩机不能启动。此时应检查系统压力是否过高及其导致因素，并予以维修。

（12）传动皮带过松或磨损过甚　皮带与带轮发生打滑，不能驱动压缩机运转。此时应先检查皮带的松紧度，若不合适，用张紧轮调整；若松紧度合适再检查磨损程度，磨损过大应予更换。

（13）发动机怠速自动调节机构失灵　由于怠速自动调整机构失灵，空调安全控制电路工作使电磁离合器断电，压缩机便不能运转。此时应检查并调整怠速自动调节机构。

压缩机不启动或启动困难的检查步骤可参照图5-37。

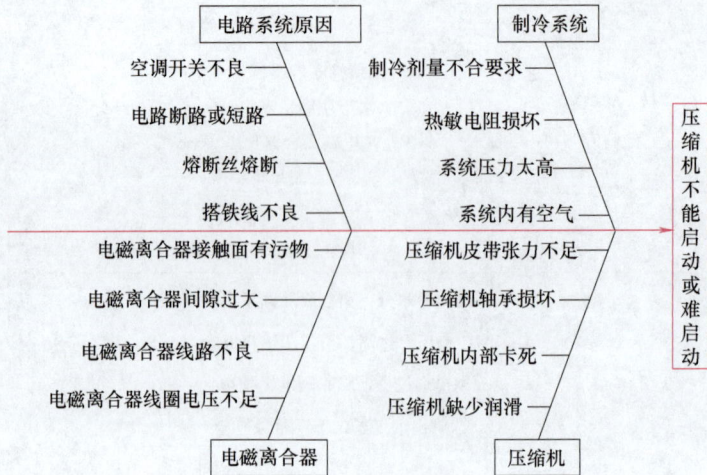

图 5-37　压缩机不能启动或启动困难的检查步骤

6. 压缩机运转时开停频繁可能的原因及排除方法

（1）温度设定值偏高　若空调运行在短时间内就达到了规定的温度值，压缩机便停止工作，温度控制器通断的时间间隔较短，引起压缩机开停频繁，此时重新设定温度值即可。

（2）压力开关控制值调节不准　如低压控制值过高或高压控制值过低，应重新调整压力开关控制值。

（3）温度控制器本身故障　对于机械压力式温度控制器应检查触点、感温包、调整机构是否发生故障；对于热敏电阻式温度控制器应检查热敏电阻、调温电阻、有关控制电路元件是否出现问题，查实后维修或更换。

（4）控制电路有搭铁现象　会造成电磁离合器被短路，用万用表或试灯找出搭铁部位，并维修。

（5）系统堵塞　储液干燥器的滤网被杂物堵塞、膨胀阀冰堵及系统管道被撞瘪等均使制冷剂流动受限，使高压过高。必要时维修或更换。

（6）冷凝器外表面污垢积存太多　会导致散热困难，使高压压力过高，应清洁冷凝器外表。

（7）制冷剂泄漏　会造成低压压力过低，应找出泄漏部位维修，重新充注制冷剂。

（8）制冷剂过多　会造成高压压力过高，可从低压侧放出多余制冷剂。

（9）系统有空气　会引起系统内压力过高，制冷效果变差。应对系统进行检修并重新充注制冷剂。

三、科鲁兹轿车手动空调控制电路分析

1. 科鲁兹轿车手动空调模块电源及鼓风机控制电路

如图 5-38 所示电路中，HVAC 控制模块（K33）由保险丝 F17DA 供电，通过 X1/8—G202 搭铁，当 IGNII 信号通过保险丝 F54UA 给到 X2/9 时，HVAC 控制模块（K33）开始工作。鼓风机电动机控制模块（K8）由保险丝 F11DA 供电，通过 X1/5—HVAC 控制模块（K33）的 X1/16 进行控制搭铁，鼓风机电动机接在鼓风机电动机控制模块（K8）X2/1 和 X2/2 两端，其中 X2/2 控制鼓风机电动机工作电流的大小，鼓风机电动机控制模块（K8）X1/3 到 HVAC 控制模块（K33）X2/15 的线路是鼓风机电动机转速控制信号线。其具体的工作过程为：当鼓风机开关 S34 通过 CAN 总线将开关信号送到 HVAC 控制模块（K33）X2/4

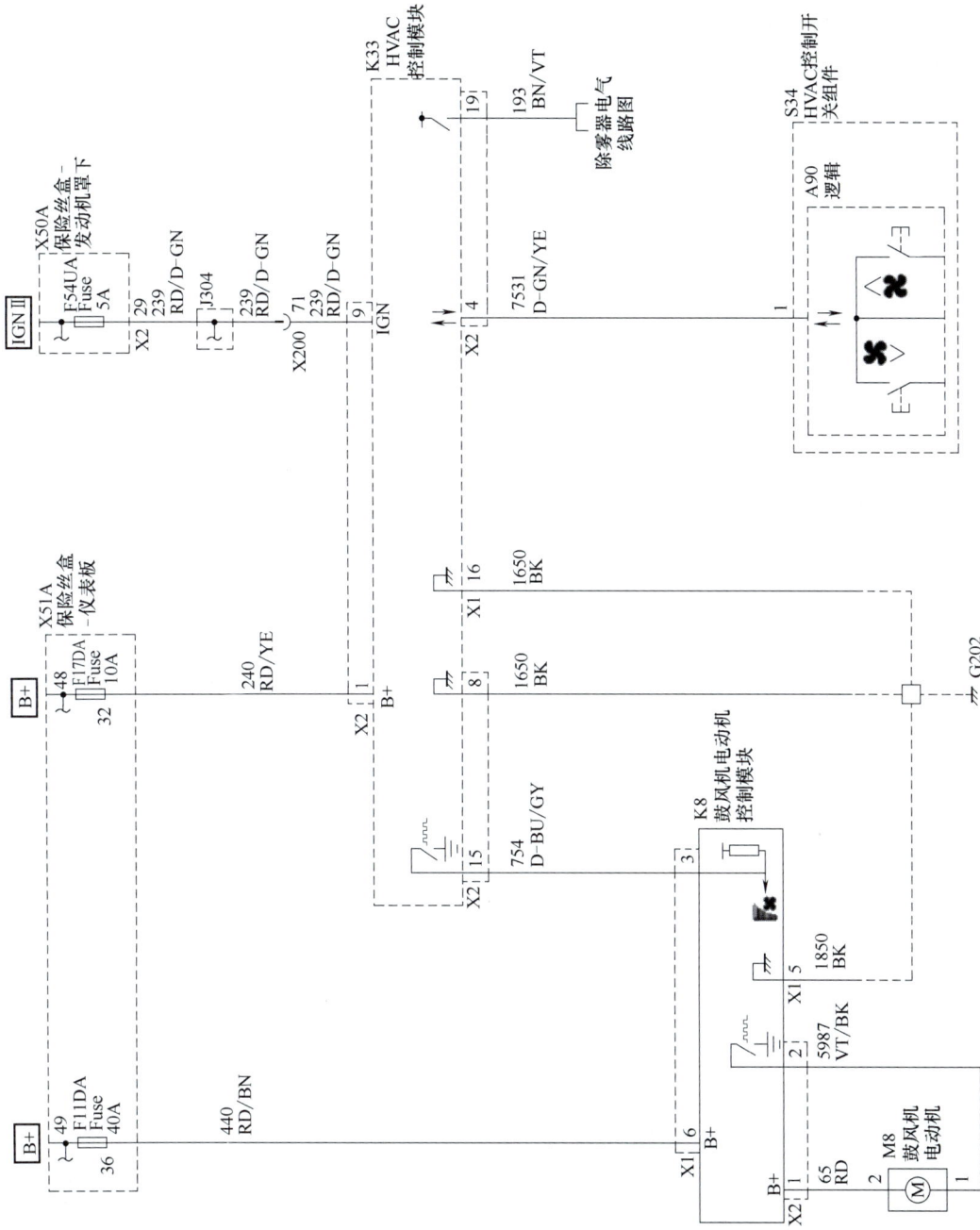

图5-38 科鲁兹轿车手动空调模块电源及鼓风机控制电路

后，HVAC 控制模块（K33）将开关信号转变为电流信号，由空调控制模块（K33）X2/15 输送给鼓风机电动机控制模块（K8）X1/3，鼓风机电动机控制模块（K8）得到对应电流信号后，由 X2/2 输出不同的工作电流，实现调节鼓风机电动机转速的功能。

2. 科鲁兹轿车空调手动送风和温度控制电路

如图 5-39 所示电路中，手动送风模式开关和温度控制开关将信号通过 CAN 总线送到 HVAC 控制模块（K33）X2/4，HVAC 控制模块（K33）收到信号后，分别对出风模式风门执行器（M37）、空气混合风门执行器（M6）、内外循环风门执行器（M46）实施控制，实现风向、湿度、温度、除霜、除雾等功能。

3. 科鲁兹轿车空调手动压缩机控制电路

如图 5-40 所示电路中，电源经过保险丝 F62UA，通过空调压缩机离合器继电器（KR29）控制对空调压缩机离合器（Q2）进行供电，发动机控制开关继电器（KR75）的电流经过空调压缩机离合器继电器（KR29）线圈，再到发动机控制模块（K20）X2/91，发动机控制模块（K20）对空调压缩机离合器继电器（KR29）触点的通断实施控制。

当空调 A/C 开关打开时，A/C 开关信号和空调蒸发器温度传感器（B39）信号经过 HVAC 控制模块（K33）处理后，送入发动机控制模块（K20）；当制冷压力传感器（B1）、A/C 开关、空调蒸发器温度传感器（B39）、发动机转速等信号符合条件时，发动机控制模块（K20）X2/91 输出低电平电压，空调压缩机离合器继电器（KR29）触点闭合，空调压缩机离合器啮合，空调压缩机开始工作。依此类推，上述开关或传感器有一个信号不满足条件时，则空调压缩机停止工作。

4. 手动辅助加热器控制电路

如图 5-41 所示电路中，空调辅助加热器（E40）由保险丝 F6UB 供电，通过空调辅助加热器（E40）X2/2-G122 搭铁。点火运行继电器（KR74）经过保险丝 F54UA 向空调辅助加热器（E40）提供 IGN 信号，当 HVAC 控制模块（K33）向空调辅助加热器（E40）发出运行信号时，辅助加热器开始加热，当发动机冷却液温度达到要求时，自动停止加热。

四、科鲁兹轿车手动空调控制系统故障诊断思路

1. 空调系统故障诊断流程

汽车空调系统制冷效果不良有两种可能性，分别是风量不足和制冷不足。根据具体情况，可按如图 5-42 所示故障诊断流程查找故障点。

2. 鼓风机控制模块工作异常诊断步骤

鼓风机电动机控制模块是暖风、通风与空调系统控制模块和鼓风机电动机之间的接口。来自暖风、通风与空调系统控制模块、蓄电池正极和搭铁电路的鼓风机电动机转速控制信号启动鼓风机电动机控制模块运转。暖风、通风与空调系统控制模块向鼓风机电动机控制模块提供脉宽调制信号以指令鼓风机电动机转速。鼓风机电动机控制模块将脉宽调制信号转换成相应的鼓风机电动机电压。电压在 2～13V 之间变化，与脉宽调制信号频率呈线性关系。

（1）查询故障码　将点火开关置于 ON（打开）位置，鼓风机电动机切换至 ON（打开），连接诊断仪进入空调模块，读取故障码：如果出现 B0193-01，则表示暖风、通风与空调系统控制模块输出至鼓风机电动机控制模块的电压始终过高；如果出现 B0193 06，则表示暖风、通风与空调系统控制模块输出至鼓风机电动机控制模块的电压始终过低或浮动。

（2）电路检测步骤　将点火开关置于 OFF（关闭）位置，断开 K8 鼓风机电动机控制模块的 X1 线束连接器，再将点火开关置于 ON（打开）位置。

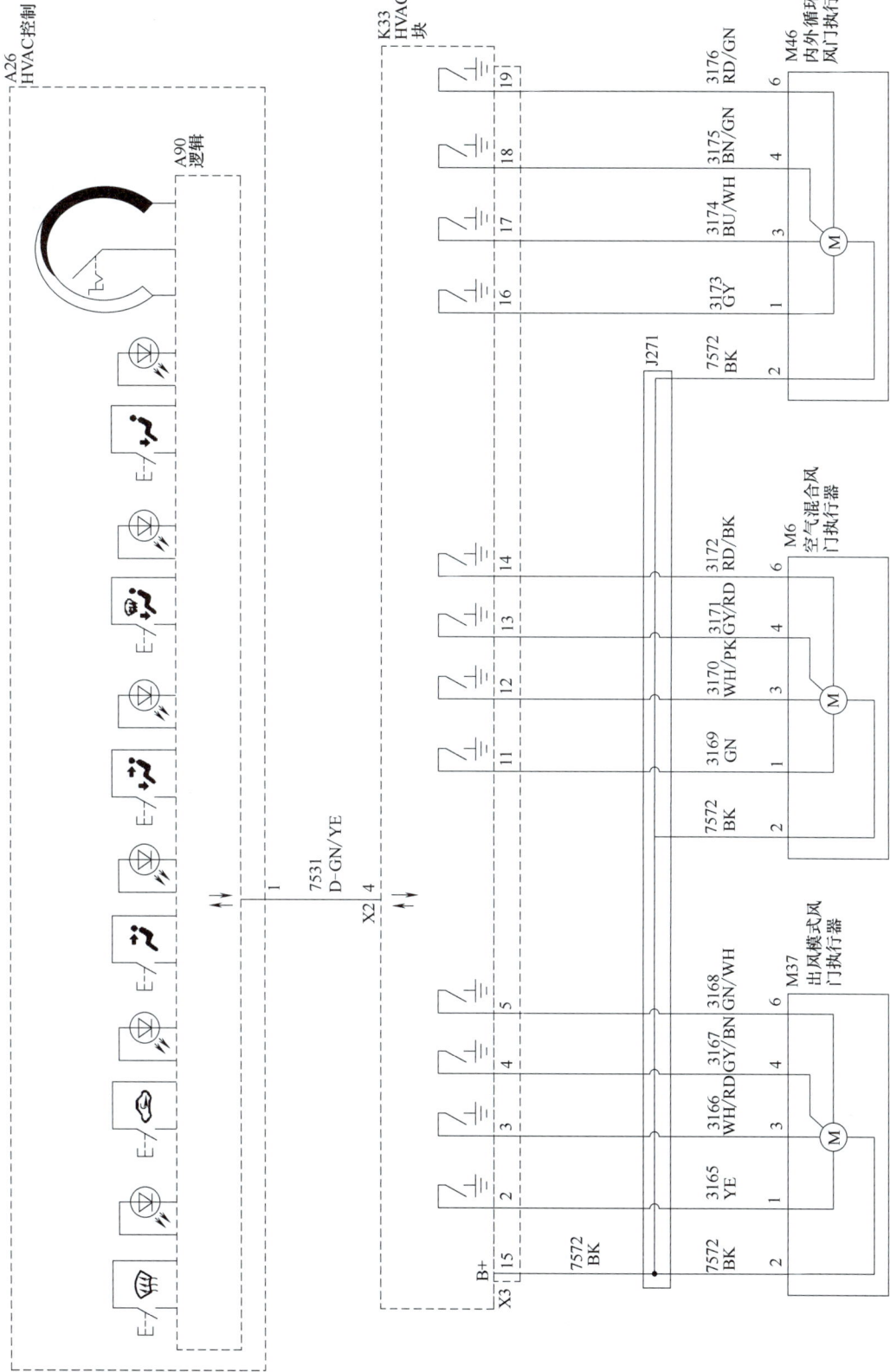

图 5-39 科鲁兹轿车空调手动送风和温度控制电路

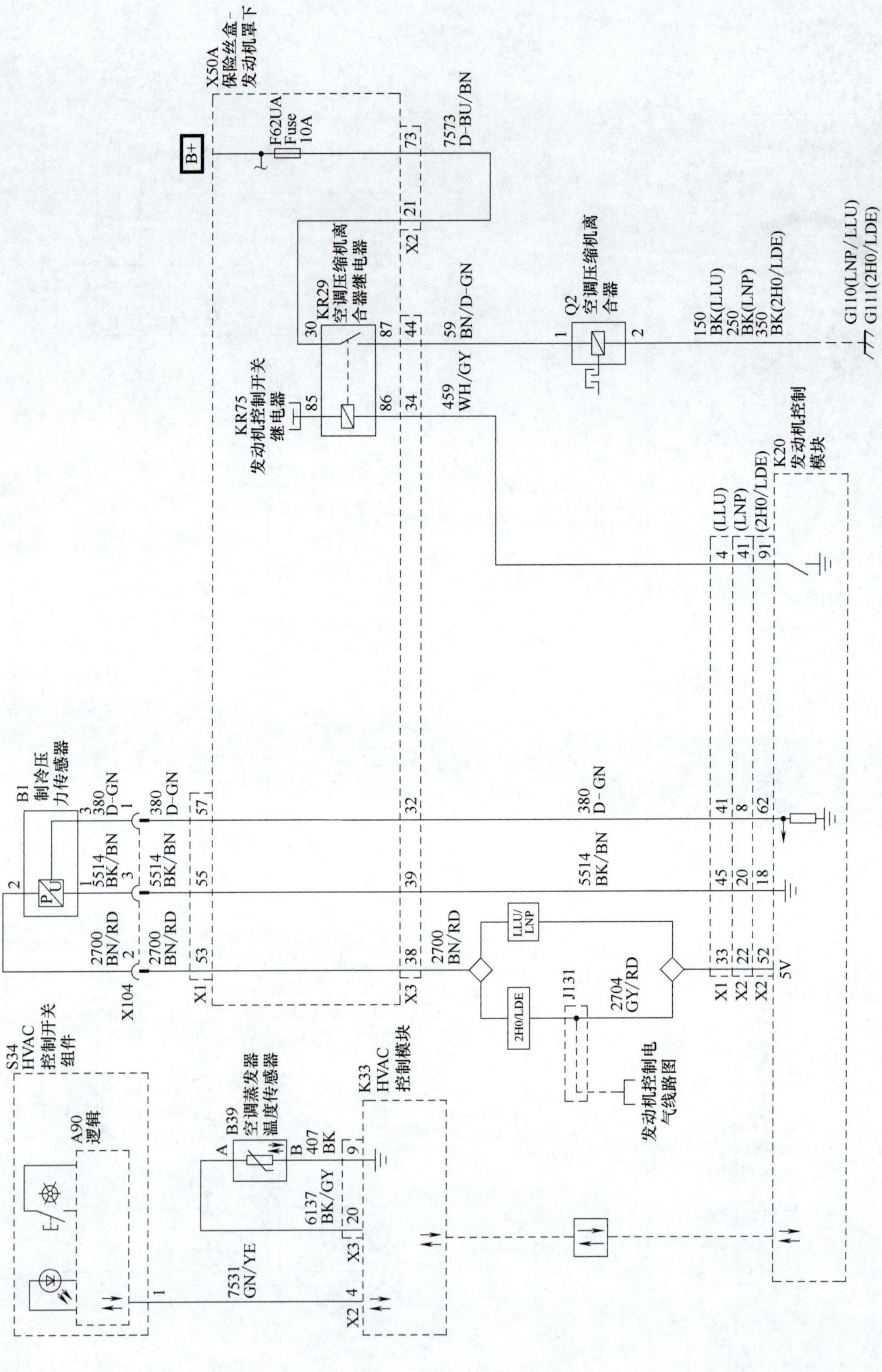

图 5-40 科鲁兹轿车空调手动压缩机控制电路

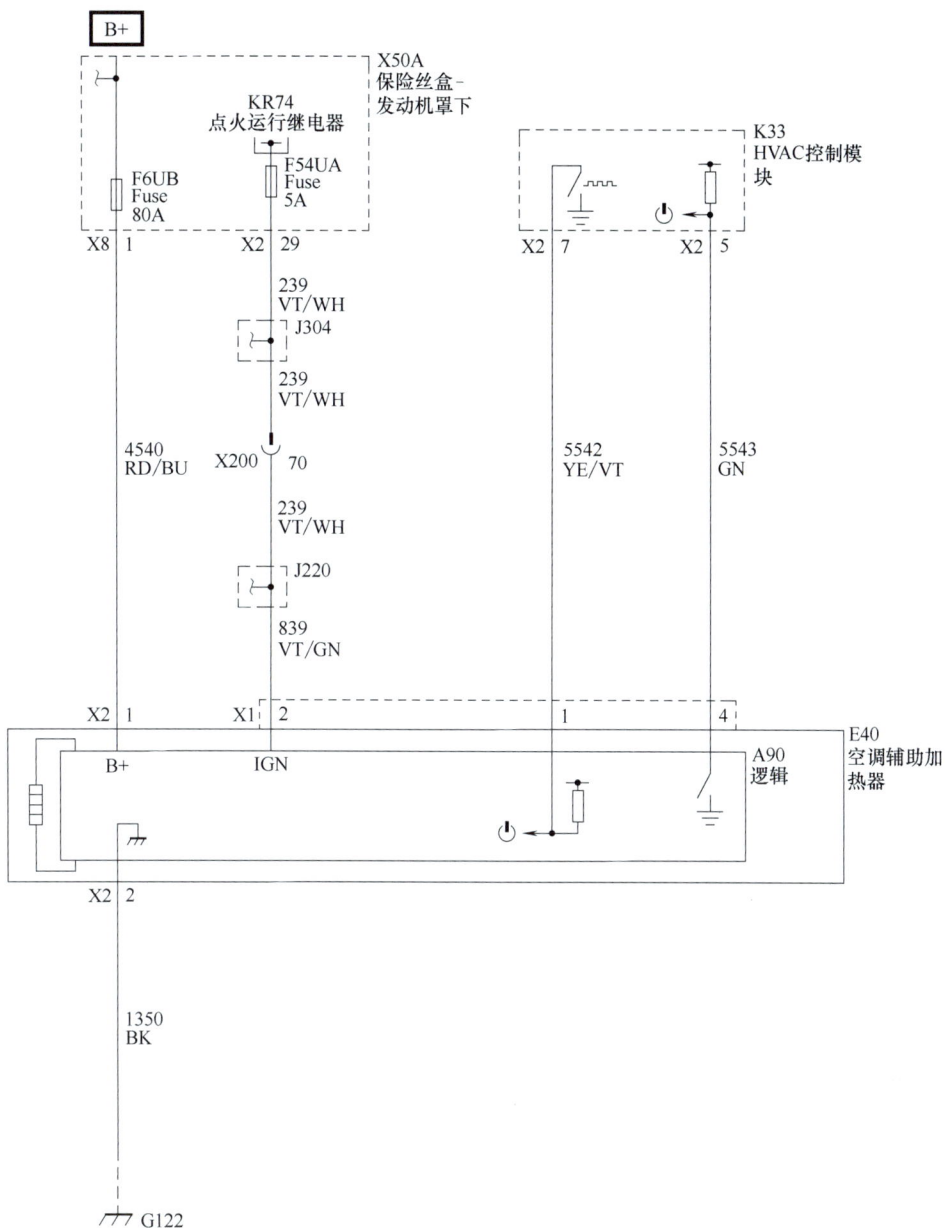

图 5-41　科鲁兹轿车空调辅助加热器控制电路

① 确认 K8 鼓风机电动机控制模块线束连接器上的 B＋电路端子 X1/6 和搭铁之间的测试灯点亮。

如果测试灯未点亮且电路保险丝完好，将点火开关置于 OFF（关闭）位置，测试 B＋电路端对端的电阻是否小于 2Ω。如果为 2Ω 或更大，则修理电路中的开路/电阻过大。如果小于 2Ω，则确认保险丝未熔断且保险丝处是否有电压。如果测试灯未点亮且电路保险丝熔断，将点火开关置于 OFF（关闭）位置。测试 B＋电路和搭铁之间的电阻是否为无穷大，如果电阻不为无穷大，则修理电路上的对搭铁短路故障。如果电阻为无穷大，断开 M8 鼓风机电动机的线束连接器和 K8 鼓风机电动机控制模块的 X2 线束连接器，测试 B＋电路端子 1X2 和搭铁之间的电阻是否为无穷大。如果电阻不为无穷大，则修理电路上的对搭铁短路故

```
            ┌─────────┐
            │  开始   │
            └────┬────┘
                 │
        ┌────────────────┐
        │ 询问车主并      │
        │ 确认故障        │
        └────────┬───────┘
                 │
        ┌────────────────┐
        │  读取故障码     │
        └────────┬───────┘
                 │
  有       ┌──────────────┐
 ┌─────────┤  有无故障码?  │
 │         └──────┬───────┘
 │                │ 无
 │         ┌──────┴──────┬─────────┬─────────┐
 │     ┌───┴───┐  ┌───┴───┐ ┌──┴──┐ ┌──┴──┐
 │     │检查制 │  │检查暖 │ │检查送│ │检查控│
 │     │冷系统 │  │风系统 │ │风系统│ │制系统│
 │     └───┬───┘  └───┬───┘ └──┬──┘ └──┬──┘
 │         └──────────┴────────┴────────┘
 │                │
┌┴────────┐  ┌────┴─────┐
│根据故障码│  │ 维修故障 │
│进行维修  │  └────┬─────┘
└────┬─────┘      │
     └────────────┤
            ┌─────┴────┐
            │  结束    │
            └──────────┘
```

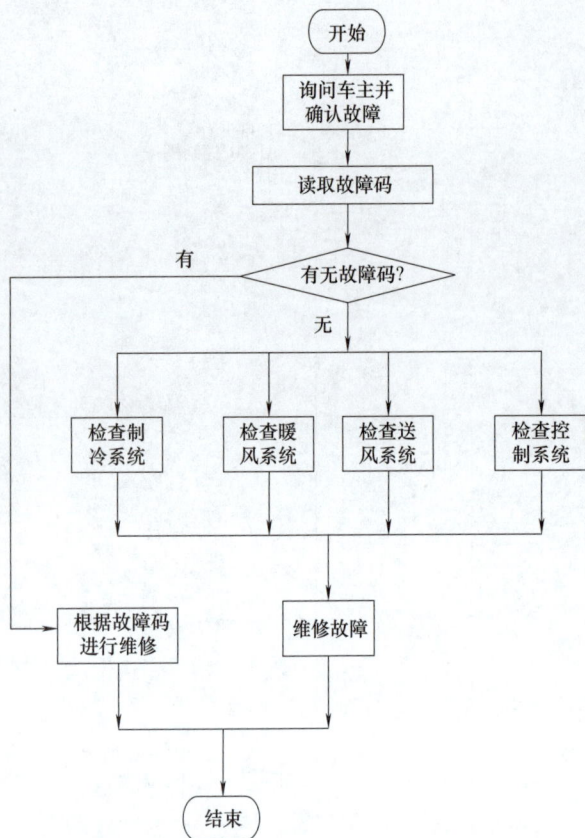

图 5-42　科鲁兹轿车手动空调系统故障诊断流程

障。如果电阻为无穷大，连接 M8 鼓风机电动机的线束连接器，在 B＋电路端子 X2/1 和 B＋之间安装一条带 40A 保险丝的跨接线，并确认保险丝完好，如果保险丝熔断，则更换 M8 鼓风机电动机，如果保险丝完好，则更换 K8 鼓风机电动机控制模块。

② 如果测试灯点亮，确认 B＋电路端子 X1/6 和搭铁电路端子 X1/5 之间的测试灯点亮。如果测试灯未点亮，修理电路中的开路/电阻过大。

③ 如果测试灯点亮，将点火开关置于 OFF（关闭）位置，断开 K33HVAC 控制模块的 X2 线束连接器，再将点火开关置于 ON（打开）位置。测试 K8 鼓风机电动机控制模块线束连接器上的控制电路端子 X1/3 和搭铁之间的电压是否低于 0.3V。如果高于 0.3V，修理电路上的对电压短路的故障。如果低于 0.3V，将点火开关置于 OFF（关闭）位置，测试 K8 鼓风机电动机控制模块线束连接器上的控制电路端子 X1/3 和搭铁之间的电阻是否为无穷大。如果电阻不为无穷大，修理电路上的对搭铁短路的故障。如果电阻为无穷大，测试 K33 HVAC 控制模块控制电路端子 X2/15 和 K8 鼓风机电动机控制模块线束连接器上的控制电路端子 X1/3 之间的电阻是否小于 5Ω。如果电阻大于 5Ω，修理电路中的开路/电阻过大。如果小于 5Ω，更换 K8 鼓风机电动机控制模块，再次查询故障诊断码。

④ 如果再次出现故障诊断码则更换 K33 HVAC 控制模块，如果没有故障诊断码，则电路正常。

3. 配风系统执行器异常诊断步骤

步进电机用于调节温度、控制空气分配以及控制内外循环风门。通过 HVAC 控制的相应开关，可以选择期望的空气混合风门位置、出风模式风门位置和内外循环风门位置。所选数值通过车载局域互连网络（LIN）总线传送到 HVAC 控制模块。暖风、通风与空调系统控制模块向步进电机提供 12V 参考电压，并用脉冲搭铁信号向 4 个步进电机线圈供电。步进电机将相应的风门移动至计算位置，以到达所选的温度/位置。

（1）查询故障码　将点火开关置于 ON（打开）位置，鼓风机电动机切换至 ON（打开），连接诊断仪进入空调模块，读取故障码，常见故障码说明如下。

DTC B0223 01：内外循环风门位置指令 1 电路对蓄电池短路。

DTC B0223 06：内外循环风门位置指令 1 电路电压过低/开路。

DTC B0233 01：空气流量控制电路对蓄电池短路。

DTC B0233 06：空气流量控制电路电压过低/开路。

DTC B023A 02：暖风、通风与空调系统执行器电源电压对搭铁短路。

DTC B0408 01：主温度控制电路对蓄电池短路。

DTC B0408 06：主温度控制电路电压过低/开路。

具体故障诊断参考信息如表 5-1 所示。

表 5-1　配风系统执行器异常故障诊断信息

电路	对搭铁短路	开路/电阻过大	对电压短路	信号性能
步进电机 12V 参考电压	B023A 02、B0223 06、B0233 06、B0408 06	B0223 06、B0233 06、B0408 06	—	—
内外循环风门执行器控制 1	B0223 06	B0223 06	B0223 01	1
内外循环风门执行器控制 2	B0223 06	B0223 06	B0223 01	1
内外循环风门执行器控制 3	B0223 06	B0223 06	B0223 01	1
内外循环风门执行器控制 4	B0223 06	B0223 06	B0223 01	1
空气混合风门执行器控制 1	B0408 06	B0408 06	B0408 01	2
空气混合风门执行器控制 2	B0408 06	B0408 06	B0408 01	2
空气混合风门执行器控制 3	B0408 06	B0408 06	B0408 01	2
空气混合风门执行器控制 4	B0408 06	B0408 06	B0408 01	2
出风模式风门执行器控制 1	B0233 06	B0233 06	B0233 01	3
出风模式风门执行器控制 2	B0233 06	B0233 06	B0233 01	3
出风模式风门执行器控制 3	B0233 06	B0233 06	B0233 01	3
出风模式风门执行器控制 4	B0233 06	B0233 06	B0233 01	3
信号性能说明	1—空气内外循环故障；2—空气温度故障；3—空气分配故障			

（2）空气混合风门执行器故障检测步骤

① 将点火开关置于 OFF（关闭）位置，断开 K33HVAC 控制模块和 M6 空气混合风门执行器的 X3 线束连接器。

② 将点火开关置于 ON（打开）位置，测试下列控制电路端子 11X3、12X3、13X3、14X3 和搭铁之间的电压是否低于 0.3V，如果高于 0.3V，修理电路上的对电压短路的故障。如果低于 0.3V，则进行下面步骤。

③ 将点火开关置于 OFF（关闭）位置，测试下列控制电路端子和搭铁之间的电阻是否为无穷大：端子 11X3、端子 12X3、端子 13X3、端子 14X3。

如果电阻不为无穷大，修理电路上的对搭铁短路的故障。

如果电阻为无穷大，则进行下面步骤。

④ 测试下列控制电路端子间的电阻是否小于 5Ω：

M6 空气混合风门执行器端子 1 和 K33HVAC 控制模块线束连接器的端子 11X3；

M6 空气混合风门执行器端子 2 和 K33HVAC 控制模块线束连接器的端子 15X3；

M6 空气混合风门执行器端子 3 和 K33 HVAC 控制模块线束连接器的端子 12X3；

M6 空气混合风门执行器端子 4 和 K33 HVAC 控制模块线束连接器的端子 13X3；

M6 空气混合风门执行器端子 6 和 K33HVAC 控制模块线束连接器的端子 14X3；

如果电阻大于 5Ω，修理电路中的开路/电阻过大的故障。

如果小于 5Ω，则进行下面步骤。

⑤ 更换 M6 空气混合风门执行器并确认未再次出现故障诊断码。

如果再次出现故障诊断码，则更换 K33HVAC 控制模块。

如果未再次出现故障诊断码，则正常。

⑥ 全部正常。

4. 蒸发器温度传感器异常诊断步骤

蒸发器温度传感器为负温度系数热敏电阻。传感器依靠信号和低电平参考电压电路进行工作。当传感器周围的空气温度升高时，传感器电阻降低。传感器信号电压随电阻值下降而下降。传感器在 $-40\sim+85℃$（$-40\sim185℉$）的温度范围内工作，传感器信号在 $0\sim5V$ 之间变化。暖风、通风与空调系统控制模块将信号转换成 $0\sim255$ 范围内的计数。随着空气温度的升高，计数值将减小。如果暖风、通风与空调系统控制模块检测到传感器故障，那么控制模块软件将使用默认的空气温度值。默认操作确保暖风、通风与空调系统能够调整车内空气温度接近期望的温度值，直到故障已被排除。

（1）查询故障码　将点火开关置于 ON（打开）位置，鼓风机电动机切换至 ON（打开），连接诊断仪进入空调模块，读取故障码，常见故障码说明如下。

DTC B3933 02：空调系统蒸发器温度传感器电路对搭铁短路。

DTC B3933 05：空调系统蒸发器温度传感器电路电压过高/开路。

具体故障诊断参考信息如表 5-2 所示。

表 5-2　蒸发器温度传感器异常故障诊断信息

电路	对搭铁短路	开路/电阻过大	对电压短路	信号性能
蒸发器温度传感器信号	B3933 02	B3933 05	B3933 05	—
蒸发器温度传感器低电平参考电压		B3933 05	B3933 05	—
信号性能说明	1—空气温度故障			

（2）蒸发器温度传感器故障检测步骤　将点火开关置于 ON（打开）位置，暖风、通风与空调系统控制模块处于 ON（开启）状态。暖风、通风与空调系统控制模块检测到蒸发器温度传感器信号电压应该在 $0.1\sim4.9V$ 范围之间。

① 将点火开关置于 OFF（关闭）位置，断开 B39 空调蒸发器温度传感器的线束连接器。

② 测试 B39 空调蒸发器温度传感器搭铁电路端子 B 和搭铁之间的电阻是否小于 5Ω。

如果电阻大于 5Ω，修理电路中的开路/电阻过大故障。

如果小于 5Ω，则进行下面的步骤。

③ 将点火开关置于 ON（打开）位置，测试 B39 空调蒸发器温度传感器信号电路端子 A 和搭铁之间的电压是否为 $4.8\sim5.2V$。

如果低于 4.8V，将点火开关置于 OFF（关闭）位置，断开 K33 HVAC 控制模块的 X3 线束连接器。测试信号电路和搭铁之间的电阻是否为无穷大，如果电阻不为无穷大，则修理电路上的对搭铁短路故障；如果电阻为无穷大，测试信号电路的端到端电阻是否小于 2Ω。如果为 2Ω 或更大，则修理电路中的开路/电阻过大故障。如果小于 2Ω，则更换 K33HVAC 控制模块。如果高于 5.2V，将点火开关置于 OFF（关闭）位置，断开 K33 HVAC 控制模块的 X3 线束连接器。将点火开关置于 ON（打开）位置，测试信号电路和搭铁之间的电压是否低于 0.3V。如果高于 0.3V，则修理电路上的对电压短路的故障。如果低于 0.3V，则更换 K33 HVAC 控制模块。

如果在 4.8～5.2V 之间，则进行下面的步骤。

④ 更换 B39 空调蒸发器温度传感器并确认没有再次出现故障诊断码。

如果再次出现故障诊断码，更换 K33 HVAC 控制模块。

如果未再次出现故障诊断码，则正常。

⑤ 全部正常。

任务实施

一、巩固理论知识

（1）掌握汽车空调电气控制系统故障诊断与排除方法，完成对应任务工单活页中理论知识巩固练习的内容。

（2）完成课后阅读，领会汽车工匠精神的含义，并从自身出发，在实践操作过程中践行"劳模精神和劳动精神"。

二、提升专业技能

（1）在实车上，对车辆进行预检，以空调制冷效果不良故障现象为问题导向，制订检修工作计划，并完成对应任务工单活页中专业技能提升训练的内容。

① 故障现象的确认。在实车上对空调的各项功能进行检查和测试，准确地描述故障现象，并根据空调的控制原理对现象进行分析，确定故障范围。

② 故障原因的分析。对照空调控制电路图，根据故障范围，列出引起故障所有可能的原因，并按照"由简单到复杂""由外到内"的思路进行排序。

③ 故障诊断流程。按照故障产生可能性的大小，制订检修计划或诊断流程图，在保障安全的前提下逐步进行诊断和排除，记录诊断数据，找出故障点。

④ 故障排除。根据故障的性质，采用更换或维修的方式排除故障，分析故障机理，完成故障检修工作小结。

（2）在实践操作过程中要按照"8S"现场管理制度要注意的内容，重点做好 "节约"和"学习"的养成。

课后阅读

不忘初心，让工匠精神在车间落地生根

项目六
汽车自动空调控制系统检修

项目描述

汽车自动空调控制系统在手动空调控制系统的基础上，利用各种传感器、智能开关将车内外温度、湿度等物理变化信号转变为电流信号，输送给控制模块，控制模块根据预定设置的程序对各种电机、阀门等执行机构实施控制，从而实现驾驶员或车内乘客理想的舒适环境。汽车自动空调控制系统能保证在各种外界气候和条件下使乘客都处于一个舒适的空气环境之外，而且还能自动进行故障检测，反馈空调控制系统工作的状态。本项目结合汽车运用与维修 1+X 证书制度试点职业技能等标准，选取汽车维修企业真实案例，达到以下学习目标。

素质要求

1. 崇德向善、热爱劳动，自觉履行职业道德准则和行为规范，践行工匠精神和劳模精神。

2. 着装整洁，服从管理，规范作业，在实践操作过程中养成"8S"现场管理的工作习惯。

3. 能够在工作过程中与小组其他成员合作、交流，养成团队合作意识，锻炼沟通能力。

知识要求

1. 理解汽车自动空调控制系统常用传感器、控制器和执行器的结构和工作原理。能掌握自动空调主要部件的功能并测试其性能，确定维修内容。

2. 了解自动空调控制系统故障自诊断系统的检查方法，能通过眼看、耳听、鼻闻和手摸诊断空调控制系统故障，确定维修项目。

3. 掌握空调温度传感器、空气质量传感器、阳光传感器、自动空调控制面板、自动空调控制模块的检测和更换方法。

4. 掌握空调维修资料或信息查询和获取方法，掌握空调系统相关的控制系统元件的测量和调整方法。

技能要求

1. 能检查、测试、维修并更换空调温度传感器、空气质量传感器、阳光传感器、自动空调控制面板和自动空调控制模块。

2. 能检查、测试、维修、更换和调整自动空调。

3. 能检查、测试、维修或更换暖风、通风和自动空调控制面板总成。

4. 能根据故障现象，分析故障原因，诊断与排除故障，并按要求填写作业工单。

任务一　汽车自动空调控制系统认知

任务导入

维修技师小黄在值班时，一位丰田卡罗拉轿车车主在做空调常规保养时，对汽车自动空调控制原理比较感兴趣，专程来咨询有关技术。请查阅车型资料，了解汽车自动空调控制系统的组成及工作原理，对照实车，制订详细的讲解方案，并给客户一个满意的解释。

知识准备

自动空调控制系统采用手动空调控制系统的基础部件，它与手动空调的根本区别在于自动空调具有恒温功能（车内温度不会变化），即车内温度、环境温度、阳光强度、乘员人数的变化，空调控制计算机都能识别出来，并通过调节鼓风机电动机的转速、空气混合风门的位置，甚至出风模式风门的位置，使车内温度维持在设定温度不变。其舒适性、安全性、节能环保、操控性能等方面要优于手动空调，结构上要比手动空调复杂。

自动空调控制系统分为两类：半自动空调控制系统和全自动空调控制系统。两者的主要差别在于是否有自诊断功能和风速自动控制功能。早期的半自动空调控制系统没有提供故障代码存储器，现代的半自动空调控制系统已有故障代码存储器，但风速不能自动控制，如上海大众波罗轿车属半自动空调。全自动空调控制系统不但具有自诊断功能，还具有出风模式和风速自动控制功能，此外，自动空调采用液晶显示、按键式操作，已普遍被现代中、高档轿车所采用。全自动空调控制系统与半自动空调控制系统相比，虽然两类系统的工作方式有所不同，但都设计成按预先设置的舒适程度控制车内的温度与湿度，车内保持的温度和湿度与车外的气候条件无关。

半自动空调控制系统与手动空调控制系统的差别不大，其主要不同是半自动空调控制系统采用程序装置、伺服电机和控制模块。

全自动空调除了用了半自动空调控制系统中所用的传感器之外，全自动空调控制系统还利用了发动机冷却液温度、车速和节气门位置等传感器的信号。

一、自动空调控制系统的功能

（1）参数控制　是自动空调控制系统中最重要的功能。主要包括温度控制、风量控制、运转方式控制、换气量控制等。

（2）节能控制　包括压缩机运转工况控制、换气量的最适量控制以及随温度变化的换气切换控制、自动转入经济运行控制、根据车内外温度自动切断压缩机电源等。

（3）故障诊断存储　自动空调系统发生故障，ECU将故障部位用代码的形式储存起来，维修时调出来，以便快捷寻找故障的部位，方便维修。

（4）故障、安全报警　ECU将各种严重的安全故障进行判断并报警。主要有制冷剂不足报警、制冷剂压力过低或过高报警、离合器打滑报警等。

（5）显示功能　是指在空调操作面板上能够显示出设定温度、车室内温度、车外温度、控制模式以及工作模式等信息。

二、自动空调控制系统的组成

自动空调控制系统由制冷、暖风、送风、操纵控制等分系统组成。其中，制冷系统中有压缩机、冷凝器和蒸发器等，与手动空调相似。暖风系统有热交换器、水阀等。送风系统有鼓风机、风道、吸入与吹出风门。自动空调系统与手动空调系统的最大结构组成差别是控制系统。微计算机控制的自动空调系统由控制面板、电子控制系统和配气系统部分组成，典型的自动空调控制面板如图6-1所示。电子控制系统主要由输入信号（传感器）、自动空调控制单元ECU（电控单元）以及驱动执行机构（执行器）三部分组成，图6-2所示为汽车自动空调控制系统的典型结构。

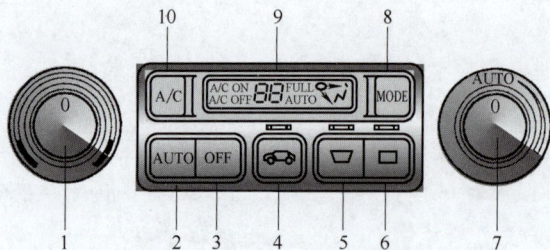

图 6-1 自动空调控制面板

1—温度控制旋钮；2—自动按钮；3—关闭按钮；4—再循环按钮；
5—前风窗除霜按钮；6—后风窗除霜按钮；7—风扇控制旋钮；
8—模式按钮；9—全自动按钮；10—空调器按钮

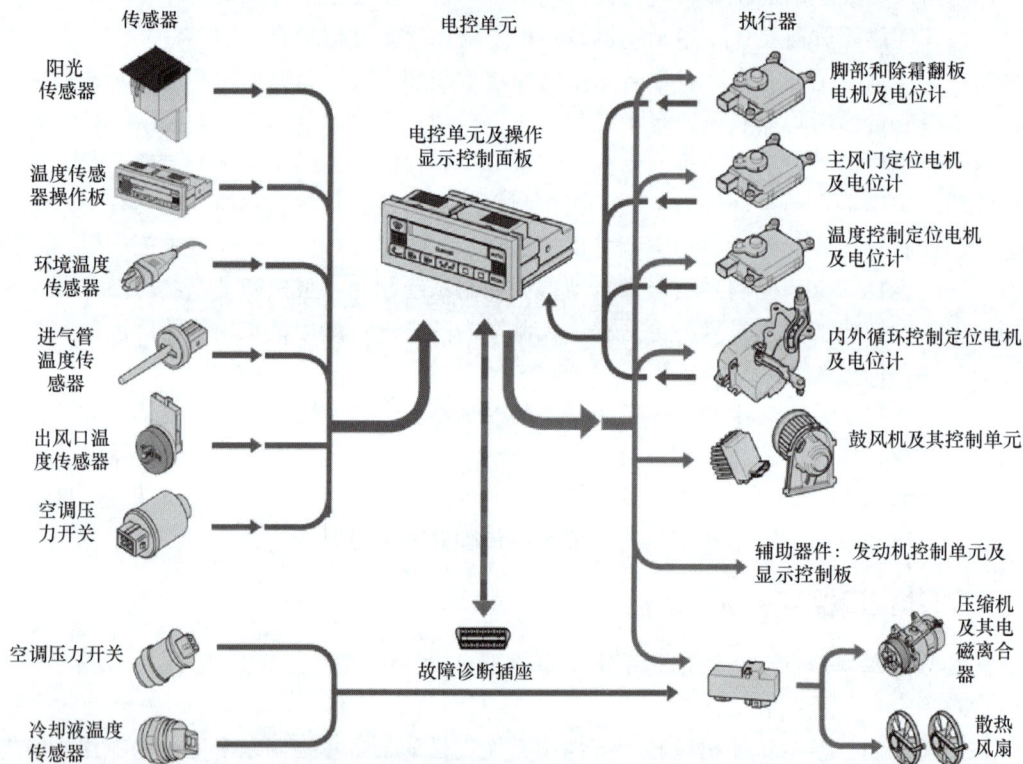

图 6-2 汽车自动空调控制系统的传感器、电控单元及执行器

1. 传感器

传感器信号主要有三种：一是驾驶员面板设定的温度信号和功能选择信号，二是车内温度传感器、车外温度传感器、阳光传感器等各种传感器输入的信号，三是空气混合风门的位置反馈信号。

（1）车内温度传感器 是自动空调的重要传感器之一。车内温度传感器通过吸入车内空气，以确定乘客舱的平均气温。

它的主要作用包括：

① 确定空气混合风门的位置，从而决定出风口的温度；

② 确定鼓风机的转速，从而决定出风口的风量；

③ 确定内外循环风门的位置，从而影响车内空气的温度与新鲜度；

④ 确定出风模式风门的位置。

车内温度传感器通常安装在仪表板后面的吸气装置内，安装位置如图 6-3 所示。

车内温度传感器的结构有两种，按强制导向车内温度传感器的气流方式不同，车内温度传感器可分为吸气型和电机型两种。两种车内温度传感器的结构如图 6-4 所示。

吸气型车内温度传感器，有一根吸气管连接车内温度传感器与空调的管道，与空调管道连接处有文杜利效应装置，风机工作，空气快速流过就会产生负压，这样就有少量空气流过车内温度传感器。吸气型车内温度传感器工作原理如图 6-5 所示。

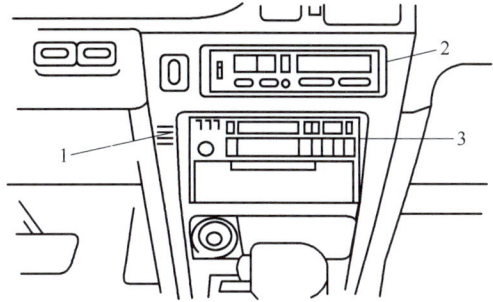

图 6-3　车内温度传感器的安装位置

1—温度传感器栅格；2—空调控制面板；3—音响控制面板

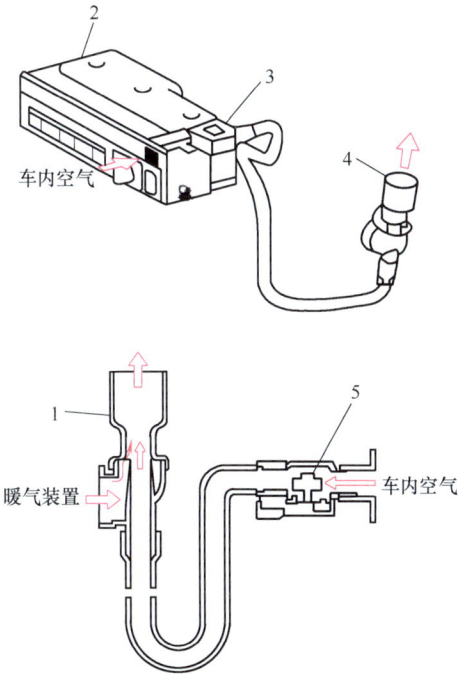

(a) 吸气型车内温度传感器的结构

1—吸气器；2—暖风装置控制板；
3—传感器；4—吸气器；5—热敏电阻

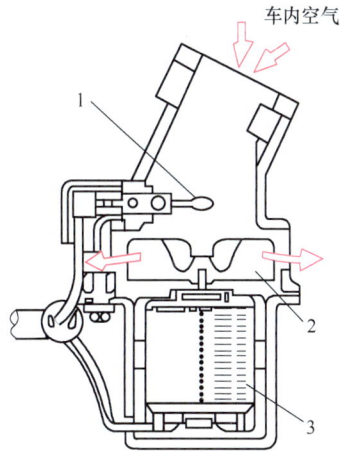

(b) 电机型车内温度传感器的结构

1—热敏电阻；2—风扇；3—电机

图 6-4　车内温度传感器的结构

电机型车内温度传感器由电机带动一个小风扇，风扇工作产生吸力，使车内空气流过传感器。

（2）车外温度传感器　也称环境温度传感器、外界空气温度传感器、大气温度传感器。它检测汽车周围空气的温度，当传感器电阻值随温度变化时，空调计算机通过检测传感器两

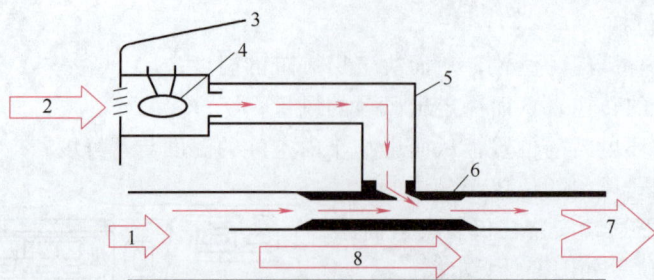

图 6-5　吸气型车内温度传感器的工作原理

1—入口；2—车内空气；3—仪表板；4—车内温度传感器；5—吸气管；6—喉管；7—出口；8—主气流

端电压的变化来获得信号。

它的具体作用如下：

① 确定空气混合风门的位置；

② 确定鼓风机的转速；

③ 确定内外循环风门的位置，以影响车内空气的温度和新鲜度；

④ 确定出风模式风门的位置；

⑤ 控制压缩机，通常当环境温度低于某一温度值时，自动空调系统的压缩机就不再工作。

车外温度传感器一般安装在前保险杠内或水箱之前，其安装位置与结构如图 6-6 所示。

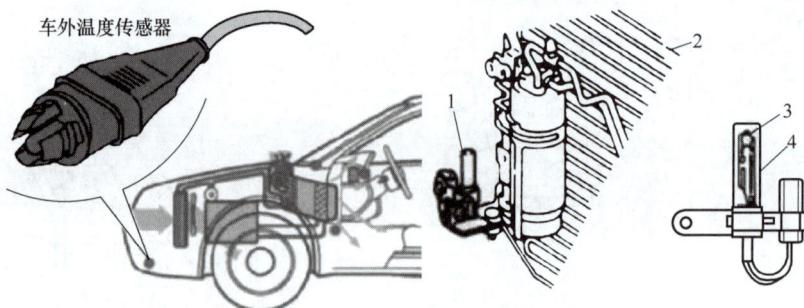

图 6-6　车外温度传感器的安装位置与结构

1—车外温度传感器；2—冷凝器；3—热敏电阻；4—树脂壳

车外温度传感器的工作原理与车内温度传感器相同。它易受到环境影响，因此车外温度传感器一般包在一个注塑树脂壳内，以免其对温度的突然变化作出反应。这将使其能准确地检测到车外的平均气温。除此之外，有些车型在空调电脑内部有防假输入电路。

以上海别克汽车空调的防假输入电路为例，若外界温度增加，车外温度传感器所显示的温度只有在如下条件下才能随之增高：

① 车辆以高于 32km/h 的速度行驶约 2min；

② 车辆以高于 72km/h 的速度行驶约 1min。

这些限制有助于防止错误读数。若所显示的温度下降，外界温度显示将立即更新。如果车辆熄火超过 3h，车辆再启动时，将显示当前外界温度。如果车辆熄火不足 3h，车辆再启动时，将恢复车辆上次操作时的温度。

（3）蒸发器温度传感器　主要是用来测量蒸发器的表面温度，防止结霜和延时气流控制。

它的主要作用有：

① 修正空气混合风门的位置；

② 控制压缩机。

当蒸发器表面温度低于一定值时，压缩机不工作，以防止蒸发器表面结霜。有些车型有两个蒸发器温度传感器，其中一个用来修正空气混合风门位置，一个用来防止蒸发器结霜。

蒸发器温度传感器安装在制冷单元中，有些自动空调没有装，其安装位置如图 6-7 所示。

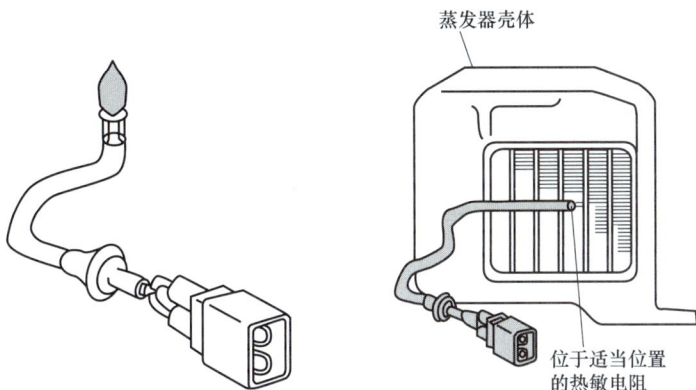

图 6-7　蒸发器温度传感器安装位置

蒸发器的热敏电阻一般安装在蒸发器传热片上，有的安装在蒸发器出风口位置，用来测量从蒸发器出来的空气温度。

（4）水温传感器　主要检测发动机冷却液的温度。它的作用是：

① 测量热交换器芯温度，修正空气混合风门的位置；

② 保护功能，防止在高温下发动机压缩机工作；

③ 控制鼓风机。在水温过低时，系统会启动鼓风机的预热控制，也就是在水温过低，且在取暖工况，为了防止吹出的风是冷风，在水温低于系统设定温度时，鼓风机会低速工作或不工作。

有些车型采用发动机水温传感器代替水温传感器，也有些车型采用水温开关代替。

汽车空调系统的水温传感器一般安装在暖风装置里面，其安装位置如图 6-8 所示。

（5）阳光传感器　也叫日光传感器、日照传感器、太阳能传感器等，用来检测照在传感器上的太阳光照强度，阳光传感器内含一个光电极管，它检测照在传感器上的太阳光量，并将光信号转变成电压或电流值送到空调计算机。

它的主要作用有：

① 用来修正空气混合风门的位置；

② 调节鼓风机的转速。

另外，部分车型的阳光传感器还可以作为自动感应灯光开启模式的太阳光量感应装置。也有部分车型能够利用阳光传感器信号转换为数字电路信号而转换为时间（钟），以追求更环保与节能的理念。

阳光传感器一般安装在汽车仪表板的上面，靠近前挡风玻璃的底部。其安装位置如图 6-9 所示。

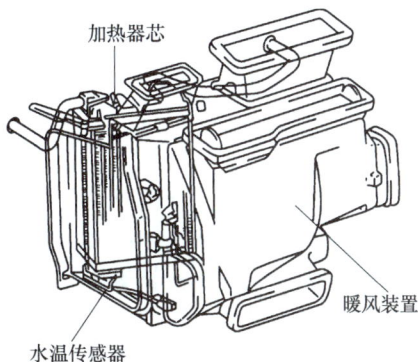

图 6-8　水温传感器安装位置

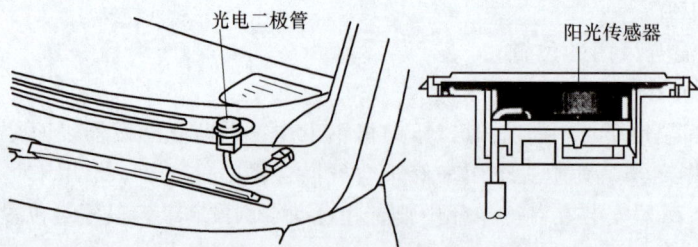

图 6-9　阳光传感器的安装位置

　　阳光传感器中光电二极管的结构与一般二极管相似，装在透明的玻璃外壳中。其 PN 结装在管的顶部，可以直接接收阳光的照射。光电二极管在电路中一般处于反向工作状态，在没有光照射时其反向电阻很大，反向电流很小，该反向电流为暗电流。当光照射在 PN 结上时，光子打在 PN 结附近，使 PN 结附近产生光生电子和光生空穴对。它们于 PN 结处在内电场作用下做定向运动，形成光电流。光照强度越大，光电流越大。光的变化引起光电二极管电流变化，这就可以把光信号转换成电信号，成为光电传感器件。其构造及特性如图 6-10 所示。

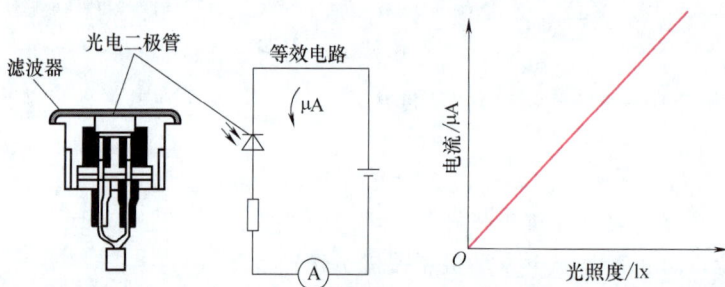

图 6-10　阳光传感器的结构与特性

　　(6) 空气质量传感器　也称多功能传感器，其主要作用是测量空气中的水分、环境温度和外界空气污染程度 (检测一氧化碳、碳氢化合物和氮氧化合物等物质的含量)。

　　它的主要作用有：

　　① 控制压缩机的工作；

　　② 调节进气门的位置。

　　空气质量传感器一般安装在空调的进风口，以控制空调系统在新鲜空气和循环空气两者之间切换。其安装位置如图 6-11 所示。

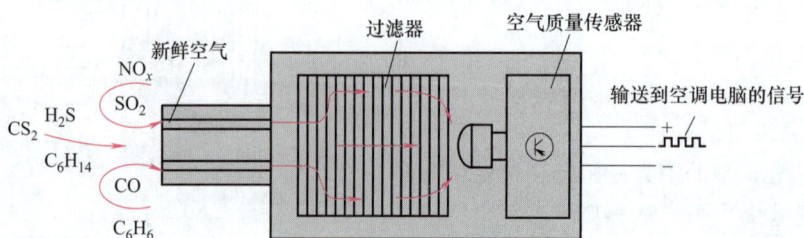

图 6-11　空气质量传感器安装位置

　　在空气质量传感器的内部设有恒定光源 (如红外发光二极管)，空气通过光线时，其中的颗粒物会对其进行散射，造成光强的衰减。其相对衰减率与颗粒物的浓度成一定比例。在与光源对角的另一侧设有光线探测器（如光电晶体管），它能够探测到被颗粒物反射的光线，并根据反射光强度输出 PWM 信号（脉宽调制信号），从而判断颗粒物的浓度。对于不同粒径的颗粒物（如 PM10 和 PM2.5），其能够输出多个不同的信号加以区分。

（7）静电式制冷剂流量传感器　在电控自动空调系统中，静电式制冷剂流量传感器用于检测制冷剂流量。静电式制冷剂流量传感器安装在储液罐和膨胀阀之间。安装位置如图 6-12 所示。传感器内部有多个电极，当通过传感器的制冷剂流量发生变化时，则电极之间的静电容量发生变化，由此可检测出制冷剂流量。当制冷剂流量发生变化时，传感器以频率信号输入空调 ECU，空调 ECU 根据此信号判断制冷剂流量是否正常。当出现异常时，利用监控系统进行报警。其结构与原理如图 6-13 所示。

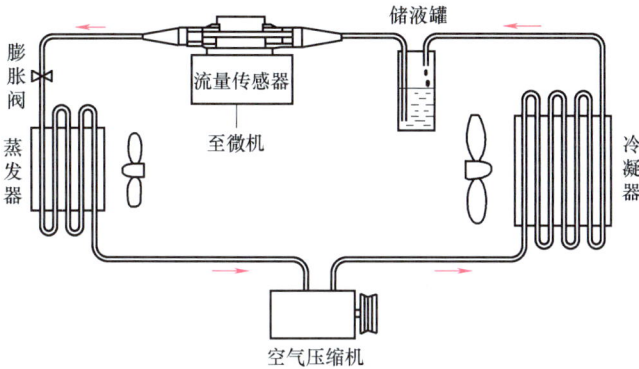

图 6-12　静电式制冷剂流量传感器的安装位置

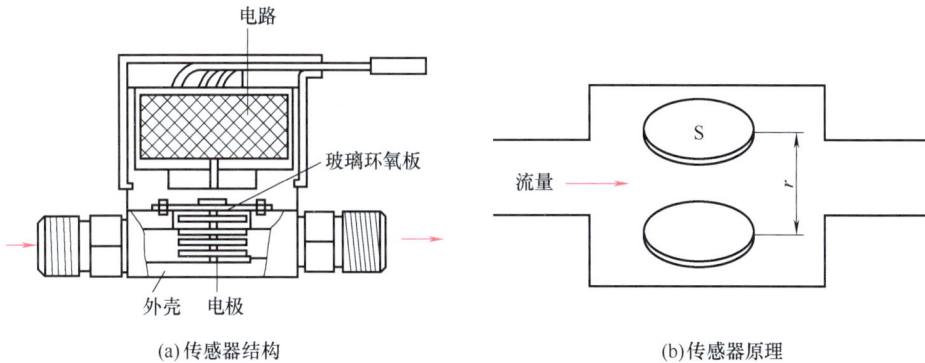

(a)传感器结构　　　　　　　　　　　　(b)传感器原理

图 6-13　静电式制冷剂流量传感器的结构与原理

（8）烟雾浓度传感器　为了保持车内空气清新，部分电控自动空调系统中安装了光电型烟雾浓度传感器。当传感器检测车内烟雾或 PM2.5 超标时，空调 ECU 将自动打开或控制进、排气系统，增加车内空气流通，保持空气清新。其结构与原理如图 6-14 所示。

2. 自动空调控制单元

自动空调控制单元，俗称空调 ECU，能根据驾驶员设定的温度及各种传感器输入的信号计算送风温度和空气混合风门开度值，根据计算值向伺服电动机等执行元件发出控制信号，实现空调的各种控制功能。另外，空调 ECU 还有存储记忆及故障自诊断等功能。汽车空调自动控制系统的基本工作模式是：传感器（设定参数）→控制器→执行器。其中传感器包括一系列检测车内、车外、导风管空气温度变化和太阳辐射的传感器，以及发动机工况的传感器，并将它们变成相应的电量（电阻、电压、电流），送入控制器。

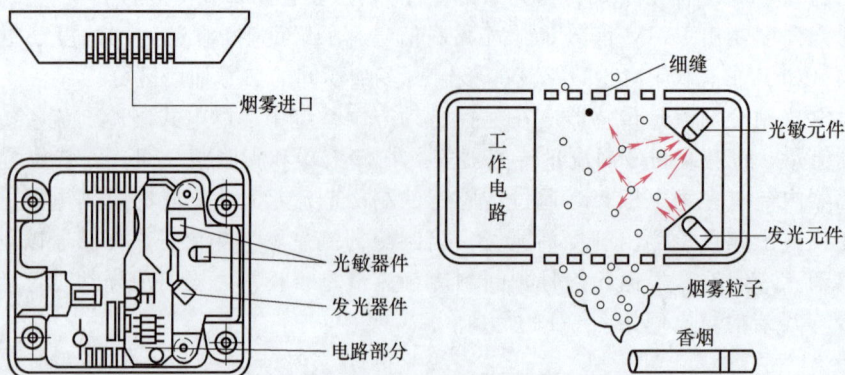

图 6-14　烟雾浓度传感器的结构与工作原理

自动控制单元分为两种类型：一种采用集成电路，另一种采用微电脑。早期的控制器是由电子元件，如分立晶体管、运算放大器组成，这种控制单元被称为空调放大器。现代控制器由单片机微处理器或组成系统的车身计算机构成，它根据各传感器所检测的温度参数，发动机运行工况参数和空调系统工况参数，经内部电路分析、比较后，单独或集中对执行器的动作进行控制，这种控制单元被称为微机控制单元或电控自动空调系统 ECU。

3. 执行器

自动空调的执行器一般包括压缩机、鼓风机、冷凝器风扇电动机、直流伺服电动机等，通过控制这些部件动作完成对温度、流速、风门位置等的控制。

（1）直流伺服电动机　汽车空调系统的直流伺服电动机包括进风控制伺服电动机、空气混合控制伺服电动机、送风方式控制伺服电动机、最冷控制伺服电动机四种。

① 进风控制伺服电动机　一般安装在空调系统的进风口位置，进风控制伺服电动机控制进风方式，其结构如图 6-15（a）所示。电动机的转子经连杆与进风挡风板相连，当驾驶员使用进风方式控制键选择"车外新鲜空气导入"或"车内空气循环"模式时，空调 ECU 即控制进风控制伺服电动机带动连杆顺时针或逆时针旋转，从而带动进风挡风板闭合或开启，达到改变进风方式的目的。该伺服电动机内装有一个电位计随电动机转子转动，并向空调 ECU 反馈电动机活动触点的位置情况。

进风控制伺服电动机与空调 ECU 的连接电路如图 6-15（b）所示。当按下"车外新鲜空气导入"键时，电路为：空调 ECU 端子 5→伺服电动机端子 4→触点 B→活动触点→触点

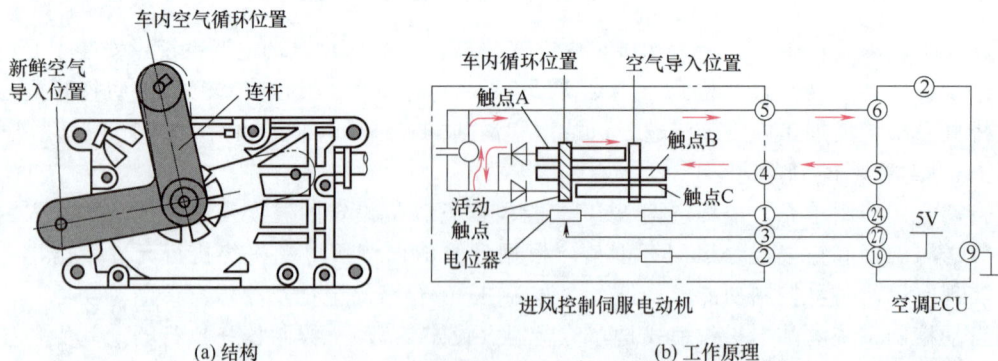

(a) 结构　　　　　　　　　　　　　　　　(b) 工作原理

图 6-15　进风控制伺服电机的结构和工作原理

A→电动机→伺服电动机端子5→空调 ECU 端子6→空调 ECU 端子9→搭铁。此时伺服电动机转动，带动活动触点、电位计触点及进风挡风板转动，新鲜空气通道开启。当活动触点与触点 A 脱开时，电动机停止转动，空调进气方式被设定在"车外新鲜空气导入"状态，车外空气被吸入车内。

当按下"车内空气循环"键时，电路为：空调 ECU 端子6→伺服电动机端子5→电动机→触点 C→活动触点→触点 B→伺服电动机端子4→空调 ECU 端子5→空调 ECU 端子9→搭铁。此时伺服电动机转动，带动活动触点、电位计触点及进风挡风板向反方向转动，关闭新鲜空气入口。同时打开车内空气循环通道，使车内空气循环流动。

当按下"自动控制"键时，空调 ECU 首先计算出所需要的出风温度，并根据计算结果自动改变进风控制伺服电动机的转向，从而实现进风方式的自动调节。

② 空气混合控制伺服电动机　一般安装在暖风装置的底部，空气混合伺服电动机连杆转动位置及电动机内部电路如图 6-16 所示，进行温度控制时，空调 ECU 首先根据驾驶员设置的温度及各传感器送入的信号，计算出所需要的出风温度并控制空气混合伺服电动机连杆顺时针或逆时针转动，改变空气混合挡风板的开启角度，从而改变冷暖空气混合比例，调节出风温度与计算值相符。电动机内电位计的作用是向空调 ECU 输送空气混合挡板的位置信号。

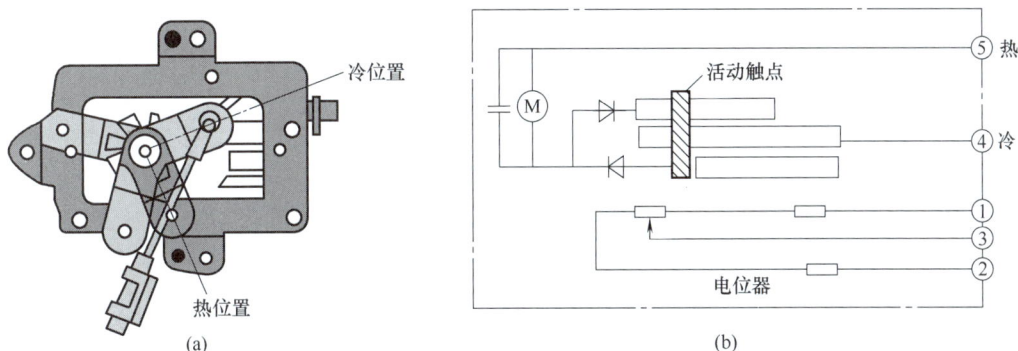

图 6-16　空气混合伺服电动机的结构和工作原理

③ 送风方式控制伺服电动机　连杆转动位置及电动机内部电路如图 6-17 所示，当按下操作面板上的某个送风方式键时，空调 ECU 将电动机上的相应端子搭铁，由此电动机内的驱动电路将使电动机连杆转动，将送风控制挡风板转到相应的位置上，打开某个通道。

当按下"自动控制"键时，空调 ECU 根据计算结果，在脸部、脚部等几个出风口位置

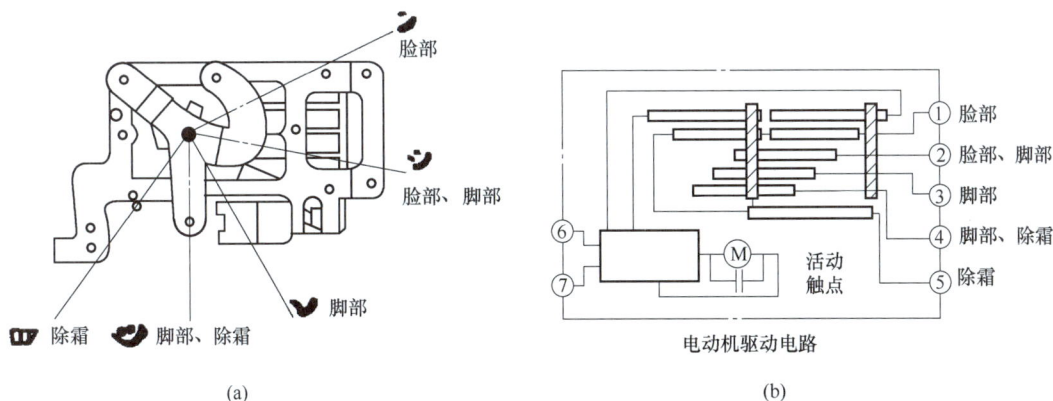

图 6-17　送风方式控制伺服电动机的结构和工作原理

自动改变送风方式。

④ 最冷控制伺服电动机　挡风板位置及内部电路如图 6-18 所示，该电动机的挡风板具有全开、半开和全闭 3 个位置。当空调 ECU 使某个位置的端子搭铁时，电动机驱动电路使电动机旋转，带动最冷控制挡风板位于相应位置上。

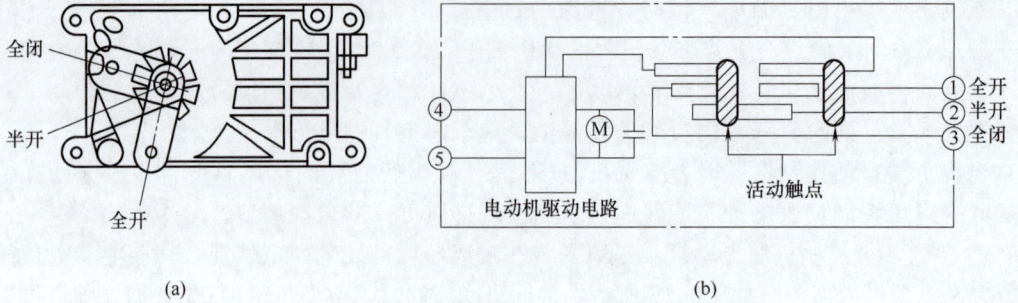

图 6-18　最冷控制伺服电动机的结构和工作原理

（2）可变排量压缩机　是在压缩机移动活塞的旋转斜盘上增加了一个可变排量机构，它可以使全部 10 个气缸同时工作，也可以使其中的 5 个气缸工作。空调 ECU 根据冷却液温度传感器信号确定是否给可变排量机构的电磁线圈通电，从而控制压缩机的容量。可变排量压缩机主要由柱塞、电磁阀、电磁线圈、单向阀和排出阀等组成，可变排量机构位于压缩机的后部。其结构如图 6-19 所示。

（3）鼓风机　是空调系统十分重要的执行器，与手动空调调节方式不同，自动空调系统对鼓风机转速控制通常采用以下三种方式。

① 晶体管与调速电阻组合控制型。如图 6-20 所示，当鼓风机转速控制开关设定在"AUTO"挡时，鼓风机的转速由空调电脑根据车内、车外温度及其他传感器的参数控制。若按下"HAND"挡时，则空调电路取消自动控制功能，执行人工设定功能。

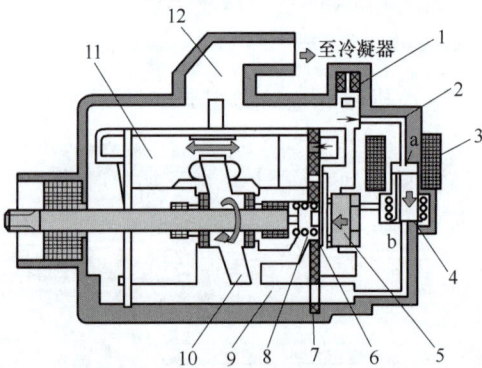

图 6-19　可变排量压缩机的结构

1—单向阀；2—旁通回路；3—电磁线圈；4—电磁阀；
5—柱塞；6—排出阀；7—阀盘；8—弹簧；9—低压
制冷剂；10—旋转斜盘；11—活塞；12—高压制冷剂

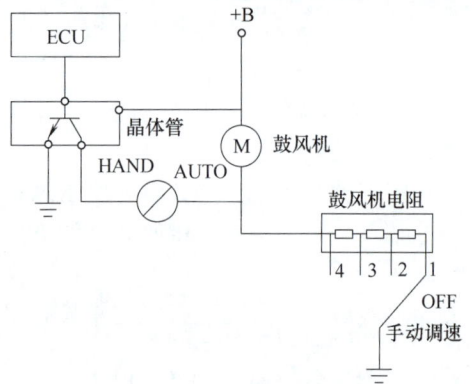

图 6-20　晶体管与调速电阻组合

② 大功率晶体管控制型。控制电路如图 6-21 所示。功率组件控制鼓风机的运转，它把来自程序机构的鼓风机驱动信号放大，放大器的输出信号根据车内情况，按照指令提供不同的鼓风机转速，如果车内温度比所选定的温度高很多，在空调工作状态下，鼓风机将高速运转。而当车内温度降低时，鼓风机速度又降为低速。相反地，如果车内温度比所选定的温度

低得多，在加热状态下，鼓风机将被启动为高速，而当车内温度上升后，鼓风机速度降为低速。

　　a. 预热控制。在自动空调的鼓风机转速控制中，用水温传感器检测发动机冷却液的温度，实现微机控制自动空调器内的预热控制功能。在预热过程中，控制单元将随时比较冷却液温度传感器信号计算风量和由控制单元计算风量，取下限值使鼓风机转速降低。预热后，根据控制单元计算的鼓风机转速控制鼓风机转动。预热控制的原理如图6-22所示。

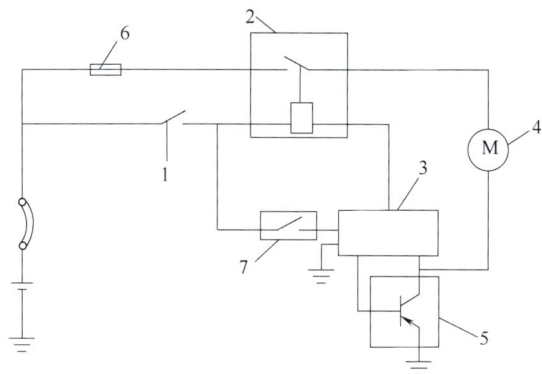

图 6-21　大功率晶体管控制型鼓风机电路
1—点火开关；2—加热继电器；3—空调控制器；
4—鼓风机电动机；5—晶体管；6—熔断器；7—鼓风机开关

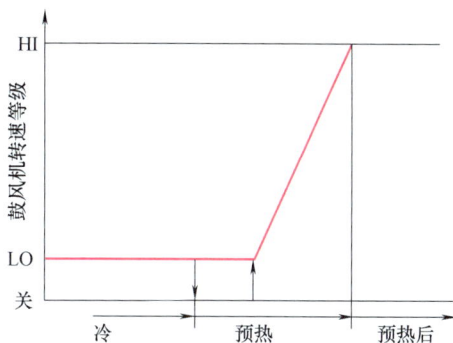

图 6-22　鼓风机预热控制原理

　　b. 延时气流控制。如果汽车长时间停放在炎热阳光下，空调器启动后，往往会立即放出热空气，装有延时气流控制功能的空调器能防止这类问题发生。延时气流控制空调器的工作特点是：在高、低速工作状态下，鼓风机脱离控制单元的控制，工作效率较高，损耗较小，使调速控制模块负载减轻，寿命延长，在一定程度上提高了系统的可靠性。延时气流控制原理如图6-23所示。

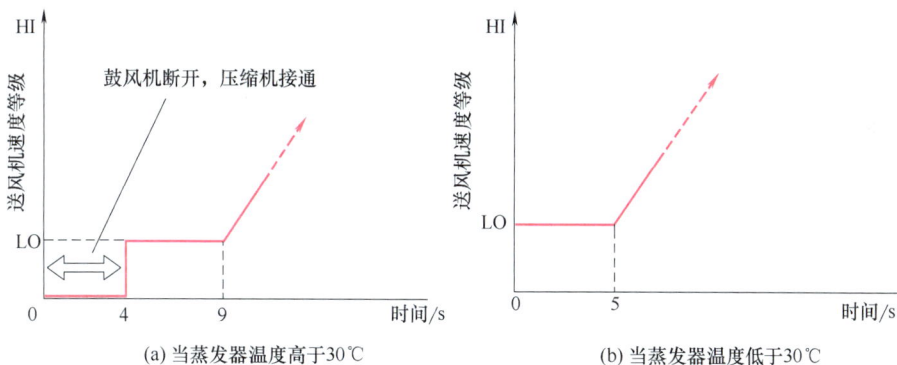

(a) 当蒸发器温度高于30℃

(b) 当蒸发器温度低于30℃

图 6-23　鼓风机延时气流控制原理

　　③ 脉冲调速控制型　目前某些高档汽车上采用脉冲控制来调节鼓风机的转速，是一种较先进的调速方式，其原理结构如图6-24所示。工作原理是空调控制单元根据系统送风量的要求控制内部脉冲发生器，向鼓风机控制器提供不同占空比的导通信号，使得鼓风机控制器向鼓风机电动机提供不同的驱动电压，以完成对鼓风机的无级调速。

　　（4）电磁离合器　控制电路如图6-25所示，空调控制器总成从端子MGC将电磁离合器ON（接通）信号输出至发动机和ECU。发动机ECU收到该信号后，便会由端子ACMG传送信号，接通空调电磁离合器的继电器，从而接通空调压缩机电磁离合器。空调控制器总

图 6-24　脉冲调速控制型鼓风机电路原理图

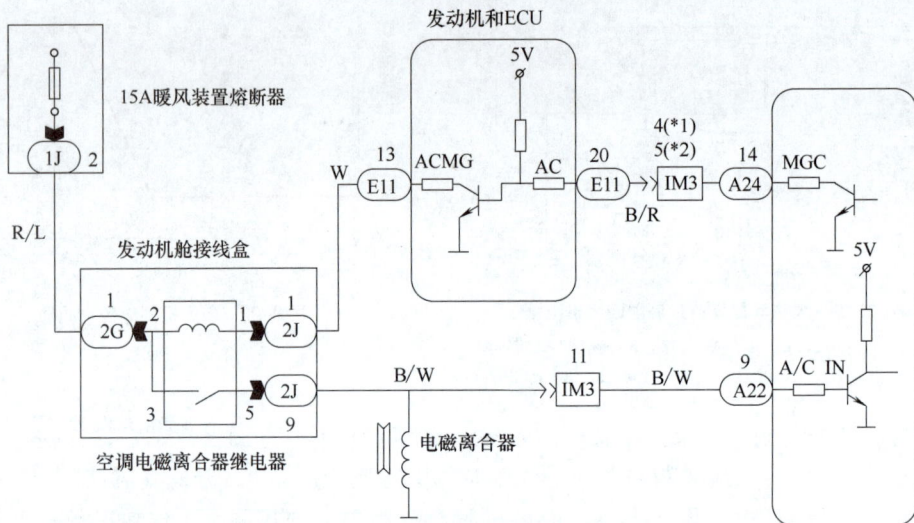

图 6-25　电磁离合器控制电路

成还通过端子 A/C IN 监测电压是否输至电磁离合器。

（5）冷凝器风扇　冷凝器风扇的运转是空调制冷系统和发动机散热循环正常工作的基本条件，如果不能冷却，冷凝器就会损坏，空调也就无法正常工作。目前大部分汽车都装有两个冷凝器风扇，控制单元根据接收的发动机水温和制冷压力传感器信号控制冷凝器风扇的高低速转动。

三、自动空调控制系统的工作原理

　　自动空调利用传感器随时检测车内温度及车外环境温度的变化，并把检测到的信号输送给空调的电控单元（ECU），ECU 则按预先编制的程序对信号进行处理，并通过伺服电动机等执行元件，不断地对风机转速、出风温度、送风模式及压缩机工作情况等进行调节，从而使车内空气温度及流动状况，始终保持在驾驶员设定的水平上。自动空调控制系统还具备自诊断功能，可以对电控元件及线路故障进行检测。典型的汽车自动空调控制系统的基本组成和工作原理如图 6-26 所示。

任务实施

一、巩固理论知识

　　（1）熟悉汽车自动空调控制系统各元件工作原理，完成对应任务工单活页中理论知识巩固

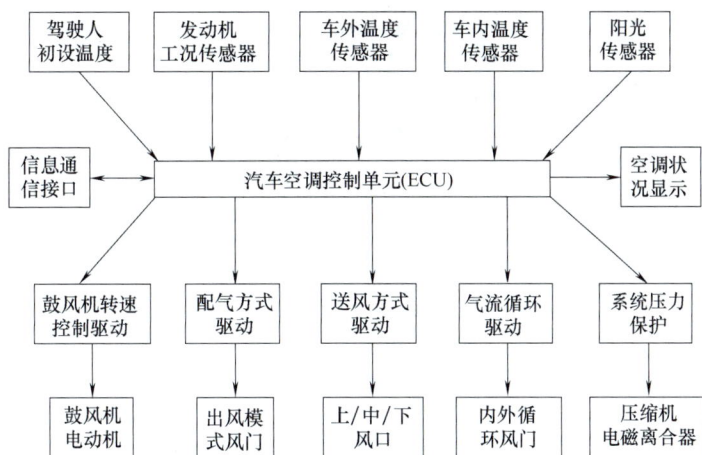

图 6-26 典型的汽车自动空调控制系统的基本组成和工作原理

练习的内容。

（2）对照实车，找出自动空调系统相应控制部件，通过角色扮演的方式，用通俗易懂的语言向客户介绍自动空调控制原理。

（3）完成课后阅读，领会汽车工匠精神的含义，并从自身出发，思考如何"传承工匠精神、弘扬劳模精神、践行劳动精神"。

二、提升专业技能

（1）在实车上，对车辆进行预检，完成对应任务工单活页中专业技能提升训练的内容。

（2）在实践操作过程中要按照 8S 现场管理制度要注意的内容，重点做好"8S"综合素养的养成。

课后阅读

用劳动续写光荣与梦想

任务二 汽车自动空调控制系统电路分析

任务导入

维修技师小胡在值班时，接到一辆大众迈腾 B8L 轿车自动空调故障维修任务，经初步检查，故障现象是空调制冷效果不良，故障原因可能是空调控制电路某个元件损坏。请查阅车型资料，了解汽车自动空调控制电路的组成及工作原理，制订具体的检修计划，并对客户做出合理的解释。

知识准备

如图 6-27 所示，自动空调控制单元的控制功能主要包括送风温度控制、鼓风机转速控

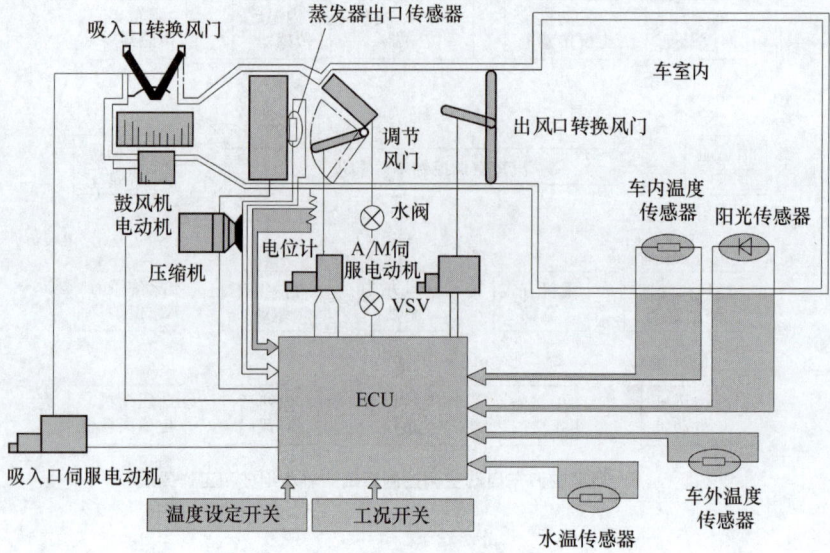

图 6-27　自动空调控制系统

制、送风模式控制、进气模式控制、压缩机控制等。

全自动汽车空调普遍采用电桥控制原理，如图 6-28 所示，其由车外温度传感器、车内传感器、阳光传感器和调温键电阻组成，它和比较计算器 OP_1、OP_2 组成一个控制系统。

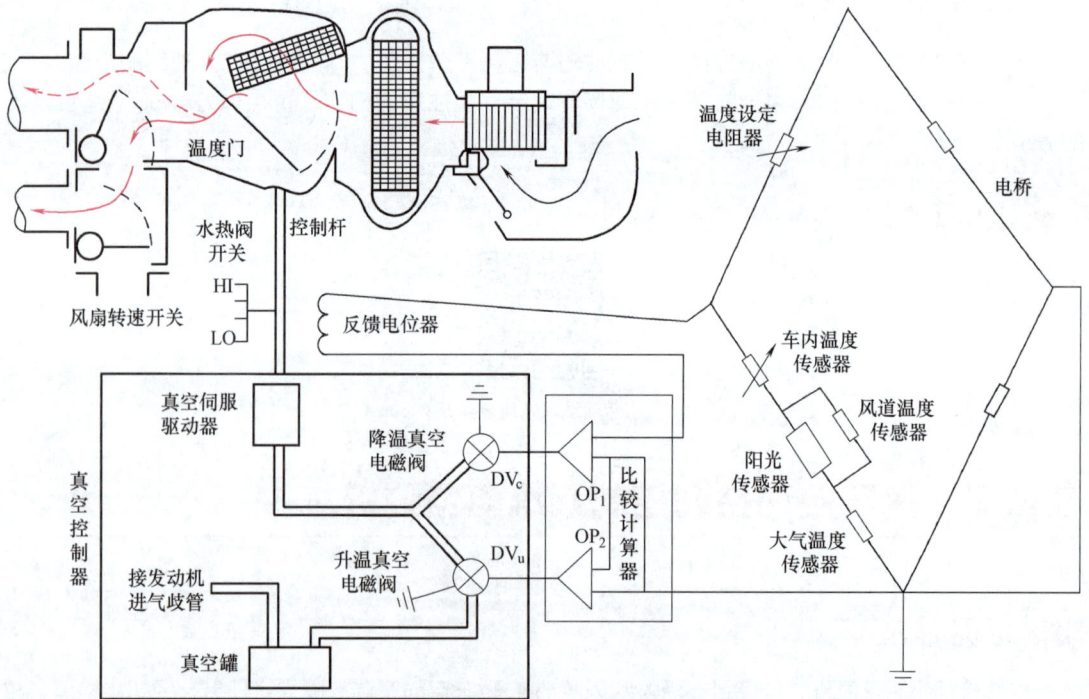

图 6-28　全自动汽车空调系统工作原理

一、送风温度控制电路分析

送风温度控制的目的是使车内空气温度达到车内人员设定温度。温度控制系统包括车内温度传感器、车外温度传感器、阳光传感器、温度设定电阻器、自动空调控制单元和空气混合控制伺服电动机。其中温度设定电阻器安装在暖风控制板内，它设定的温度作为电阻变化输入至控制单元。当设定在温度较低位置时，电阻就变得较大。自动控制单元根据各种传感器的信号与温度设定不断地对出风温度进行调节，从而使车内空气温度，始终保持在驾驶员设定的水平上。控制器总成上的键是控制器的输入装置。控制器首先接收来自车内温度和车外温度传感器的输入信号，然后根据来自传感器和控制器总成上各键的输入，输出用于控制压缩机、电磁离合器、暖风加热器、热水阀以及空气混合风门等的工作信号。送风温度控制系统的电路如图 6-29 所示。

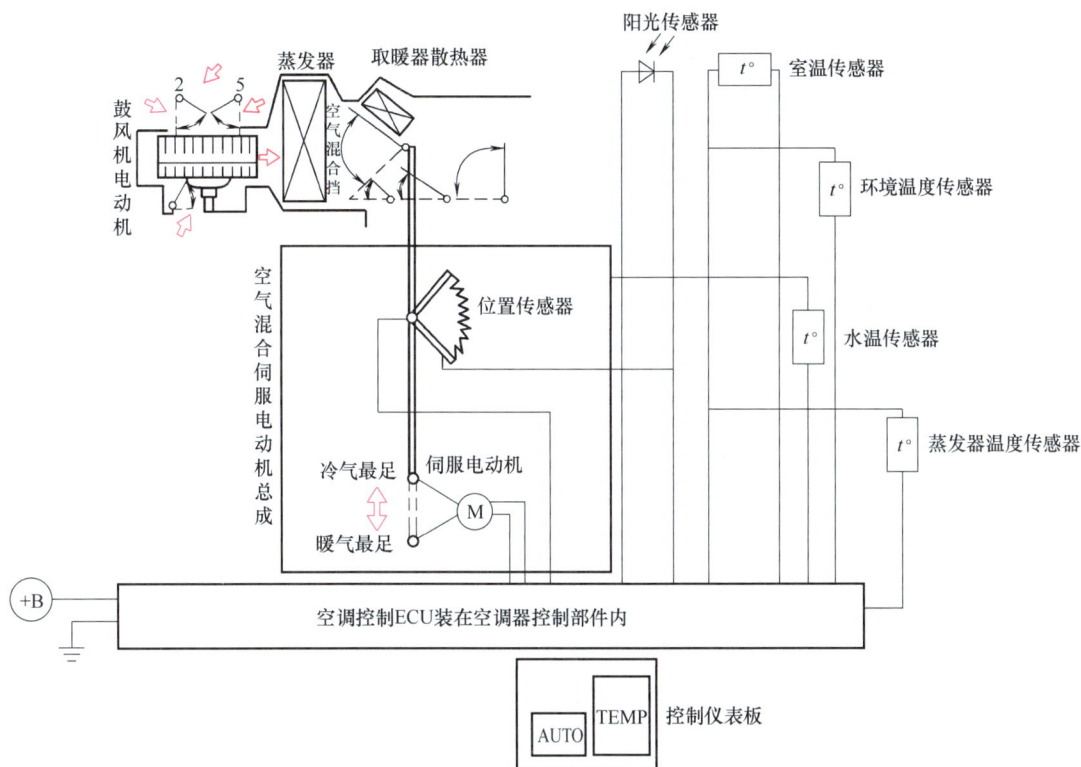

图 6-29　送风温度控制系统

二、鼓风机转速控制电路分析

鼓风机转速控制的目的是调节降温或升温速度，稳定车内温度。鼓风机转速控制系统主要由水温传感器、蒸发器传感器、鼓风机电阻器、功率晶体管、空调 ECU、鼓风机电动机和控制面板等组成。其中功率晶体管的作用是根据空调 ECU 输出的鼓风机驱动信号，改变流至鼓风机电动机的电流，从而改变鼓风机的转速。鼓风机转速控制系统的电路如图 6-30所示。鼓风机转速的自动控制过程与送风温度控制相似，是根据送风温度值自动控制鼓风机转速。AUTO（自动）开关位于暖风装置控制板上。当这个开关接通时，自动空调控制单元根据送风温度值的电流强度控制鼓风机转速。

1. 鼓风机转速的自动控制。

（1）低速运转　AUTO 开关位于暖风装置控制板上。当这个开关接通时，安装在自动空调器放大器内的微机接通 VT_1，启动暖风装置继电器，这时电流从蓄电池流至暖风装置

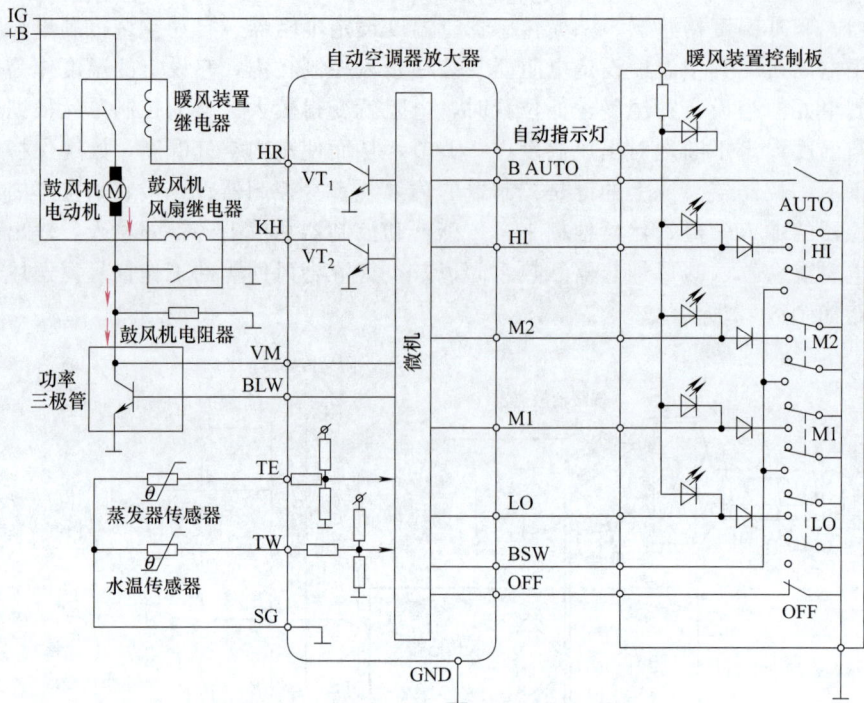

图 6-30 鼓风机转速控制系统的控制电路

继电器，然后流至鼓风机电动机，再流至鼓风机电阻器，后接搭铁，这样就使鼓风机电动机低速运转。同时 AUTO 和 LO（低速）指示灯亮。

（2）中速运转 当 AUTO 开关接通时，与低速控制时一样，启动暖风装置继电器。安装在自动空调器放大器内的 ECU，将计算所得的鼓风机驱动信号，经 BLW 端子输出至功率三极管。于是，电流从蓄电池流至暖风装置继电器，然后至鼓风机电动机，再流至功率三极管和鼓风机电阻器后接搭铁。这样，就使鼓风机电动机以相应于鼓风机驱动信号的转速运转。同时 AUTO 指示灯亮，LO（低速）、M1（中速 1）、M2（中速 2）、HI（高速）指示灯也根据情况可能发亮。电流流向为：蓄电池→暖风装置继电器→鼓风机电动机→功率晶体管和鼓风机电阻器→接地，鼓风机电动机中速运转。

（3）高速运转 当 AUTO 开关接通时，允许安装在自动空调器放大器内的 ECU 接通 VT_1 和 VT_2，驱动暖风装置继电器和鼓风机风扇继电器，于是电流从蓄电池流至暖风装置继电器，然后至鼓风机电动机，再至鼓风机风扇继电器后接地搭铁。这样，就使鼓风机电动机以高速运转。同时，AUTO 和 HI 指示灯亮。

2. 鼓风机的预热控制

在自动空调的鼓风机转速控制中，用水温传感器检测发动机冷却液的温度，实现微机控制自动空调器内的预热控制功能。当冷却液的温度不低于某一定值时，鼓风机电动机首先转动。

3. 时滞气流控制

汽车如果长时间停驻在炎热阳光下，空调器启动后，往往会立即放出热空气，装有时滞控制功能的空调器能防止这类问题发生。

4. 鼓风机启动控制

鼓风机启动控制器使鼓风机驱动信号在鼓风机开关先接通约 2s 后，才输送到功率三极管，以防止功率三极管被启动电流冲击而损坏。在这 2s 内，鼓风机启动控制器使鼓风机低速运转。

5. 手动控制

手动控制根据手动开关的操纵，将鼓风机驱动信号输送至功率三极管。不过，若操纵 HI 开关，这个开关就会接通鼓风机风扇继电器，并使鼓风机高速运转。

三、送风模式控制电路分析

送风模式控制的目的是调节送风方向，提高舒适性。它可通过几个真空执行器来执行气门的动作，从而达到改变气流流向的目的。送风模式控制系统主要由传感器、空调 ECU、送风模式控制伺服电动机和控制面板等组成。在手动模式中，出风模式风门有脸部、双程、脚部、脚部/除霜、除霜五种位置。在自动模式中，出风模式风门一般有脸部、脚部、双程三种位置，空调 ECU 根据传感器信号按照"头冷脚热"的原则自动调节出风模式风门的位置。送风模式控制的电路如图 6-31 所示。

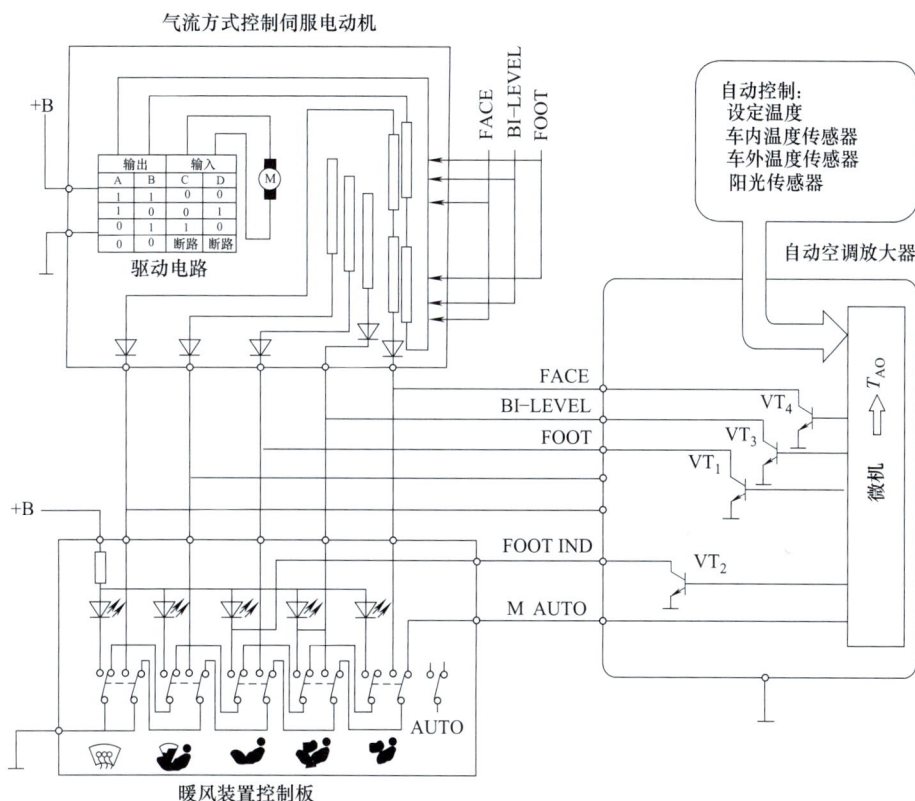

图 6-31　送风模式控制系统的控制电路

四、进气模式控制

进气模式控制的目的是调节进入车内的新鲜空气量，使车内空气温度和质量达到最佳。在手动模式中，内外循环风门只有内循环和外循环两种位置。在自动模式中，内外循环风门一般有内循环、20％新鲜空气和外循环三种位置。ECU 根据传感器信号自动调节进气门的位置。进气模式伺服电动机控制电路如图 6-32 所示。

当电压施加在端子①与②或①与③上时，电动机启动。根据内置于自动空调控制单元中的

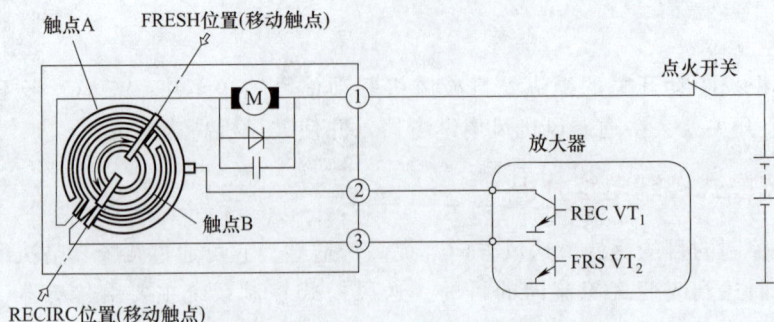

图 6-32　进气模式伺服电动机控制电路

参考值，确定何种方式作为当前工作方式，并根据这一决定，接通 FRS VT$_2$（新鲜空气三极管 VT$_2$）。这使触点 B 接地，在端子①与③之间产生电压，这一电压使电流从端子①流至电动机，经移动触点至端子③，然后至 FRS VT2，最后至接地，启动电动机。从而使移动触点离开 RECIRC（内循环）位置至 FRESH（新鲜空气）位置，这就将移动触点从触点 B 拉开，进入 FRESH 方式。

五、压缩机控制

压缩机控制主要包括以下几方面。

（1）基本控制　空调 ECU 根据车内温度、车外温度、蒸发器温度和设定温度等参数，自动控制压缩机的通断，调节蒸发器表面温度并防止蒸发器表面结冰。

（2）低温保护　当车外环境温度低于某值时，压缩机停止工作，防止压缩机的损耗。

（3）高速控制　当发动机转速超过某值时，压缩机停止工作，防止因压缩机转速过高而造成损坏。

（4）加速切断　当发动机处于急加速工况时，为了保证发动机有足够的动力，压缩机暂时停止工作。

（5）高温控制　当发动机水温超过某值时，压缩机停止工作，防止发动机水温进一步上升。

（6）打滑保护　当压缩机卡死导致皮带打滑时，压缩机停止工作，防止皮带负荷过大而断裂，进而影响水泵、发电机等的工作。

（7）低速控制　当发动机转速低于某转速时，压缩机停止工作，防止发动机失速。

（8）低压保护　当制冷系统压力低于某值时，压缩机停止工作，防止压缩机在系统制冷剂不足条件下工作，造成压缩机损坏。

（9）高压保护　当系统压力超过某值时，压缩机停止工作，防止空调系统瘫痪。

（10）可变排量压缩机的控制　可变排量压缩机有全容量（100％）、半容量（50％）和压缩机停止三种工作模式。空调 ECU 根据空调系统冷气负荷的大小，控制压缩机的排量变化，以减少能量的浪费。

对压缩机停止与启动的控制，是通过控制压缩机电磁离合器实现的。压缩机电磁离合器的控制电路如图 6-33 所示。

空调控制器总成从端子 MGC 将电磁离合器 ON（接通）信号输出至发动机和 ECU。发动机 ECU 收到该信号后，便会由端子 ACMG 传送信号，接通空调电磁离合器的继电器，从而接通空调压缩机电磁离合器。空调控制器总成还通过端子 A/C IN 监测电压是否输至电

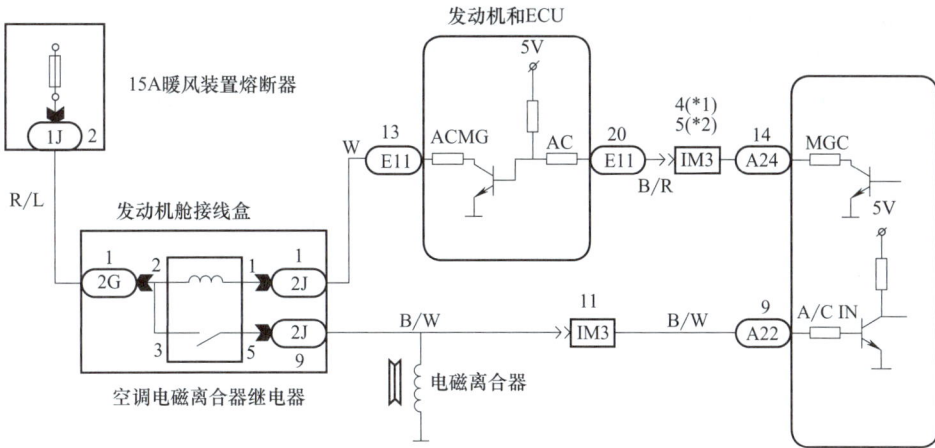

图 6-33 压缩机电磁离合器控制电路

磁离合器。

可变排量压缩机的工作控制模式有三种，主要由压缩机电磁阀实现。

① 全容量工作模式。如图 6-34 所示，在全容量工作中，电磁线圈断电，在弹簧力作用下电磁阀打开 A 孔，关闭 B 孔。

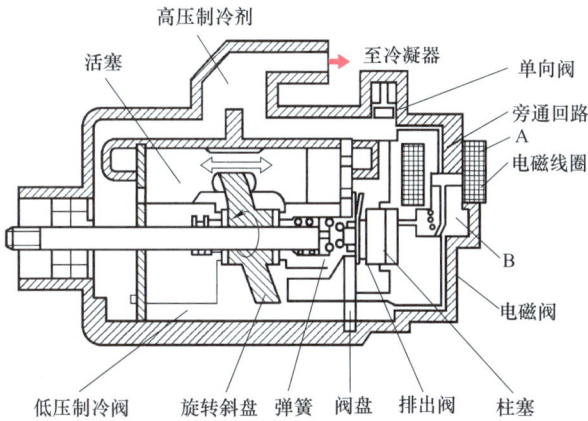

图 6-34 全容量工作模式

② 半容量工作模式。如图 6-35 所示，当电磁阀线圈通电流时，电磁阀切断前面高压气

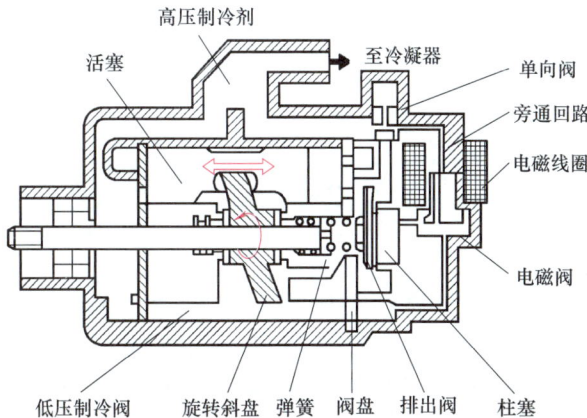

图 6-35 半容量工作模式

体旁通回路，柱塞在弹簧力作用下被推回右侧，排出阀与阀盘分离，后部五个气缸不能产生高压，不参加工作。

③ 压缩机停止工作模式。压缩机不工作时，高低压力平衡，在弹簧力作用下，柱塞被推回右侧。十个气缸都不参加工作。

六、迈腾 B8L 自动空调控制电路分析

大众迈腾 B8L 装备有全自动空调系统。自动空调系统的控制单元（J255）从各传感器得到信息，再把它们与控制单元（J255）中储存的理论值进行对比后输出控制信号，从而控制相关电器部件（终端控制）。包括鼓风机控制、压缩机控制、送风模式控制和温度风门控制，大众迈腾 B8L 自动空调的压缩机控制电路如图 6-36 所示。

大众迈腾 B8L 的空调压缩机的启停由空调继电器（J32）和空调电磁离合器（N25）直接控制，其排量变化则由空调压缩机调节阀（N280）控制。

空调继电器（J32）的 30♯ 端直接与保险丝架 C 相连，保险丝架 C 由控制单元（J255）直接供电，87♯ 端则在车内的下部左侧连接位置（TIUL）与空调电磁离合器（N25）通过 T14za/13、T10za/13 两线束在发动机内左侧连接位置（TML）相连，目的是确保有一条线束失效后仍能正常工作。

空调压缩机调节阀（N80）由控制单元（J255）直接控制供电，它通过发动机内左侧连接位置（TML）、车内的下部左侧连接位置（TIUL）直接与控制单元（J255）相连，在发动机内左侧连接位置（TML）也有 T14za/4、T10za/4 两条线束相连，并通过 T14za/3、T10za/3 两条线束直接搭铁。因此自动空调压缩机的启停控制和排量控制都是由控制单元（J255）控制供电实现的。

控制单元（J255）的计算控制数据则是由阳光传感器（G107）、左侧出风口温度传感器（G150）、右侧出风口温度传感器（G151）、后部出风口温度传感器（G174）、左侧温度风门伺服电机电位计（G220）、右侧温度风门伺服电机电位计（G221）、蒸发器温度传感器（G308）提供的。这几个传感器都是直接由控制单元（J255）控制供电与搭铁的。温度控制传感器与控制单元（J255）连接的电路图如 6-37 所示。

任务实施

一、巩固理论知识

（1）掌握汽车自动空调系统控制电路图的分析方法，完成对应任务工单活页中理论知识巩固练习的内容。

（2）完成课后阅读，领会汽车工匠精神的含义，并从自身出发，在实践操作过程中践行"劳模精神和劳动精神"。

二、提升专业技能

（1）在实车上，对车辆进行预检，以空调制冷效果不良故障现象为问题导向，分析故障原因，制订检修工作计划，并完成对应任务工单活页中专业技能提升训练的内容。

（2）在实践操作过程中要按照"8S"现场管理制度要注意的内容，重点做好"8S"综合素养的养成。

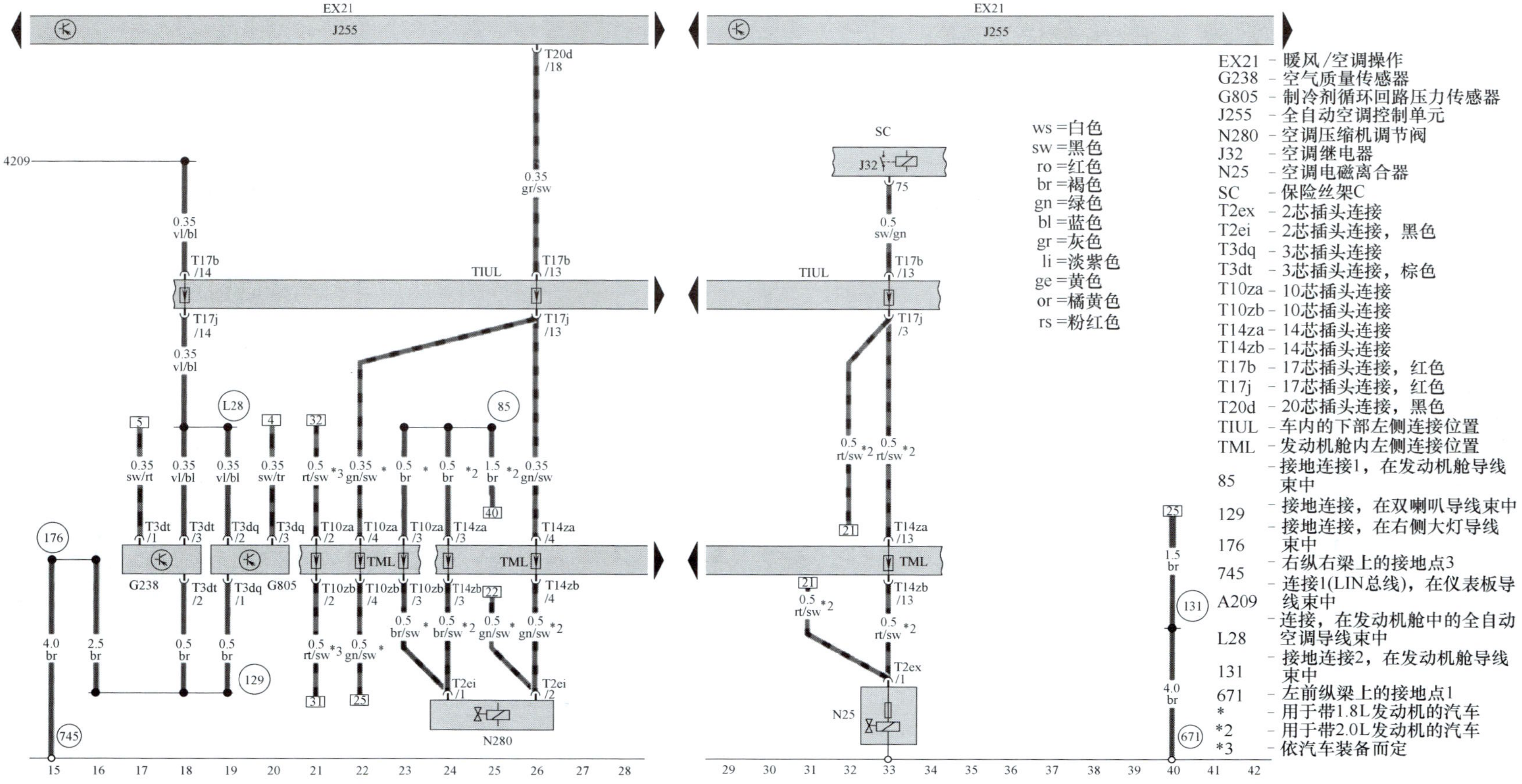

图 6-36　迈腾 B8L 自动空调压缩机控制电路图

EX21	暖风/空调操作
G238	空气质量传感器
G805	制冷剂循环回路压力传感器
J255	全自动空调控制单元
N280	空调压缩机调节阀
J32	空调继电器
N25	空调电磁离合器
SC	保险丝架C
T2ex	2芯插头连接
T2ci	2芯插头连接，黑色
T3dq	3芯插头连接，棕色
T3dt	3芯插头连接
T10za	10芯插头连接
T10zb	10芯插头连接
T14za	14芯插头连接，红色
T14zb	14芯插头连接，红色
T17j	17芯插头连接，黑色
T20d	20芯插头连接
TIUL	车内前下部左侧连接位置
TML	发动机舱内左侧连接位置
85	接地连接1，在发动机舱束中
129	接地连接2，在双喇叭导线束中
176	右纵右梁上的接地点3
745	连接线1(LIN总线)，在仪表板导线束中
A209	连接，在发动机舱中的全自动空调导线束中
L28	接地连接2，在发动机舱束中
131	左前纵梁上的接地点1
671	用于带1.8L发动机的汽车
*	用于带2.0L发动机的汽车
*2	依汽车装备而定
*3	

ws=白色
sw=黑色
ro=红色
br=褐色
gn=绿色
bl=蓝色
gr=灰色
li=淡紫色
ge=黄色
or=橘黄色
rs=粉红色

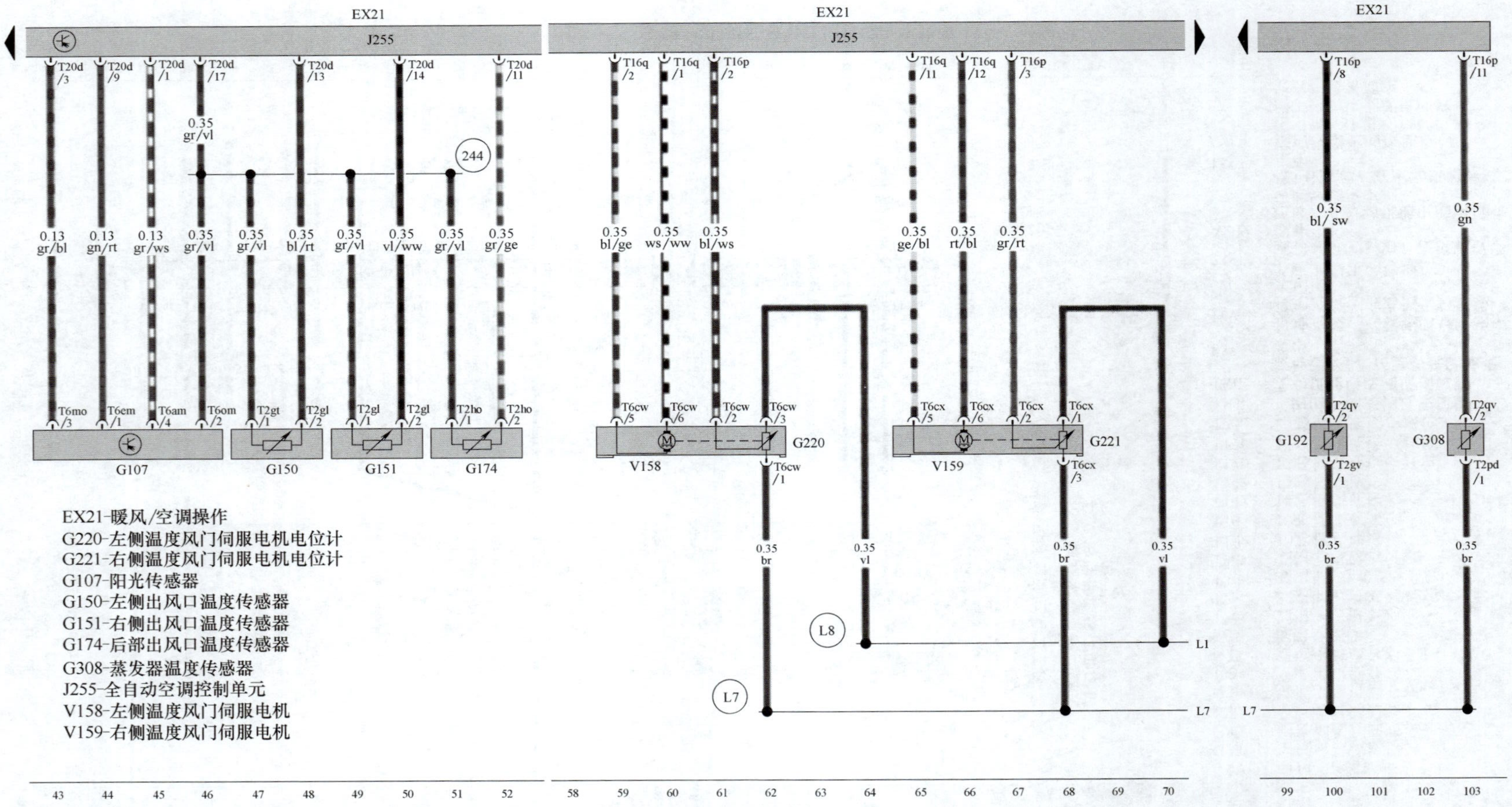

图6-37　温度控制传感器与控制单元（J255）连接的电路

EX21-暖风/空调操作
G220-左侧温度风门伺服电机电位计
G221-右侧温度风门伺服电机电位计
G107-阳光传感器
G150-左侧出风口温度传感器
G151-右侧出风口温度传感器
G174-后部出风口温度传感器
G308-蒸发器温度传感器
J255-全自动空调控制单元
V158-左侧温度风门伺服电机
V159-右侧温度风门伺服电机

任务三　汽车自动空调控制系统故障诊断与排除

📖 任务导入

维修技师小张在值班时，接到一辆雪佛兰科鲁兹轿车自动空调故障维修任务，经初步检查，故障现象是空调不制冷，故障原因可能是空调控制系统某个元件损坏。请查阅车型资料，了解该车型空调控制装置的组成及工作原理，制订具体的检修计划，诊断与排除故障点，并对客户做出合理的解释。

◑ 知识准备

一、汽车自动空调控制系统故障诊断方法

汽车自动空调系统的故障与手动空调的类型一样，也分为电路故障、机械故障和制冷系统故障三大方面。汽车自动空调故障中，除手动空调的常见的故障之外，还包含自动空调传感器、控制单元、执行器的故障。基于自动空调工作原理上与手动空调的区别，自动空调故障的原因比手动空调更为复杂。因此，对自动空调的故障诊断要考虑的情况也更多，在对自动空调系统的故障诊断时一般采用如图 6-38 所示步骤。

二、科鲁兹自动空调不制冷故障分析

科鲁兹自动空调不制冷是空调系统常见故障之一。故障现象通常为：

① 打开鼓风机开关及 A/C 开关，鼓风机工作正常，但压缩机不转动，系统不制冷；

② 打开鼓风机开关及 A/C 开关，压缩机转动，但鼓风机不转动，系统无冷风；

③ 打开鼓风机开关及 A/C 开关，鼓风机与压缩机均正常，但不制冷。

当启动车辆，开启空调开关，如果发现鼓风机工作正常，但空调出现不制冷，一般呈现压缩机离合器不吸合的状态，进而造成雪弗兰科鲁兹空调出现不制冷的情况。工作人员通常可以从机械故障和电气故障两方面分析：

（1）机械故障

① 制冷管系统制冷剂泄漏，高压设备中的压力值与规定的指标不相符，同样会造成压

汽车空调
常见故障
检修

汽车空调
制冷效果
不良故障
检修

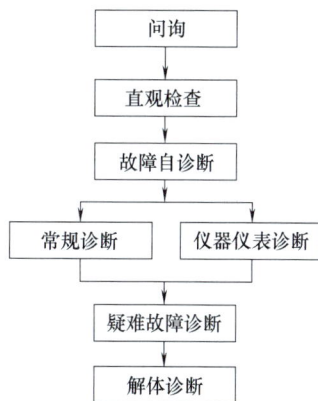

图 6-38　汽车全自动空调故障
诊断的一般程序步骤

问询

直观检查

故障自诊断

常规诊断　仪器仪表诊断

疑难故障诊断

解体诊断

缩机停转无法制冷，系统出错，无法正常运作。

② 制冷管路有杂质污垢，制冷系统无法循环工作，空调的出风口无法发出凉风。

③ 环境温度在1℃之下，空调系统发出压缩机停止工作的指令。

④ 汽车发动机的冷却液温度在124℃以上，空调制冷系统发出压缩机停止工作的指令。

⑤ 压缩机机械故障，无法正常运转，空调系统无法制冷。

（2）电气故障

① 压缩机控制电路故障：压缩机控制电路由 K20 发动机控制模块控制。当 K20 发动机控制模块收到点火信号时，K20 控制 KR75 继电器线圈端搭铁，KR75 继电器吸合，将电源电压传递至 KR29 继电器。当 K20 继续接收到 A/C 请求等相关信号时，K20 控制 KR29 线圈端搭铁，KR29 继电器吸合，同时将电源电压传递到 Q2 空调压缩机离合器，压缩机工作。以上电路任意一处出现故障，压缩机不工作。

② 控制模块间数据传输线路故障：科鲁兹自动空调系统数据在两大控制模块（一个显示器，一个开关组件）间互相传递。K20 和 K9 之间依靠高速 GM LAN 线来传递数据；K9 与 K33 依靠低速 GMLAN 线来传递数据；P16 与 K9 依靠低速 GM LAN 线来传递数据，若期间数据传递中断，K20 将无法控制压缩机工作。

③ 传感器和开关信号等各种信号控制模块输入信号传递错误数据，以及各种输入信号数据无输入，会导致控制模块的错误判断，从而导致压缩机不工作，例如：

a. 压力传感器输入范围超出 0.92～4.780MPa；

b. 蒸发器温度传感器输入范围低于 3℃；

c. 环境温度传感器输入范围低于 1℃；

d. 水温传感器输入范围超出 39～120℃；

e. 鼓风机开关信号为 OFF 状态；

f. 空调 A/C 要求信号为否状态；

g. 蓄电池电压输入范围超出 9～18V；

h. 节气门开度输入值为 100%；

i. 发动机转速输入范围超出 600～5500r/min。

④ 当风扇系统故障时，压缩机可正常工作，但由于冷凝器并不能够正常冷却制冷剂，当制冷系统系统压力高达 2930kPa 时，压缩机根据这些信号停止工作。

⑤ 若车辆怠速不稳，处于大负荷状态，发动机运转不正常，空调制冷系统发出压缩机停止工作的指令。

科鲁兹自动空调暖风、通风与空调系统的压缩机控制电路如图 6-39 所示。

其工作原理如图 6-40 所示：S34HVAC 控制开关组件，相当于空调控制面板，包括用来控制风速、风门模式、温度、除霜、循环通风等功能的所有开关。A90 逻辑（鼓风机开关、空调 A/C 开关）为 S34 内部的逻辑电路。当打开鼓风机开关、空调 A/C 开关时，S34 将开关信号转变成数字信息，通过 LIN 总线传送到 K33 HVAC 控制模块，K33 将这些信息与蒸发箱温度信息通过低速 GM LAN 传给 K9 车身控制模块。P16 组合仪表接收到 P9 环境温度传感器的信息，同样通过低速 GM LAN 传给 K9 车身控制模块。经过网关模块数据转化后，经高速 GM LAN 传给 K20 发动机控制模块。此时，K20 发动机控制模块会整合各个传感器、开关信号的数据，确定车辆电瓶电压、环境温度、蒸发箱温度、车辆怠速情况、车辆负载情况等工况，判定是否让 KR29 空调压缩机继电器线圈搭铁，从而到达控制 Q2 空调压缩机离合器工作的目的。

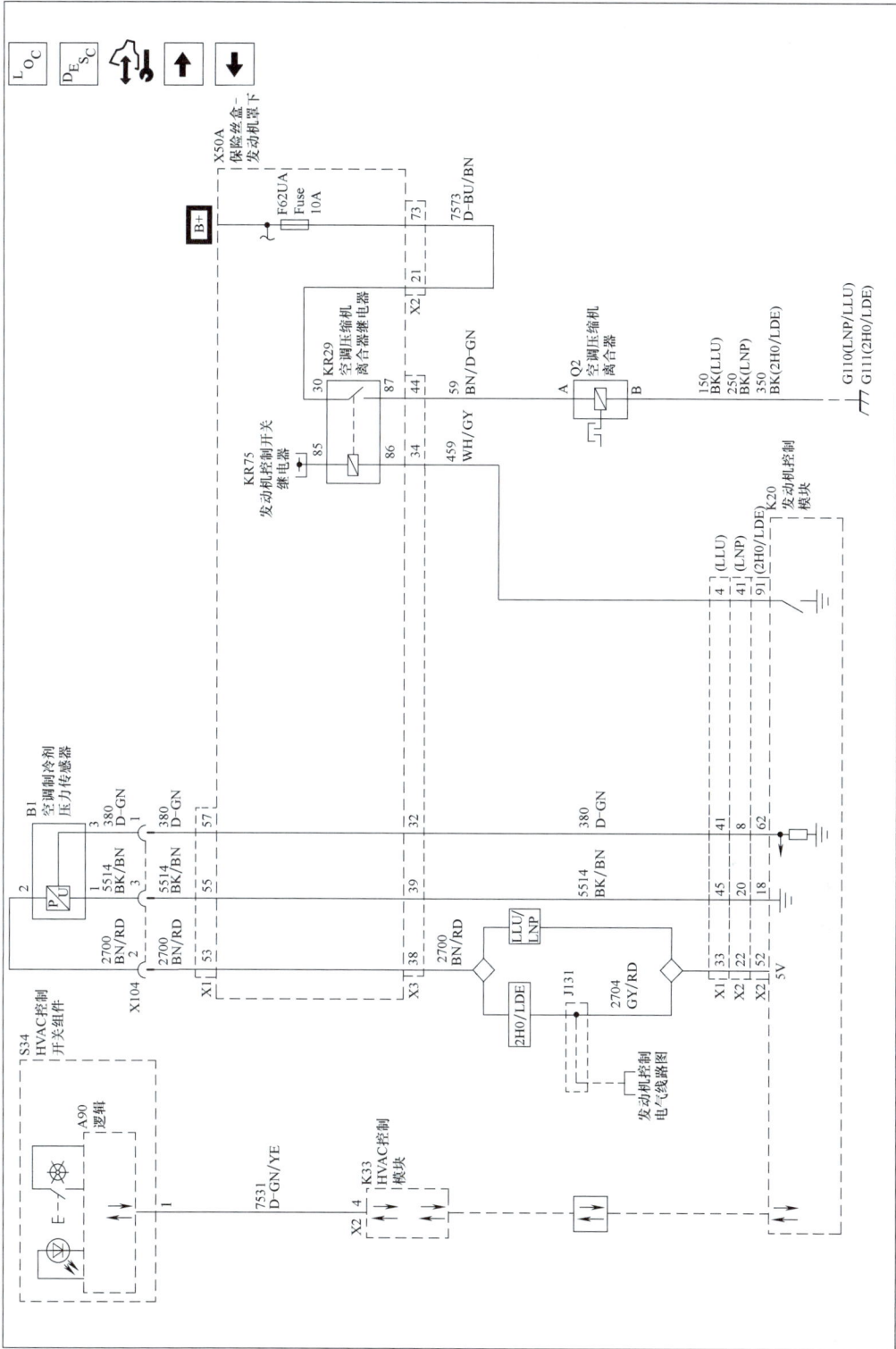

图 6-39 自动空调暖风、通风与空调系统压缩机控制电路（自动压缩机控制装置）

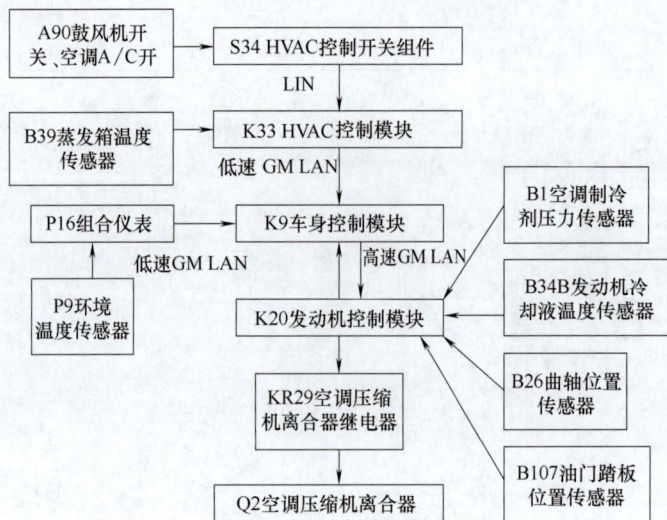

图 6-40　科鲁兹的自动空调压缩机控制电路工作原理

三、科鲁兹自动空调不制冷故障诊断流程

首先是对故障现象的确认。启动发动机，打开鼓风机开关，打开自动空调开关，检查制冷效果。

对于空调制冷系统不制冷故障诊断的分析，维修人员可以根据仪器检测辅助人工检查，检测数据与检查结果进行分析，从而判断故障范围，进而确认故障点。

1. 人工检查空调运转情况

① 启动车辆，热车，保证车辆怠速运转正常。A/C 开关，温度调整最低。

② 观察 A/C 开关指示灯必须点亮，否则 S34 HVAC 控制开关组件故障。

③ 观察皮带、风扇运转情况，若风扇长时间不运转，代表压缩机不工作。若风扇一直运转，然后检查低压管表面是否结霜，结霜则为管路堵塞。

④ 触摸 KR29 空调压缩机离合器继电器，启动车辆，运行空调开关，感受 KR29 继电器是否有吸合的动作。若 KR29 继电器有吸合的动作，表示 KR29 空调压缩机离合器继电器控制电路无故障，检查 KR29 空调压缩机离合器继电器主电路。

若 KR29 空调压缩机离合器继电器控制电路故障，使用诊断设备进行检查。

2. 自动空调系统故障自诊断

① 连接诊断仪，读码，读数据流，有故障码优先解决故障码；若无法读取空调系统数据，为 K33 HVAC 控制模块电路故障，或数据传输线路故障。

② 观察空调系统压力传感器数据流，若系统显示压力过高，检查压力传感器元件是否故障。

③ 观察空调系统蒸发箱温度传感器数据流，若系统显示蒸发箱温度过低，检查蒸发箱温度传感器元件是否故障。

④ 观察空调系统环境温度传感器数据流，若系统显示环境温度过低，检查环境温度传感器元件是否故障。

⑤ 轮流开启和关闭鼓风机开关和空调开关，观察空调系统鼓风机开关信号和空调开关请求信号是否能在 OFF 和 ON 间切换。若不能检查 S34 与 K33 之间的通信线路。

⑥ 使用诊断仪器的执行压缩机电磁离合器功能，输出功能 ON（通电）和 OFF（断电）在指令状态之间切换时，KR29 空调压缩机离合器继电器应有吸合动作，若没有，KR29 空调压缩机离合器继电器电路故障。

⑦ 拔下 KR29 空调压缩机离合器继电器，启动车辆，打开鼓风机，短接继电器盒上的 KR29 继电器 30♯ 与 87♯ 插孔，Q2 空调压缩机离合器应发出咔哒声，如果没有，检查继电器至压缩机电磁离合器线路，或者 Q2 的电阻。若 Q2 无电阻，则 Q2 损坏。

四、自动空调控制系统故障自诊断代码

1. 乘客舱温度传感器和阳光传感器电路故障

环境光照/日照传感器集成阳光传感器和乘客舱温度传感器。该传感器总成提供以下信息：日照强度和乘客舱温度。

阳光传感器通过暖风、通风与空调系统控制模块连接至搭铁和一个 5V 的稳定电源电压。随着日照的增加，传感器信号电压也增加，反之亦然。信号电压在 1.4～4.5V 之间变化并提供给暖风、通风与空调系统控制模块。乘客舱温度传感器为负温度系数热敏电阻。传感器依靠信号和低电平参考电压电路进行工作。当空气温度增加时，传感器电阻减小。传感器信号电压在 0～5V 之间变化。

明亮或高强度的光照导致车内空气温度升高。暖风、通风与空调系统通过将额外的冷气送入车内来补偿所升高的温度。

故障代码：

DTC B0163：乘客舱温度传感器电路故障；

DTC B0183：阳光传感器电路故障。

2. 空气温度故障

空气温度传感器为 2 线负温度系数热敏电阻。车辆使用以下空气温度传感器：左上空气温度传感器、左下空气温度传感器、蒸发器温度传感器。

传感器依靠信号和低电平参考电压电路进行工作。当传感器周围的空气温度升高时，传感器电阻降低。传感器信号电压随电阻值下降而下降。传感器在 −40～+85℃ 的温度范围内工作。传感器信号在 0～5V 之间变化。暖风、通风与空调系统控制模块将信号转换成 0～255 范围内的计数。随着空气温度的升高，计数值将减小。如果暖风、通风与空调系统控制模块检测到传感器故障，那么控制模块软件将使用默认的空气温度值。默认操作确保暖风、通风与空调系统能够调整车内空气温度接近期望的温度值，直到故障已被排除。

故障代码：

DTC B0173：左上风管空气温度传感器电路故障；

DTC B0178：左下风管空气温度传感器电路故障；

DTC B3933：空调系统蒸发器温度传感器电路故障。

3. 挡风玻璃温度和车内湿度传感器故障

挡风玻璃温度和车内湿度传感器包括相对湿度传感器、挡风玻璃温度传感器和湿度传感元件温度传感器。该传感器总成提供以下信息：

车内挡风玻璃相对湿度水平、车内挡风玻璃温度、湿度传感器元件的温度。

相对湿度传感器测量挡风玻璃乘客舱侧的相对湿度。它也检测乘客舱侧挡风玻璃表面的温度。两个数值被用作暖风、通风与空调系统控制模块应用程序的控制输入，计算乘客舱侧挡风玻璃结雾的风险系数，并能够通过将空调压缩机电源降到最低来减少燃油消耗，从而避

免结雾。传感器也能在环境温度寒冷的条件下启动部分内循环模式提高乘客舱的加热性能，而不会引起挡风玻璃出现雾气积聚的风险。湿度传感器元件温度传感器提供湿度传感器元件的温度。该温度值仅在湿度传感元件和车内挡风玻璃表面的热接触不佳时才需要。

故障代码：

DTC B018A：挡风玻璃温度传感器电路故障；

DTC B048C：湿度传感器湿度电路故障；

DTC B048F：湿度传感器温度电路故障；

DTC B1395：控制模块参考电压输出电路故障。

4. 鼓风机电动机控制模块故障

鼓风机电动机控制模块是暖风、通风与空调系统控制模块和鼓风机电动机之间的接口。来自暖风、通风与空调系统控制模块、蓄电池正极和搭铁电路的鼓风机电动机转速控制信号启动鼓风机电动机控制模块运转。暖风、通风与空调系统控制模块向鼓风机电动机控制模块提供脉宽调制（PWM）信号以指令鼓风机电动机转速。鼓风机电动机控制模块将脉宽调制信号转换成相应的鼓风机电动机电压。电压在 $2\sim13V$ 之间变化，与脉宽调制信号频率呈线性。

故障代码：

DTC B0193：鼓风机电动机控制模块故障。

5. 空气内循环故障、空气温度故障、空气分配故障

步进电机用于调节温度、控制空气分配以及控制内外循环风门。

通过 HVAC 控制的相应开关，可以选择期望的空气混合风门位置、出风模式风门位置和内外循环风门位置。所选数值通过 LIN 总线传送到暖风、通风和空调控制模块。暖风、通风和空调控制模块向步进电机提供 12V 参考电压，并用脉冲搭铁信号向 4 个步进电机线圈供电。步进电机将相应的风门移动至计算位置，以到达所选的温度/位置。

故障代码：

DTC B0223：内外循环风门位置指令 1 电路故障；

DTC B0233：空气流量控制电路故障；

DTC B023A：暖风、通风与空调系统执行器故障；

DTC B0408：主温度控制电路故障。

6. 空气质量传感器故障

HVAC 控制模块通过空气质量传感器检测废气。空气质量传感器是一个 3 线传感器，带有一个点火电压电路、一个搭铁电路和一个信号电路。

信息是输出针脚产生的脉宽调制（PWM）信号。

在自动模式下，一旦污染物浓度超过预设值时，HVAC 控制模块评估空气质量传感器的信息并关闭内外循环风门。

故障代码：

DTC 83843：空气质量传感器电路故障。

7. 空调制冷剂压力传感器故障

雪佛兰科鲁兹的发动机控制模块（ECM）通过空调制冷剂压力传感器来监测高压侧制冷剂压力。发动机控制模块向传感器提供 5V 参考电压和低电平参考电压。空调制冷剂压力的变化将使传送至发动机控制模块的传感器信号发生变化。当压力变高时，信号电压变高。当压力变低时，信号电压变低。当压力变高时，发动机控制模块发送指令使冷却风扇接通。

当压力过高或过低时，发动机控制模块将不允许空调压缩机运行。

故障代码：

DTC P0530：空调（A/C）制冷剂压力传感器电路故障；

DTC P0532：空调（A/C）制冷剂压力传感器电路故障；

DTC P0533：空调（A/C）制冷剂压力传感器电路故障。

8. 空调压缩机不工作、空调压缩机始终接通、空调压缩机故障

该空调压缩机由皮带传动，并在电磁离合器接合时工作。按下空调开关时，暖风、通风与空调系统控制模块通过 CAN 总线将空调请求信息发送到发动机控制模块。发动机控制模块向空调压缩机离合器继电器控制电路提供搭铁，以切换空调压缩机离合器继电器的状态。继电器触点闭合后，向空调压缩机离合器提供蓄电池电压，空调压缩机离合器将启动。

空调压缩机性能由空调压缩机内的提升磁铁来调节。暖风、通风与空调系统控制模块向空调压缩机提供蓄电池电压。按下空调开关时，暖风、通风与空调系统控制模块提供一个脉宽调制信号给空调压缩机以指令空调压缩机的性能。空调压缩机的性能根据特性曲线上可调的车内温度来调节。因此暖风、通风与空调系统控制模块用脉宽调制信号来向空调压缩机提供搭铁。

故障代码：

DTC P0645：空调（A/C）压缩机离合器继电器控制电路故障；

DTC P0646：空调（A/C）压缩机离合器继电器控制电路故障；

DTC P0647：空调（A/C）压缩机离合器继电器控制电路故障。

9. 空气温度故障

通过 HVAC 控制的温度开关，可以选择期望的空气混合风门位置。所选数值通过 LIN 总线传送到 HVAC 控制模块。HVAC 控制模块向步进电机提供 12V 参考电压，并用脉冲搭铁信号向 4 个步进电机线圈供电。步进电机将混合空气风门移动至计算位置，以达到所选的温度。

10. 空气分配故障

通过 HVAC 控制上的除霜出风口开关、脚部出风口开关、前风窗玻璃出风口开关和脸部出风口开关可以选择期望的出风模式风门位置。所选的数值通过 LIN 总线传送到 HVAC 控制模块。暖风、通风与空调系统控制模块向步进电机提供 12V 参考电压，并用脉冲搭铁信号向 4 个步进电机线圈供电。步进电机将出风模式风门移动至所选位置。

11. 空气内循环故障

可以使用 HVAC 控制模块上的内循环开关设置期望的内外循环风门位置。所选数值通过 LIN 总线传送到 HVAC 控制模块。HVAC 控制模块向步进电机提供 12V 参考电压，并用脉冲搭铁信号向 4 个步进电机线圈供电。步进电机将内外循环风门移动至所选位置。

故障代码：

DTC B023A：步进电机 12V 参考电压故障；

DTC B0223：步进电机 12V 参考电压故障/内外循环风门执行器控制故障/出风模式风门执行器控制故障；

DTC B0408：步进电机 12V 参考电压故障/空气混合风门执行器控制故障。

五、科鲁兹自动空调传感器检修

1. 车内温度传感器故障

使用温度计在每个管道温度传感器上测量实际的温度。将该值和故障诊断仪风管实际参

数进行比较。测量温度与风管实际参数值的差应该不超过 5℃。如果不在规定的范围内应更换风管温度传感器。

用温度计测量实际蒸发器温度。将该值与故障诊断仪的空调蒸发器温度传感器参数进行比较。测量温度与参数值的差应该不超过 5℃。如果不在规定的范围内更换空调蒸发器温度传感器。

科鲁兹自动空调蒸发器温度传感器与空气温度传感器电路如图 6-41 所示。

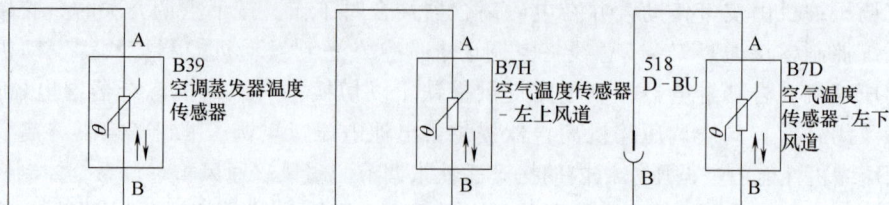

图 6-41 科鲁兹自动空调蒸发器温度传感器与空气温度传感器电路

2. 阳光传感器电路故障

阳光传感器电路故障检修：将点火开关置于 OFF（关闭）位置，断开 B10B 阳光传感器的线束连接器。将点火开关置于 ON（打开）位置，测试搭铁电路端子 6 和信号电路端子 4 之间的电压是否为 4.8～5.2V。如果低于 4.8V。将点火开关置于 OFF（关闭）位置，断开 K33 HVAC 控制模块的×1 线束连接器。测试信号电路和搭铁之间的电阻是否为无穷大。如果电阻不为无穷大，则修理电路上的对搭铁短路故障。如果电阻为无穷大，测试信号电路的端到端电阻是否小于 2Ω。如果为 2Ω 或更大，则修理电路中的开路/电阻过大。如果小于 2Ω，则更换 K33 HVAC 控制模块。如果高于 5.2V，将点火开关置于 OFF（关闭）位置，断开 K33 HVAC 控制模块的×1 线束连接器。将点火开关置于 ON（打开）位置，测试信号电路和搭铁之间的电压是否低于 0.3V。如果高于 0.3V，则修理电路上的对电压短路的故障。如果低于 0.3V，则更换 K33 HVAC 控制模块。如果在 4.8～5.2V 之间。更换 B10B 阳光传感器并确认未再次设置故障诊断码。如果再次设置故障诊断码，更换 K33 HVAC 控制模块。如果未再次设置故障诊断码，则全部正常。

科鲁兹自动空调阳光传感器电路如图 6-42 所示。

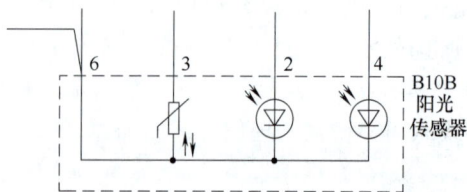

图 6-42 科鲁兹自动空调阳光传感器电路

3. 空气质量传感器故障

HVAC 控制模块通过空气质量传感器检测废气。空气质量传感器是一个 3 线传感器，带有一个点火电压电路、一个搭铁电路和一个信号电路。按下空气质量传感器开关，一旦污染物浓度超过预设值时，HVAC 控制模块评估空气质量传感器的信息并关闭内外循环风门。

空气质量传感器电路测试：将点火开关置于 OFF（关闭）位置，断开 B108 空气质量传感器的线束连接器。测试搭铁电路端子 2 和搭铁之间的电阻是否小于 5Ω。如果电阻大于 5Ω，修理电路中的开路/电阻过大故障。如果小于 5Ω，将点火开关置于 ON（打开）位置，确认点火电路端子 1 和搭铁之间的测试灯点亮。如果测试灯未点亮且电路保险丝完好，将点火开关置于 OFF 位置，测试点火电路端对端的电阻是否小于 2Ω。如果为 2Ω 或更大，则修理电路中的开路/电阻过大故障。如果小于 2Ω，则确认保险丝未熔断且保险丝处有电压。如果测试灯未点亮且电路保险丝熔断，则将点火开关置于 OFF 位置，测试点火电路和搭铁之间的电阻是否为无穷大。如果电阻不为无穷大，则修理电路上的对搭铁短路故障。如果电阻为无穷大，则更换 B108 空气质量传感器。如果测试灯点亮，确认故障诊断仪空气质量传感器参数大于 95％。如果小于 95％，将点火开关置于 OFF（关闭）位置，断开 K33 HVAC 控制模块的×1 线束连接器。将点火开关置于 ON（打开）位置，测试信号电路端子 3 和搭铁之间的电阻是否为无穷大。如果电阻不为无穷大，则修理电路上的对搭铁短路故障。如果电阻为无穷大，则更换 K33 HVAC 控制模块。如果大于 95％，在信号电路端子 3 和搭铁电路端子 2 之间安装一条带 3A 保险丝的跨接线。确认故障诊断仪空气质量传感器参数小于 5％。如果大于 5％，将点火开关置于 OFF（关闭）位置，断开 K33 HVAC 控制模块的×1 线束连接器。将点火开关置于 ON（打开）位置，测试信号电路和搭铁之间的电压是否低于 0.3V。如果高于 0.3V，则修理电路上的对电压短路的故障。如果低于 0.3V，将点火开关置于 OFF（关闭）位置，测试信号电路的端到端电阻是否小于 2Ω。如果为 2Ω 或更大，则修理电路中的开路/电阻过大故障。如果小于 2Ω，则更换 K33 HVAC 控制模块。如果小于 5％，更换 B108 空气质量传感器。

科鲁兹自动空调空气质量传感器电路如图 6-43 所示。

图 6-43　科鲁兹自动空调空气质量传感器电路

4. 空调制冷剂压力传感器故障

空调制冷剂压力传感器电路测试：

将点火开关置于 OFF（关闭）位置，断开 B1 空调制冷剂压力传感器的线束连接器。将点火开关置于 ON（打开）位置，测试 5V 参考电路端子 2 和搭铁之间的电压是否为 4.8～5.2V。

如果低于 4.8V，将点火开关置于 OFF（关闭）位置，断开 K20 发动机控制模块的线束连接器。测试 5V 参考电压电路和搭铁之间的电阻是否为无穷大。如果电阻不为无穷大，则修理电路上的对搭铁短路故障。如果电阻为无穷大，测试 5V 参考电压电路端对端电阻是否小于 2Ω。如果为 2Ω 或更大，则修理电路中的开路/电阻过大故障。如果小于 2Ω，则更换 K20 发动机控制模块。如果高于 5.2V，将点火开关置于 OFF（关闭）位置，断开 K20 发动机控制模块的线束连接器。将点火开关置于 ON（打开）位置，测试 5V 参考电路和搭铁之间的电压是否低于 0.3V。如果高于 0.3V，则修理电路上的对电压短路的故障。如果低于 0.3V，则更换 K20 发动机控制模块。如果在 4.8～5.2V 之间，测试 5V 参考电压电路端子 2 和低电平参考电压，电路端子 1 之间的电压是否为 4.8～5.2V。如果低于 4.8V，将点火开关置于 OFF（关闭）位置，断开 K20 发动机控制模块的线束连接器。

测试低电平参考电压电路的端到端电阻是否小于 2Ω。如果为 2Ω 或更大，则修理电路中的开路/电阻过大故障。如果小于 2Ω，则更换 K20 发动机控制模块。如果高于 5.2V，将点火开关置于 OFF（关闭）位置，断开 K20 发动机控制模块的线束连接器。将点火开关置于 ON（打开）位置，测试低电平参考电压电路和搭铁之间的电压是否低于 0.3V。如果高于 0.3V，则修理电路上的对电压短路的故障。如果低于 0.3V，则更换 K20 发动机控制模块。如果在 4.8～5.2V 之间，确认故障诊断仪的空调高压侧压力传感器参数低于 0.3V。如果高于 0.3V，将点火开关置于 OFF（关闭）位置，断开 K20 发动机控制模块的线束连接器。将点火开关置于 ON（打开）位置，测试信号电路端子 3 和搭铁之间的电压是否低于 0.3V。如果高于 0.3V，则修理电路上的对电压短路的故障。如果低于 0.3V，则更换 K20 发动机控制模块。在信号电路端子 3 和 5V 参考电压电路端子 2 之间安装一条带 3A 保险丝

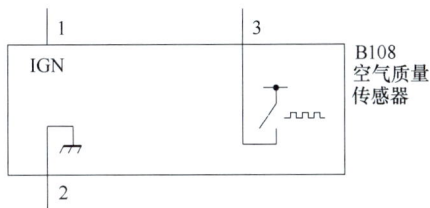

的跨接线。确认故障诊断仪的空调高压侧压力传感器参数高于 4.8V。如果低于 4.8V，将点火开关置于 OFF（关闭）位置，断开 K20 发动机控制模块的线束连接器，测试信号电路和搭铁之间的电阻是否为无穷大。如果电阻不为无穷大，则修理电路上的对搭铁短路故障。如果电阻为无穷大，测试信号电路的端到端电阻是否小于 2Ω。如果为 2Ω 或更大，则修理电路中的开路/电阻过大故障。如果小于 2Ω，则更换 K200 发动机控制模块。如果高于 4.8V，更换 B1 空调制冷剂压力传感器。

科鲁兹自动空调空调制冷剂压力传感器电路如图 6-44 所示。

5. 挡风玻璃温度和内部湿度传感器

使用温度计测量挡风玻璃温度和内部湿度传感器上的实际温度。将该数值与故障诊断仪乘客舱湿度传感器温度参数进行比较。测量温度与参数值的差应该不超过 5℃。如果不在规定的范围内，更换 B160 挡风玻璃温度和内部湿度传感器。如果在规定的范围内，则使用温度计测量挡风玻璃温度和内部湿度传感器上的实际温度。将该值和故障诊断仪挡风玻璃温度参数进行比较，测量温度与参数值的差应该不超过 5℃。如果不在规定的范围内，更换 B160 挡风玻璃温度和内部湿度传感器。

科鲁兹自动空调挡风玻璃温度和内部湿度传感器电路如图 6-45 所示。

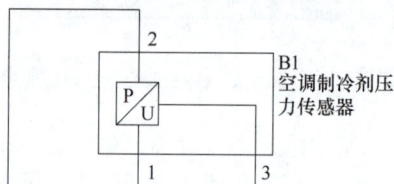

图 6-44　科鲁兹自动空调制冷剂压力传感器电路

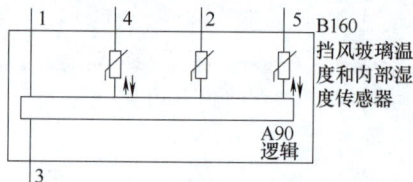

图 6-45　科鲁兹自动空调挡风玻璃温度和内部湿度传感器电路

任务实施

一、巩固理论知识

（1）掌握汽车自动空调系统故障诊断与排除方法，完成对应任务工单活页中理论知识巩固练习的内容。

（2）完成课后阅读，领会汽车工匠精神的含义，并从自身出发，在实践操作过程中践行"劳模精神和劳动精神"。

二、提升专业技能

（1）在实车上，对车辆进行预检，以自动空调不制冷故障现象为问题导向，制订检修工作计划，并完成对应任务工单活页中专业技能提升训练的内容。

① 故障现象的确认。在实车上对空调的各项功能进行检查和测试，准确地描述故障现象，并根据空调的控制原理对现象进行分析，确定故障范围。

② 故障原因的分析。对照空调控制电路图，根据故障范围，列出引起故障所有可能的原因，并按照 "由简单到复杂""由外到内"的思路进行排序。

③ 故障诊断流程。按照故障产生可能性的大小，制订检修计划或诊断流程图，在保障安全的前提下逐步进行诊断和排除，记录诊断数据，找出故障点。

④ 故障排除。根据故障的性质，采用更换或维修的方式排除故障，分析故障机理，完成故

障检修工作小结。

（2）在实践操作过程中按照"8S"现场管理制度注意的内容，重点做好"8S"综合素养的养成。

课后阅读

托起产业工人"中国梦"

参 考 文 献

［1］ 刘冬生，黄华文，黄国平. 汽车空调与舒适系统技术（初级）［M］. 北京：机械工业出版社，2020.

［2］ 潘伟荣. 汽车空调故障诊断与维修［M］. 北京：机械工业出版社，2021.

［3］ 凌永成. 汽车空调技术［M］. 2版. 北京：机械工业出版社，2020.

［4］ 曹永明. 汽车空调构造与维修［M］. 北京：机械工业出版社，2018.

［5］ 谢永光. 汽车空调构造与检修［M］. 2版. 北京：人民邮电出版社. 2015.

汽车空调结构与检修

第二版

任务工单

化学工业出版社

汽车空调结构与检修

第二版

任务工单

化学工业出版社

·北京·

目　　录

项目一　汽车空调认知 ·· 1
　　任务工单 1-1　汽车空调的发展认知——理论知识巩固练习 ········· 1
　　任务工单 1-2　汽车空调的组成与分类认知——理论知识巩固练习 ····· 3
　　任务工单 1-2　汽车空调的组成与分类认知——专业技能提升训练 ····· 5
　　考核工单 1-2　汽车空调的组成与分类认知综合评价 ··············· 7
项目二　汽车空调维护与保养 ···································· 9
　　任务工单 2-1　汽车空调的正确使用与维护——理论知识巩固练习 ····· 9
　　任务工单 2-1　汽车空调的正确使用与维护——专业技能提升训练 ···· 11
　　考核工单 2-1　汽车空调的正确使用与维护综合评价 ·············· 13
　　任务工单 2-2　汽车空调维护保养作业——理论知识巩固练习 ······· 15
　　任务工单 2-2　汽车空调维护保养作业——专业技能提升训练 ······· 17
　　考核工单 2-2　汽车空调维护保养作业综合评价 ················· 19
项目三　汽车空调制冷系统检修 ································· 21
　　任务工单 3-1　汽车空调压缩机检修——理论知识巩固练习 ········· 21
　　任务工单 3-1　汽车空调压缩机检修——专业技能提升训练 ········· 23
　　考核工单 3-1　汽车空调压缩机故障检修综合评价 ··············· 25
　　任务工单 3-2　汽车空调热交换器检修——理论知识巩固练习 ······· 27
　　任务工单 3-2　汽车空调热交换器检修——专业技能提升训练 ······· 29
　　考核工单 3-2　汽车空调热交换器检修综合评价 ················· 31
　　任务工单 3-3　汽车空调节流装置检修——理论知识巩固练习 ······· 33
　　任务工单 3-3　汽车空调节流装置检修——专业技能提升训练 ······· 35
　　考核工单 3-3　汽车空调节流装置检修综合评价 ················· 37
项目四　汽车空调暖风与配风系统检修 ··························· 39
　　任务工单 4-1　汽车空调暖风系统认知——理论知识巩固练习 ······· 39
　　任务工单 4-1　汽车空调暖风系统认知——专业技能提升训练 ······· 41
　　考核工单 4-1　汽车空调暖风系统认知综合评价 ················· 43
　　任务工单 4-2　汽车空调配风系统认知——理论知识巩固练习 ······· 45
　　任务工单 4-2　汽车空调配风系统认知——专业技能提升训练 ······· 47
　　考核工单 4-2　汽车空调配风系统认知综合评价 ················· 49
　　任务工单 4-3　汽车空调暖风与配风系统常见故障检修——理论知识巩固练习 ··· 51
　　任务工单 4-3　汽车空调暖风与配风系统常见故障检修——专业技能提升训练 ··· 53
　　考核工单 4-3　汽车空调暖风与配风系统常见故障检修综合评价 ······· 55
项目五　汽车空调电气控制系统检修 ····························· 57
　　任务工单 5-1　汽车空调电气控制系统认知——理论知识巩固练习 ···· 57
　　任务工单 5-1　汽车空调电气控制系统认知——专业技能提升训练 ···· 59
　　考核工单 5-1　汽车空调电气控制系统认知综合评价 ·············· 61

任务工单 5-2 汽车空调系统控制电路分析——理论知识巩固练习 …………… 63

任务工单 5-2 汽车空调系统控制电路分析——专业技能提升训练 …………… 65

考核工单 5-2 汽车空调系统控制电路分析综合评价 …………………………… 67

任务工单 5-3 汽车空调电气控制系统故障诊断与排除——理论知识巩固练习 …… 69

任务工单 5-3 汽车空调电气控制系统故障诊断与排除——专业技能提升训练 …… 71

考核工单 5-3 汽车空调电气控制系统故障诊断与排除综合评价 ……………… 73

项目六　汽车自动空调控制系统检修 ………………………………………… 75

任务工单 6-1 汽车自动空调控制系统认知——理论知识巩固练习 …………… 75

任务工单 6-1 汽车自动空调控制系统认知——专业技能提升训练 …………… 77

考核工单 6-1 汽车自动空调控制系统认知综合评价 …………………………… 79

任务工单 6-2 汽车自动空调控制系统电路分析——理论知识巩固练习 ……… 81

任务工单 6-2 汽车自动空调控制系统电路分析——专业技能提升训练 ……… 83

考核工单 6-2 汽车自动空调控制系统电路分析综合评价 ……………………… 85

任务工单 6-3 汽车自动空调控制系统故障诊断与排除——理论知识巩固练习 …… 87

任务工单 6-3 汽车自动空调控制系统故障诊断与排除——专业技能提升训练 …… 89

考核工单 6-3 汽车自动空调控制系统故障诊断与排除综合评价 ……………… 91

项目一　汽车空调认知

任务工单 1-1　汽车空调的发展认知
——理论知识巩固练习

任务描述：

在进行具体工作前，需要掌握汽车空调的发展过程及热力学等相关知识，请各组长组织各成员在课前进行预习，并收集相关资料，完成下列问题。

一、填空题（12 分）

1. 汽车空调技术的发展经历了＿＿＿＿＿＿、＿＿＿＿＿＿、＿＿＿＿＿＿、＿＿＿＿＿＿、＿＿＿＿＿＿ 5 个阶段。

2. 空调制冷方式有许多种，目前应用于汽车空调的制冷方式全部为＿＿＿＿＿＿。

3. 地球上所有的物质都是以＿＿＿＿＿＿、＿＿＿＿＿＿或＿＿＿＿＿＿三种形态存在。

4. 当＿＿＿＿＿＿发生足够的变化时，物质会从一种状态转变为另一种状态。

5. 最常用的温度计有＿＿＿＿＿＿温度计和＿＿＿＿＿＿温度计。

二、选择题（18 分）

1. 下列不用来衡量空气中含有水蒸气量的参数是（　　）。

A. 绝对湿度　　　B. 含湿量　　　C. 相对湿度　　　D. 含水量

2. 衡量物体吸收或者释放热的物理量叫做（　　）。

A. 热量　　　B. 温度　　　C. 摄氏度　　　D. 湿度

3. 物质由液态变为气态的过程称为（　　）。

A. 汽化　　　B. 升华　　　C. 液化　　　D. 凝华

4. 热的传递形式不包括（　　）。

A. 传导　　　B. 对流　　　C. 辐射　　　D. 传播

5. 下列不用于表示压力的是（　　）。

A. 绝对压力　　　B. 表压力　　　C. 真空度　　　D. 焦耳

6. 汽化时需要（　　）热量，冷凝时需要（　　）热量。

A. 吸收，散发　　　B. 吸收，吸收　　　C. 散发，吸收　　　D. 散发，散发

7. 以下关于热传递的说法正确的是（　　）。

A. 热量总是从低温区向高温区传递

B. 热量总是从高温区向低温区传递

C. 热量可以在高温和低温区之间自由传递

D. 以上都不正确

8. $1m^3$ 湿空气中所含水蒸气的质量是（　　）。

A. 绝对湿度　　　B. 含湿量　　　C. 相对湿度　　　D. 潮湿度

9. 压力的大小也会影响沸点的高低，压力低，沸点较（　　）；压力高，沸点较高（　　）。

A. 低，低　　　B. 高，高　　　C. 低，高　　　D. 高，低

三、简答题（10分）

1. 简述汽车空调的发展趋势。

2. 简述我国汽车空调的发展现状。

四、思政考核题（10分）

通过阅读课后文章"大力弘扬工匠精神，培养更多高技能人才和大国工匠"，有何感想？你所理解的"工匠精神、劳模精神及劳动精神"的实质是什么？

任务工单 1-2 汽车空调的组成与分类认知
——理论知识巩固练习

任务描述：

在进行具体工作前，需要掌握汽车空调的基本作用及组成等相关知识，请各组长组织各成员在课前进行预习，并收集相关资料，完成下列问题。

一、填空题（20 分）

1. 汽车空调按温度可调节区域可分为 _____ 式空调、_____ 式空调以及_____ 式空调。

2. 汽车空调按照控制方式分可以分为_____ 空调、_____ 空调以及 _____ 空调。

3. 空气净化系统一般有空气过滤式和静电除尘式，_____ 广泛用于各种汽车空调系统中。

4. 由于空间限制，轿车空调的布置常常采用_____ 压缩机。

5. 汽车空调制冷过程包含 _____、_____、_____、_____。

6. 汽车空调系统的组成一般包含_____、_____、_____、_____、还应包括空气净化系统。

7. 汽车空调的作用包括调节 _____、_____、_____、_____ 等。

二、选择题（10 分）

1. 我国客车空调的布置形式不包含（　　）。

A. 整体裙置式

B. 冷凝器、蒸发器集中置顶，压缩机和辅助发动机裙置式

C. 冷凝器、蒸发器集中置顶，压缩机后裙置式

D. 冷凝器、蒸发器裙置式，压缩机置顶

2. 汽车空调动力来源于（　　）。

A. 蓄电池　　　　B. 发电机　　　　C. 启动机　　　　D. 发动机

3. 压缩过程中，压缩机吸入蒸发器出口处的（　　）。

A. 低温低压的气体　　　　　　B. 高温高压的气体

C. 高温高压的液体　　　　　　D. 低温低压液体

4. 下列不属于汽车空调取暖系统组成的是（　　）。

A. 加热器　　　　B. 发动机冷却液　　C. 水阀　　　　D. 视液窗

5. 下列说法不正确的是（　　）。

A. 轿车上使用的空调主要是独立式空调

B. 单区空调系统只能调节整个车内保持一个合适温度

C. 一般轿车、火车、中小型旅游车常采用直吹风

D. 空气净化装置可以在空气湿度较低的时候，对车内空气进行加湿

三、简答题（10 分）

1. 简述汽车空调有何特点。

2. 简述汽车空调的工作原理。

四、思政考核题（10 分）

通过阅读课后文章"8S 现场管理的主要内涵和作用"，有何感想？你所理解的"企业 8S 现场管理"的实质是什么？思考如何在操作过程中逐步养成 8S 职业素养？

任务工单 1-2　汽车空调的组成与分类认知
——专业技能提升训练

任务描述：

　　按照要求穿戴工作服、工作帽、工作鞋，遵守 8S 现场管理及设备操作规程，在实车上完成以下技能训练任务。

　　1. 识别下列元器件，写出对应名称及各自作用，并在实车上找到对应位置。

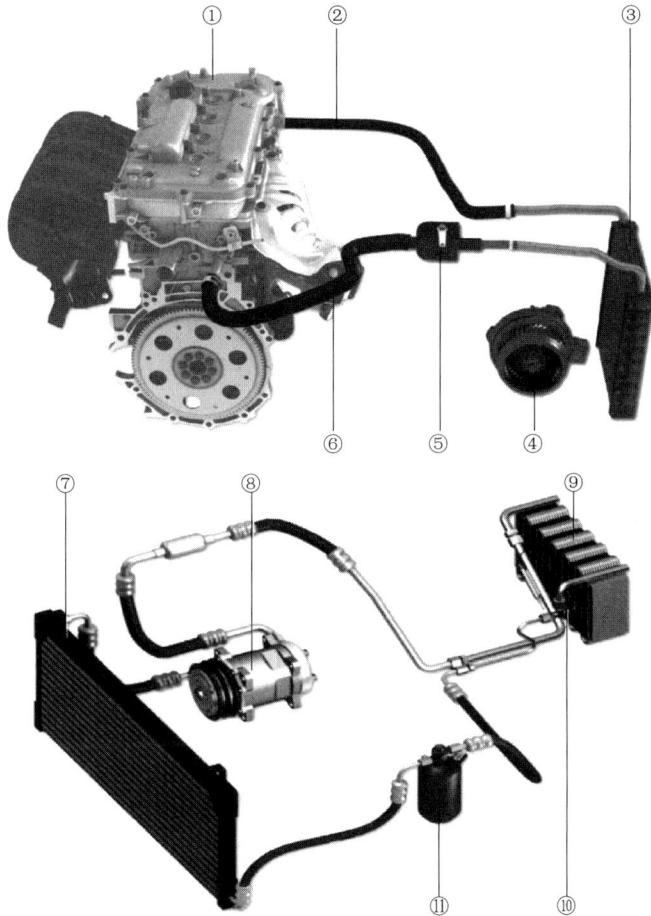

①_____　②_____　③_____　④_____

⑤_____　⑥_____　⑦_____　⑧_____

⑨_____　⑩_____　⑪_____

2. 下图是手动空调的操纵面板，请写出图中数字所指旋钮或开关的名称：

① _____ ② _____ ③ _____
④ _____ ⑤ _____ ⑥ _____

指导教师意见：

考核工单 1-2 汽车空调的组成与分类认知综合评价

考核内容		分值	配分	考核要求	评分标准				得分
					优	良	一般	差	
职业素养考核	思政表现	30	5	达到本次课程思政目的	5	4	2	0	
	出勤情况		5	全勤	5	4	2	0	
	仪容仪表		5	穿戴整齐，着装统一，文明礼貌	5	4	2	0	
	安全意识、责任意识		5	具有较强的安全意识和责任意识	5	4	2	0	
	团队合作与交流		5	团队合作紧密，交流顺畅	5	4	2	0	
	8S 现场管理考核		5	遵守 8S 现场管理规定	5	4	2	0	
理论知识考核	专业基础知识	20	10	专业基础知识够用	10	8	4	0	
	汽车空调工作原理分析		10	能正确分析工作原理	10	8	4	0	
技能操作过程	操作前的准备	50	5	操作场地、工具、设备、耗材准备充分	5	4	2	0	
	工具、量具使用情况		5	工具、量具使用熟练	5	4	2	0	
	操作规范		5	操作规范，无差错	5	4	2	0	
	测量数据准确		10	测量要素齐全，数据准确	10	8	4	0	
	操作熟练度、工作效率		10	操作过程无明显等待，工作效率高	10	8	4	0	
	收场情况		5	设备、工具恢复原样	5	4	2	0	
	工单填写情况		10	工单填写规范	10	8	4	0	

注：造成人员、设备安全事故时，老师有权终止，甚至取消考生参加考评资格。

教师评语：	总成绩：
教师签名： 年　月　日	

操作过程记录：

项目二　汽车空调维护与保养

任务工单 2-1　汽车空调的正确使用与维护
——理论知识巩固练习

任务描述：

在进行具体工作前，需要掌握汽车空调的使用与维护作业等相关知识，请各组长组织各成员在课前进行预习，并收集相关资料，完成下列问题。

一、填空题（12分）

1. 汽车运行速度较低时，汽车空调应采用_____。

2. 用电子检漏仪检查空调制冷系统气密性，如果有漏气，电子检漏仪中电流会_____。

3. 汽车怠速时使用空调，应使发动机怠速转速适当_____。

4. 不使用空调的季节，也应经常开动_____。

5. 汽车空调维护保养一般可以分为_____和_____。

6. 歧管压力表中，低压表的颜色一般为_____，高压表的颜色一般为_____色。

7. 卤素检漏灯如果火焰颜色为_____，则表示微量漏气，浅蓝色表示_____，紫色表示_____，没有漏气则为_____。

二、选择题（8分）

1. 下列属于汽车空调常用维修工具的是（　　）。

A. 温度计　　　　B. 歧管压力表组　　　　C. 真空泵　　　　D. 检漏仪

2. 歧管压力表中如果用来抽真空，管路连接方式是（　　）。

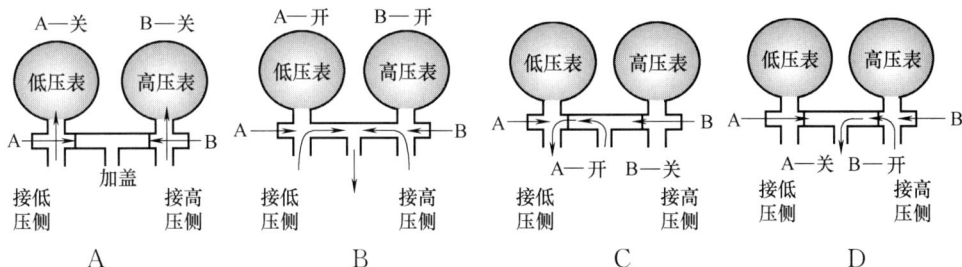

A	B	C	D

3. 汽车空调检漏仪不包含（　　）。

A. 卤素检漏灯　　　B. 电子检漏仪　　　　C. 荧光剂检漏仪　　　D. 肥皂液

4. 真空泵主要是把排出系统中的（　　）。

A. 制冷剂和水　　　B. 制冷剂和空气　　　C. 空气和水　　　　D. 空气和润滑油

三、简答题（20 分）

正确识别下列汽车空调检修工具及其作用，并连线。

	风速仪	检测制冷系统气密性
	割管器	可进行抽真工,加制冷剂和诊断制冷系统故障
	荧光检漏仪	检测出风口风速大小
	歧管压力表	切断紫铜管、铝管等金属管

四、思政考核题（10 分）

通过阅读课后文章"张国强：从汽车兵到大国工匠"，有何感想？在本单元的学习实际操作过程中如何践行"劳模精神和劳动精神"？

班级：________ 姓名：________ 学号：________ 组别：________

任务工单 2-1 汽车空调的正确使用与维护
——专业技能提升训练

任务描述：

按照要求穿戴工作服、工作帽、工作鞋，遵守 8S 现场管理及设备操作规程，在实车上完成以下技能训练任务。

1. 结合实车简述汽车空调工作原理。

2. 在实车上正确识别汽车空调零部件。

序号	组成部件	安装位置	工作过程

3. 识别汽车空调类型并按要求操作。

（1）操作空调类型：□手动空调；　　　　□半自动空调；　　　　□自动空调

（2）调节内容：

序号	调节内容	状况记录
1	鼓风机风速调节	□OFF；□由小到大； □1；□2；□3；□4
2	出风模式调节	□吹脸部；□吹脸部＋脚部；□吹脚部； □吹脚部＋除霜；□除霜
3	内外循环调节	□内循环；□外循环
4	空调温度调节	□制冷；□制热
5	双区空调	□双区开启；□双区关闭

指导教师意见：

考核工单 2-1　汽车空调的正确使用与维护综合评价

考核内容		分值	配分	考核要求	评分标准				得分
					优	良	一般	差	
职业素养考核	思政表现	30	5	达到本次课程思政目的	5	4	2	0	
	出勤情况		5	全勤	5	4	2	0	
	仪容仪表		5	穿戴整齐,着装统一,文明礼貌	5	4	2	0	
	安全意识、责任意识		5	具有较强的安全意识和责任意识	5	4	2	0	
	团队合作与交流		5	团队合作紧密,交流顺畅	5	4	2	0	
	8S 现场管理考核		5	遵守 8S 现场管理规定	5	4	2	0	
理论知识考核	专业基础知识	20	10	专业基础知识够用	10	8	4	0	
	汽车空调的使用与维护		10	使用与维护方法正确,思路清晰	10	8	4	0	
技能操作过程	操作前的准备	50	5	操作场地、工具、设备、耗材准备充分	5	4	2	0	
	工具、量具使用情况		5	工具、量具使用熟练	5	4	2	0	
	操作规范		5	操作规范,无差错	5	4	2	0	
	测量数据准确		10	测量要素齐全,数据准确	10	8	4	0	
	操作熟练度、工作效率		10	操作过程无明显等待,工作效率高	10	8	4	0	
	收场情况		5	设备、工具恢复原样	5	4	2	0	
	工单填写情况		10	工单填写规范	10	8	4	0	

注:造成人员、设备安全事故时,老师有权终止,甚至取消考生参加考评资格。

教师评语:	总成绩:
  教师签名: 年　月　日	

操作过程记录：

任务工单 2-2　汽车空调维护保养作业
——理论知识巩固练习

任务描述：

在进行具体工作前，需要掌握汽车空调的维护保养作业等相关知识，请各组长组织各成员在课前进行预习，并收集相关资料，完成下列问题。

一、填空题（20分）

1. 制冷系统一般有_____、_____、_____、_____、_____、_____等检漏方法。

2. 冷冻机油极易_____，所以使用后的冷冻机油容器应该马上_____。

3. 在对制冷系统充注制冷剂前，必须先对整个系统_____。

4. 在制冷系统中用于转换热量并循环流动的物质称为_____。目前汽车空调系统中使用的制冷剂有_____和_____两种。

5. 冷冻机油具有_____、_____、_____、_____等作用。

6. 冷冻机油量的检查方法一般有_____和_____，添加方法有_____和_____。

二、选择题（10分）

1. 下列说法正确的是（　　）。

A. 不同牌号的冷冻机油不能混合使用　　　　B. 冷冻机油允许加注过量

C. 制冷剂可以直接接触皮肤　　　　　　　　D. R12与R134a任何情况都不得混用

2. 使用R134a制冷剂的制冷系统中所使用的密封圈是（　　）。

A. 红色　　　　　　B. 紫色　　　　　　C. 黑色　　　　　　D. 白色

3. 有些漏点局部凹陷，要想确定泄漏的准确位置，宜采用（　　）。

A. 肥皂沫检漏　　　B. 检查油迹　　　　C. 电子检漏仪　　　D. 紫外线荧光检漏

4. 早期的汽车一般采用作为制冷剂（　　）。

A. 水　　　　　　　B. 氟利昂　　　　　C. R134a　　　　　D. R12

5. 高压端充注制冷剂，充入的是制冷剂（　　）。

A. 液体　　　　　　B. 气体　　　　　　C. 固体　　　　　　D. 气体和固体混合

三、简答题（10分）

1. 简述使用制冷剂的注意事项。

2. 简述如何采用歧管压力表对制冷系统抽真空。

四、思政考核题（10分）

通过阅读课后文章"工人发明家匠心如初 25 年扎根生产线逐梦国车复兴之路"，有何感想？在本单元的学习实际操作过程中如何践行"劳模精神和劳动精神"？

任务工单 2-2　汽车空调维护保养作业
——专业技能提升训练

任务描述：

按照要求穿戴工作服、工作帽、工作鞋，遵守 8S 现场管理及设备操作规程，在实车上完成以下技能训练任务。

1. 如图为汽车歧管压力表，说明序号所指设备名称。

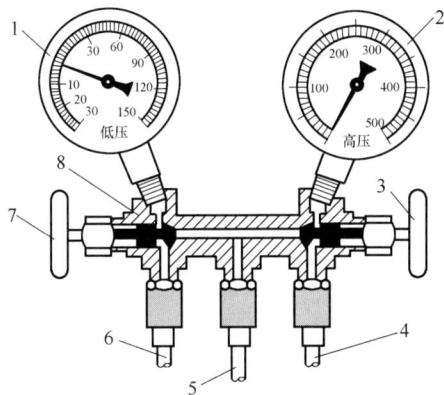

1-_____；2-_____；3-_____；

4-_____；5-_____；6-_____；

7-_____；8-_____。

2. 歧管压力表有加注制冷剂、抽真空、检测空调压力、排除空气或者制冷剂，将四种功能填入下图。

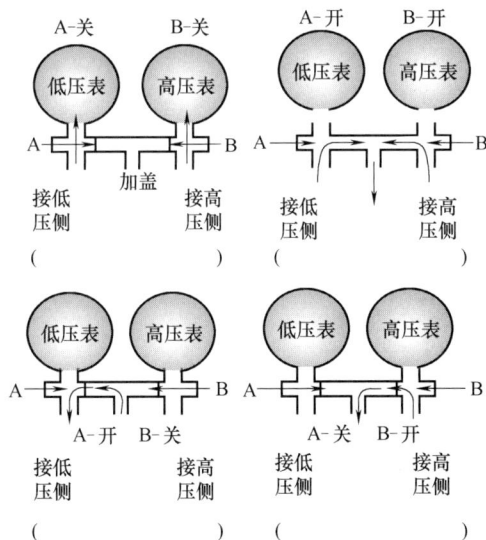

3. 选择适宜的工具完成下列作业任务。

（1）操作空调类型：□手动空调；   □半自动空调；   □自动空调

（2）检测内容：

序号	检查项目	状况记录	
1	制冷剂量	状态	制冷剂量：□适量 □不足 □过量
2	高压侧压力	发动机转速	压力值
3	低压侧压力	发动机转速	压力值
4	环境温度		
5	环境湿度		
6	出风口风速	发动机转速	风速

指导教师意见：

考核工单 2-2　汽车空调维护保养作业综合评价

考核内容		分值	配分	考核要求	评分标准				得分
					优	良	一般	差	
职业素养考核	思政表现	30	5	达到本次课程思政目的	5	4	2	0	
	出勤情况		5	全勤	5	4	2	0	
	仪容仪表		5	穿戴整齐，着装统一，文明礼貌	5	4	2	0	
	安全意识、责任意识		5	具有较强的安全意识和责任意识	5	4	2	0	
	团队合作与交流		5	团队合作紧密，交流顺畅	5	4	2	0	
	8S 现场管理考核		5	遵守 8S 现场管理规定	5	4	2	0	
理论知识考核	专业基础知识	20	10	专业基础知识够用	10	8	4	0	
	维护保养方法及思路		10	维护保养方法正确，思路清晰	10	8	4	0	
技能操作过程	操作前的准备	50	5	操作场地、工具、设备、耗材准备充分	5	4	2	0	
	工具、量具使用情况		5	工具、量具使用熟练	5	4	2	0	
	操作规范		5	操作规范，无差错	5	4	2	0	
	测量数据准确		10	测量要素齐全，数据准确	10	8	4	0	
	操作熟练度、工作效率		10	操作过程无明显等待，工作效率高	10	8	4	0	
	收场情况		5	设备、工具恢复原样	5	4	2	0	
	工单填写情况		10	工单填写规范	10	8	4	0	

注：造成人员、设备安全事故时，老师有权终止，甚至取消考生参加参评资格。

教师评语：	总成绩：
教师签名： 　　　年　月　日	

操作过程记录：

项目三　汽车空调制冷系统检修

任务工单 3-1　汽车空调压缩机检修
——理论知识巩固练习

任务描述：

在进行具体工作前，需要掌握汽车空调压缩机的工作原理、各控制元件的作用等相关知识，请各组长组织各成员在课前进行预习，并收集相关资料，完成下列问题。

一、填空题（10分）

1. 中、小型汽车空调压缩机以_____、_____为主要形式。

2. 压缩机是制冷系统的心脏，其作用是吸入来自蒸发器的_____气态制冷剂压缩成_____状态后送往冷凝器，保证制冷剂在系统中循环流动。

3. 压缩机按照其结构区分，可分为_____和旋转式两种类型，按照排量是否可变区分，可分为定排量和_____。

4. 汽车空调制冷系统主要由_____、_____、_____、_____组成。

二、选择题（10分）

1.（　　）的作用是把来自压缩机的高温高压气体通过管壁和翅片将其中的热量传递给周围的空气，从而使高温高压的气态制冷剂冷凝成高温中压的液体。

　A. 冷凝器　　　B. 蒸发器　　　C. 电磁离合器　　　D. 储液干燥器

2. 汽车空调（　　）置于车内，它属于直接风冷式结构，它利用低温低压的液态制冷剂蒸发时需吸收大量的热量的原理，把通过它周围的空气中的热量带走，变成冷空气送入车厢，从而达到车内降温的目的。

　A. 冷凝器　　　B. 蒸发器　　　C. 电磁离合器　　　D. 储液干燥器

3. 当由压缩机压出的刚进入冷凝器中制冷剂为（　　）。

　A. 高温高压气态　　　　　　　B. 高温高压液态

　C. 中温高压液态　　　　　　　D. 低压气态

4. 压力开关动作时，切断的电路是（　　），以防止制冷系统损坏。

　A. 鼓风机电路　　　　　　　　B. 电磁离合器电路

　C. 温控器电路　　　　　　　　D. 冷凝器风机电路

5. 用手触摸空调管路（　　）段应该是冰凉的。

　A. 压缩机进口　　　　　　　　B. 压缩机出口

　C. 冷凝器进口　　　　　　　　D. 冷凝器出口

三、简答题（20分）

1. 简述可变排量的摇板式压缩机的工作原理。

2. 压缩机常见的故障有哪些？产生故障的原因又是什么？

四、思政考核题（10分）

通过阅读课后文章"精益求精 勇于创新——工匠精神述评"，有何感想？你所理解的"工匠精神、劳模精神及劳动精神"的实质是什么？谈谈你在本单元的学习和实操过程中将如何传承工匠精神、弘扬劳模精神以及践行劳动精神？

班级：________ 姓名：________ 学号：________ 组别：________

任务工单 3-1 汽车空调压缩机检修
——专业技能提升训练

任务描述：

按照要求穿戴工作服、工作帽、工作鞋，遵守“8S”现场管理及设备操作规程，在实车上完成以下技能训练任务。

1. 空调压缩机的组成与工作过程。

序号	组成部件	安装位置	工作过程

2. 空调压缩机的检查步骤。

3. 空调压缩机的拆卸步骤。

4. 空调压缩机的检测步骤。

5. 车辆信息记录：

品牌		整车型号		生产年月	
发动机型号		发动机排量		行驶里程	
车辆识别码					

6. 汽车空调操作与基本检查：

检查项目	检测数据	检查项目	记录
鼓风机 1 挡风速		压缩机工作情况	
鼓风机 2 挡风速		冷却风扇工作情况	
鼓风机 3 挡风速		出风模式情况	

7. 制冷系统性能检查（空调开至最冷状态）：

检查项目	检测数据	检查项目	检测数据
室外环境温度		左出风口风速	
室外环境湿度		中间出风口风速	
室内中间出风口温度		右出风口风速	
室内中间出风口湿度		进气口风速	
静态空调管路压力		动态空调管路压力	

指导老师意见：

考核工单 3-1 汽车空调压缩机故障检修综合评价

考核内容		分值	配分	考核要求	评分标准				得分
					优	良	一般	差	
职业素养考核	思政表现	30	5	达到本次课程思政目的	5	4	2	0	
	出勤情况		5	全勤	5	4	2	0	
	仪容仪表		5	穿戴整齐，着装统一，文明礼貌	5	4	2	0	
	安全意识、责任意识		5	具有较强的安全意识和责任意识	5	4	2	0	
	团队合作与交流		5	团队合作紧密，交流顺畅	5	4	2	0	
	"8S"现场管理考核		5	遵守"8S"现场管理规定	5	4	2	0	
理论知识考核	专业基础知识	20	5	专业基础知识够用	5	4	2	0	
	压缩机工作原理分析		5	能分析压缩机工作原理	5	4	2	0	
	故障排除方法及思路		10	检修工作计划合理，故障排除思路清晰	10	8	4	0	
技能操作过程	操作前的准备	50	5	操作场地、工具、设备、耗材准备充分	5	4	2	0	
	工具、量具使用情况		5	工具、量具使用熟练	5	4	2	0	
	操作规范		5	操作规范，无差错	5	4	2	0	
	测量数据准确		10	测量要素齐全，数据准确	10	8	4	0	
	操作熟练度、工作效率		10	操作过程无明显等待，工作效率高	10	8	4	0	
	收场情况		5	设备、工具恢复原样	5	4	2	0	
	工单填写情况		10	工单填写规范	10	8	4	0	

注：造成人员、设备安全事故时，老师有权终止，甚至取消考生参加考评资格。

教师评语：	总成绩：
教师签名： 年　月　日	

操作过程记录：

任务工单 3-2　汽车空调热交换器检修
——理论知识巩固练习

任务描述：

在进行具体工作前，需要掌握汽车空调热交换器的工作原理、各控制元件的作用等相关知识，请各组长组织各成员在课前进行预习，并收集相关资料，完成下列问题。

一、填空题（10 分）

1. 冷凝器的结构形式很多，而在汽车空调制冷系统中，经常采用的有_____、_____和_____等类型。

2. 管带式冷凝器是由盘成蛇形的_____和_____焊接而成。

3. 汽车空调制冷系统采用的蒸发器有_____、_____等几种。

4. 在汽车上总是把_____、_____、_____甚至还有许多相关的零部件组装在一起，称作蒸发器总成。

三、简答题（30 分）

1. 汽车空调制冷系统中冷凝器的作用是什么？制冷剂进入冷凝器时是什么状态？离开冷凝器时又是什么状态？

2. 汽车空调制冷系统中蒸发器的作用是什么？对蒸发器的要求有哪些？

3. 为什么汽车空调冷凝器过脏会造成汽车空调间歇性制冷？

四、思政考核题（10分）

通过阅读课后文章"一人一生一事 创新传承诠释'大国工匠'"，有何感想？你所理解的"工匠精神、劳模精神及劳动精神"的实质是什么？谈谈你在本单元的学习和实操过程中将如何传承工匠精神、弘扬劳模精神以及践行劳动精神？

任务工单 3-2　汽车空调热交换器检修
——专业技能提升训练

故障现象描述	
故障原因分析	诊断说明页码：
	诊断原理：
	可能的原因：

故障 诊断 过程	
故障 位置 确定	
维修 建议	
指导 老师 评价	

考核工单 3-2 汽车空调热交换器检修综合评价

考核内容		分值	配分	考核要求	评分标准				得分
					优	良	一般	差	
职业素养考核	思政表现	30	5	达到本次课程思政目的	5	4	2	0	
	出勤情况		5	全勤	5	4	2	0	
	仪容仪表		5	穿戴整齐，着装统一，文明礼貌	5	4	2	0	
	安全意识、责任意识		5	具有较强的安全意识和责任意识	5	4	2	0	
	团队合作与交流		5	团队合作紧密，交流顺畅	5	4	2	0	
	"8S"现场管理考核		5	遵守"8S"现场管理规定	5	4	2	0	
理论知识考核	专业基础知识	20	5	专业基础知识够用	5	4	2	0	
	热交换器原理分析		5	能分析热交换器的工作原理	5	4	2	0	
	故障排除方法及思路		10	检修工作计划合理，故障排除思路清晰	10	8	4	0	
技能操作过程	操作前的准备	50	5	操作场地、工具、设备、耗材准备充分	5	4	2	0	
	工具、量具使用情况		5	工具、量具使用熟练	5	4	2	0	
	操作规范		5	操作规范，无差错	5	4	2	0	
	测量数据准确		10	测量要素齐全，数据准确	10	8	4	0	
	操作熟练度、工作效率		10	操作过程无明显等待，工作效率高	10	8	4	0	
	收场情况		5	设备、工具恢复原样	5	4	2	0	
	工单填写情况		10	工单填写规范	10	8	4	0	

注：造成人员、设备安全事故时，老师有权终止，甚至取消考生参加考评资格。

教师评语：

总成绩：

教师签名：

年 月 日

操作过程记录：

任务工单 3-3　汽车空调节流装置检修
——理论知识巩固练习

任务描述：

在进行具体工作前，需要掌握汽车空调节流装置的工作原理、各控制元件的作用等相关知识，请各组长组织各成员在课前进行预习，并收集相关资料，完成下列问题。

一、填空题（10分）

1. 节流装置主要包括_____和节流管等。

2. 膨胀阀主要有_____与_____两种，其中，热力式膨胀阀根据平衡方式的不同又可以分为_____与_____两种形式。

3. 膨胀阀的结构由三大部分组成，即_____、_____和_____部分。

4. 膨胀阀的主要作用是_____、_____和控制作用等，它是制冷系统中的重要部件。

二、选择题（10分）

1. 膨胀阀的安装位置是在（　　　）。

A. 冷凝器入口　　　　　　　B. 蒸发器入口

C. 储液干燥器入口　　　　　D. 压缩机入口

2. 节流管的安装位置是在（　　　）。

A. 冷凝器入口　　　　　　　B. 蒸发器入口

C. 集液器入口　　　　　　　D. 压缩机出口

3. 内平衡式膨胀阀，膜片下的平衡压力是从（　　　）处导入。

A. 冷凝器入口　　　　　　　B. 蒸发器入口

C. 冷凝器出口　　　　　　　D. 蒸发器出口

4. 外平衡式膨胀阀，膜片下的平衡压力是从（　　　）处导入。

A. 冷凝器入口　　　　　　　B. 蒸发器入口

C. 冷凝器出口　　　　　　　D. 蒸发器出口

5. 甲说："用手握住膨胀阀的感温包会导致系统压力变化。"乙说："冷却膨胀阀的感温包会使系统压力发生变化。"正确的是（　　　）。

A. 甲正确　　　　　　　　　B. 乙正确

C. 两人均不正确　　　　　　D. 两人均正确

三、简答题（20分）

1. 节流装置的主要作用是什么？

2. 膨胀阀与节流管的主要区别在哪里？

四、思政考核题（10分）

通过阅读课后文章"在平凡中追求价值"，有何感想？你所理解的"工匠精神、劳模精神及劳动精神"的实质是什么？谈谈你在本单元的学习和实操过程中将如何传承工匠精神、弘扬劳模精神以及践行劳动精神？

任务工单 3-3 汽车空调节流装置检修
——专业技能提升训练

1. 车辆信息记录：

品牌		整车型号		生产年月	
发动机型号		发动机排量		行驶里程	
车辆识别码					

2. 汽车空调操作与基本检查：

检查项目	检测数据	检查项目	记录
鼓风机 1 挡风速		压缩机工作情况	
鼓风机 2 挡风速		冷却风扇工作情况	
鼓风机 3 挡风速		出风模式情况	

3. 制冷系统性能检查（空调开至最冷状态）：

检查项目	检测数据	检查项目	检测数据
室外环境温度		左出风口风速	
室外环境湿度		中间出风口风速	
室内中间出风口温度		右出风口风速	
室内中间出风口湿度		进气口风速	
静态空调管路压力		动态空调管路压力	

指导老师意见：

考核工单 3-3　汽车空调节流装置检修综合评价

考核内容		分值	配分	考核要求	评分标准				得分
					优	良	一般	差	
职业素养考核	思政表现	30	5	达到本次课程思政目的	5	4	2	0	
	出勤情况		5	全勤	5	4	2	0	
	仪容仪表		5	穿戴整齐，着装统一，文明礼貌	5	4	2	0	
	安全意识、责任意识		5	具有较强的安全意识和责任意识	5	4	2	0	
	团队合作与交流		5	团队合作紧密，交流顺畅	5	4	2	0	
	"8S"现场管理考核		5	遵守"8S"现场管理规定	5	4	2	0	
理论知识考核	专业基础知识	20	5	专业基础知识够用	5	4	2	0	
	节流装置原理分析		5	能分析节流装置的工作原理	5	4	2	0	
	故障排除方法及思路		10	检修工作计划合理，故障排除思路清晰	10	8	4	0	
技能操作过程	操作前的准备	50	5	操作场地、工具、设备、耗材准备充分	5	4	2	0	
	工具、量具使用情况		5	工具、量具使用熟练	5	4	2	0	
	操作规范		5	操作规范，无差错	5	4	2	0	
	测量数据准确		10	测量要素齐全，数据准确	10	8	4	0	
	操作熟练度、工作效率		10	操作过程无明显等待，工作效率高	10	8	4	0	
	收场情况		5	设备、工具恢复原样	5	4	2	0	
	工单填写情况		10	工单填写规范	10	8	4	0	

注：造成人员、设备安全事故时，老师有权终止，甚至取消考生参加考评资格。

教师评语：	总成绩：
教师签名： 年　月　日	

操作过程记录：

班级：_____　姓名：_____　学号：_____　组别：_____

项目四 汽车空调暖风与配风系统检修

任务工单 4-1 汽车空调暖风系统认知
——理论知识巩固练习

任务描述：

在进行具体工作前，需要掌握汽车空调暖风系统的工作原理、结构组成及各控制元件的作用等相关知识，请各组长组织各成员在课前进行预习，并收集相关资料，完成下列问题。

一、填空题（10分）

1. 根据热源不同，汽车空调暖风装置可分为_____、_____以及_____。

2. 根据空气循环方式不同，汽车空调暖风装置可分为_____、_____和_____三类。

3. 气暖式暖风装置的结构有两类，一类是_____，另一类是_____。

4. 汽车水暖式暖风系统的主要组成部件有_____、_____和_____。

二、简答题（30分）

1. 汽车暖风系统的作用是什么？

2. 水暖式暖风装置的工作原理是什么？

3. PTC 加热器型综合预热式暖风装置的工作原理是什么？

三、思政考核题（10分）

通过阅读课后文章"工匠精神是从血脉里流淌而来"，有何感想？你所理解的"工匠精神、劳模精神及劳动精神"的实质是什么？谈谈你在本单元的学习和实操过程中将如何传承工匠精神、弘扬劳模精神以及践行劳动精神？

任务工单 4-1 汽车空调暖风系统认知
——专业技能提升训练

任务描述：

按照要求穿戴工作服、工作帽、工作鞋，遵守"8S"现场管理及设备操作规程，在实车上完成以下技能训练任务。

1. 暖风系统的组成与工作过程：

序号	组成部件	安装位置	工作过程

2. 冷却液控制阀的工作过程。

3. 加热器芯的拆卸步骤。

4. 节温器的组成与工作过程：

序号	组成部件	安装位置	工作过程

5. 检查、测试、更换节温器的步骤。

6. 正确检查、回收冷却液的方法。

指导老师意见：

考核工单 4-1　汽车空调暖风系统认知综合评价

考核内容		分值	配分	考核要求	评分标准				得分
					优	良	一般	差	
职业素养考核	思政表现	30	5	达到本次课程思政目的	5	4	2	0	
	出勤情况		5	全勤	5	4	2	0	
	仪容仪表		5	穿戴整齐,着装统一,文明礼貌	5	4	2	0	
	安全意识、责任意识		5	具有较强的安全意识和责任意识	5	4	2	0	
	团队合作与交流		5	团队合作紧密,交流顺畅	5	4	2	0	
	"8S"现场管理考核		5	遵守"8S"现场管理规定	5	4	2	0	
理论知识考核	专业基础知识	20	5	专业基础知识够用	5	4	2	0	
	暖风系统工作原理分析		5	能分析暖风系统工作原理	5	4	2	0	
	故障排除方法及思路		10	检修工作计划合理,故障排除思路清晰	10	8	4	0	
技能操作过程	操作前的准备	50	5	操作场地、工具、设备、耗材准备充分	5	4	2	0	
	工具、量具使用情况		5	工具、量具使用熟练	5	4	2	0	
	操作规范		5	操作规范,无差错	5	4	2	0	
	测量数据准确		10	测量要素齐全,数据准确	10	8	4	0	
	操作熟练度、工作效率		10	操作过程无明显等待,工作效率高	10	8	4	0	
	收场情况		5	设备、工具恢复原样	5	4	2	0	
	工单填写情况		10	工单填写规范	10	8	4	0	

注:造成人员、设备安全事故时,老师有权终止,甚至取消考生参加考评资格

教师评语：	总成绩：
   　 教师签名： 　　年　月　日	

操作过程记录：

任务工单 4-2　汽车空调配风系统认知
——理论知识巩固练习

任务描述：

在进行具体工作前，需要掌握汽车空调配风系统的工作原理、各控制元件的作用等相关知识，请各组长组织各成员在课前进行预习，并收集相关资料，完成下列问题。

一、填空题（10分）

1. 汽车通风装置一般装备有两种通风装置：_____装置和_____装置。

2. 手动拉锁式汽车空调配气系统由_____、_____和_____组成，控制板上的操纵杆与拉索相连，拉索根据操纵杆的运动操纵风门。

3. 配气系统的空气进入段，主要由_____和_____组成。

4. 配气系统的空气混合段，主要由_____、_____和_____组成。

二、简答题（30分）

1. 自然通风装置和强制通风装置的作用分别是什么？

2. 配气系统一般由几部分构成？其各自的组成及作用分别是什么？

3. 汽车内空气净化常采用哪些方法？其原理分别是什么？

三、思政考核题（10分）

通过阅读课后文章"大国工匠李勇的春夏秋冬"，有何感想？你所理解的"工匠精神、劳模精神及劳动精神"的实质是什么？谈谈你在本单元的学习和实操过程中将如何传承工匠精神、弘扬劳模精神以及践行劳动精神？

任务工单 4-2 汽车空调配风系统认知
——专业技能提升训练

任务描述：

按照要求穿戴工作服、工作帽、工作鞋，遵守"8S"现场管理及设备操作规程，在实车上完成以下技能训练任务。

1. 通风系统风门功能检查：

（1）车辆信息记录

品牌		整车型号		生产年月	
发动机型号		发动机排量		行驶里程	
车辆识别码					

（2）通风系统风门功能检查

检查项目	记录	检查项目	记录
内循环	□正常　□异常	外循环	□正常　□异常

（3）空气混合风门功能检查

检查项目	记录	检查项目	记录
最冷	□正常　□异常	最热	□正常　□异常

（4）出风模式风门功能检查

检查项目	记录	检查项目	记录
脸部模式	□正常　□异常	脚部模式	□正常　□异常
脸部＋脚部模式	□正常　□异常	足部＋除霜模式	□正常　□异常
除霜模式	□正常　□异常		

2. 空调滤芯检查：

空调滤清器检查更换步骤：

空调滤清器检查结果	□清洁	□更换

3. 压力传感器及鼓风机的检测：

（1）压力传感器、鼓风机及鼓风机电阻拆装与检测

检查项目	检测数据	判定		维修措施	
压力传感器		□正常	□异常	□维修	□更换
鼓风机		□正常	□异常	□维修	□更换
鼓风机电阻器		□正常	□异常	□维修	□更换

（2）蒸发器拆装

作业项目	记录		作业项目	记录
蒸发器拆装	□执行	□否	制冷剂回收量	
冷冻机油回收量			冷冻机油加注量	
泄漏检测	□正常	□异常	制冷剂加注量	

指导老师意见：

考核工单 4-2　汽车空调配风系统认知综合评价

考核内容		分值	配分	考核要求	评分标准				得分
					优	良	一般	差	
职业素养考核	思政表现	30	5	达到本次课程思政目的	5	4	2	0	
	出勤情况		5	全勤	5	4	2	0	
	仪容仪表		5	穿戴整齐，着装统一，文明礼貌	5	4	2	0	
	安全意识、责任意识		5	具有较强的安全意识和责任意识	5	4	2	0	
	团队合作与交流		5	团队合作紧密，交流顺畅	5	4	2	0	
	"8S"现场管理考核		5	遵守"8S"现场管理规定	5	4	2	0	
理论知识考核	专业基础知识	20	5	专业基础知识够用	5	4	2	0	
	配风系统原理分析		5	能分析配风系统的工作原理	5	4	2	0	
	风门功能检查方法及思路		10	检修工作计划合理，故障排除思路清晰	10	8	4	0	
技能操作过程	操作前的准备	50	5	操作场地、工具、设备、耗材准备充分	5	4	2	0	
	工具、量具使用情况		5	工具、量具使用熟练	5	4	2	0	
	操作规范		5	操作规范，无差错	5	4	2	0	
	测量数据准确		10	测量要素齐全，数据准确	10	8	4	0	
	操作熟练度、工作效率		10	操作过程无明显等待，工作效率高	10	8	4	0	
	收场情况		5	设备、工具恢复原样	5	4	2	0	
	工单填写情况		10	工单填写规范	10	8	4	0	

注：造成人员、设备安全事故时，老师有权终止，甚至取消考生参加考评资格。

教师评语：	总成绩：
教师签名： 年　月　日	

操作过程记录：

任务工单 4-3　汽车空调暖风与配风系统常见故障检修
——理论知识巩固练习

任务描述：

在进行具体工作前，需要掌握汽车空调暖风与配风系统常见故障及检修方法等相关知识，请各组长组织各成员在课前进行预习，并收集相关资料，完成下列问题。

一、填空题（20 分）

1. 汽车空调系统中能除去空气中悬浮尘埃的装置是_____，它一般安装在鼓风机的_____。

2. 外循环模式是利用鼓风机将_____的空气抽吸到车内；内循环模式鼓风机抽吸的是_____的空气。

3. 写出图中数字所指零件的名称。

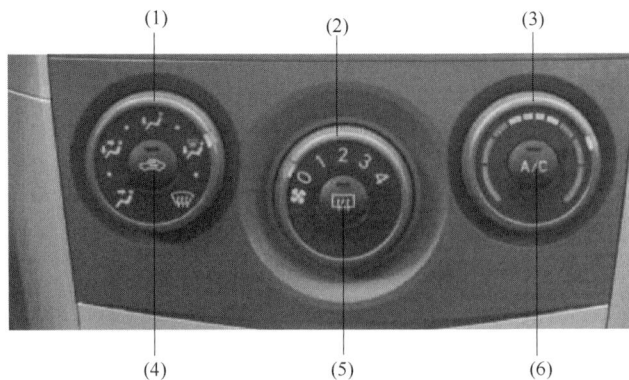

(1)_____　(2)_____　(3)_____

(4)_____　(5)_____　(6)_____

4. 当空调系统工作正常时，需要改变出风温度可以调整_____的位置。

5. 鼓风机由_____和笼型风扇组成。汽车空调通风系统是通过鼓风机的_____来控制出风量的。

6. 手动空调控制系统的传感器有_____传感器和_____传感器。_____传感器用于检测空调制冷系统的压力，当制冷系统的压力过低或过高时，会_____防止制冷系统部件损坏。_____传感器用于检测蒸发器的温度，当蒸发器的温度低于 $1\sim2℃$ 时，会_____，防止蒸发器结冰。

7. 发动机怠速时打开空调，发动机转速会_____。

三、简答题（20 分）

1. 写出汽车空调暖风不足故障诊断的流程。

2. 如何检测鼓风机？

四、思政考核题（10 分）

通过阅读课后文章"发扬劳动精神、工匠精神展现央企使命担当"，有何感想？你所理解的"工匠精神、劳模精神及劳动精神"的实质是什么？谈谈你在本单元的学习和实操过程中将如何传承工匠精神、弘扬劳模精神以及践行劳动精神？

任务工单 4-3　汽车空调暖风与配风系统常见故障检修
——专业技能提升训练

故障现象描述	
故障原因分析	诊断说明页码：
	诊断原理：
	可能的原因：

故障诊断过程	
故障位置确定	
维修建议	
指导老师评价	

考核工单 4-3　汽车空调暖风与配风系统常见故障检修综合评价

考核内容		分值	配分	考核要求	评分标准				得分
					优	良	一般	差	
职业素养考核	思政表现	30	5	达到本次课程思政目的	5	4	2	0	
	出勤情况		5	全勤	5	4	2	0	
	仪容仪表		5	穿戴整齐，着装统一，文明礼貌	5	4	2	0	
	安全意识、责任意识		5	具有较强的安全意识和责任意识	5	4	2	0	
	团队合作与交流		5	团队合作紧密，交流顺畅	5	4	2	0	
	8S 现场管理考核		5	遵守 8S 现场管理规定	5	4	2	0	
理论知识考核	专业基础知识	20	5	专业基础知识够用	5	4	2	0	
	暖风与配风系统原理分析		5	能分析暖风与配风装置的工作原理	5	4	2	0	
	故障排除方法及思路		10	检修工作计划合理，故障排除思路清晰	10	8	4	0	
技能操作过程	操作前的准备	50	5	操作场地、工具、设备、耗材准备充分	5	4	2	0	
	工具、量具使用情况		5	工具、量具使用熟练	5	4	2	0	
	操作规范		5	操作规范，无差错	5	4	2	0	
	测量数据准确		10	测量要素齐全，数据准确	10	8	4	0	
	操作熟练度、工作效率		10	操作过程无明显等待，工作效率高	10	8	4	0	
	收场情况		5	设备、工具恢复原样	5	4	2	0	
	工单填写情况		10	工单填写规范	10	8	4	0	

注：造成人员、设备安全事故时，老师有权终止，甚至取消考生参加考评资格。

教师评语：	总成绩：
教师签名： 　　　　　　　　　　　　　　　　　　　　年　月　日	

操作过程记录：

项目五 汽车空调电气控制系统检修

任务工单5-1 汽车空调电气控制系统认知
——理论知识巩固练习

任务描述：

在进行具体工作前，需要掌握汽车空调电气控制系统的功能、作用及组成等相关知识，请各组长组织各成员在课前进行预习，并收集相关资料，完成下列问题。

一、填空题（10分）

1. 在汽车空调系统中，车内的温度控制与风量的调节是由空调操作面板来实现的，根据空调系统的自动化程度不同，空调面板有_____、_____、和_____三种形式。

2. 汽车空调的日常维护保养主要是通过_____、_____、_____、_____等方法进行检查的。

3. 汽车空调常用的工量具有_____、_____、_____、万用表、焊接设备等。

4. 歧管压力表组件的两个压力表中，一个用于检测冷风系统_____的压力，另一个用于检测_____的压力。

5. 冷冻机油的作用有_____、_____、_____、_____和_____等。

二、选择题（10分）

1. 温度控制器开关，起调节车内温度的作用，其控制电路是（   ）。

A. 鼓风机电路   B. 电磁离合器电路

C. 空气混合风门电路   D. 冷凝器扇机电路

2. 波纹管式温度控制器开关，其毛细管前感温包安装在（   ）。

A. 车厢内   B. 蒸发器翅片内   C. 冷凝器翅片内   D. 车厢外

3. 制冷系统安装怠速提高装置的目的是：当开空调时，且发动机处于怠速运行时（   ）。

A. 降低发动机怠速

B. 自动提高发动机转速，从而稳定电动机怠速

C. 切断空调电磁离合器电源

D. 以上都不正确

4. 加速控制装置在汽车行驶加速或超车加速时应（   ）。

A. 稳定发动机怠速   B. 加大油门提高发动机转速

C. 切断空调电磁离合器电源   D. 以上都不正确

5. 压力开关动作时，切断的电路是（   ）防止制冷系统不受损坏。

A. 鼓风机电路   B. 电磁离合器电路   C. 温度控制器电路   D. 冷凝器风扇电路

三、简答题（20分）

1. 使用空调时需注意哪些事项？

2. 对照实车，找出空调的主要组成部件，并简述空调的工作原理。

四、思政考核题（10分）

通过阅读课后文章"让劳动精神烛照复兴之路"，有何感想？你所理解的"工匠精神、劳模精神及劳动精神"的实质是什么？谈谈你在本单元的学习和实操过程中将如何传承工匠精神、弘扬劳模精神以及践行劳动精神？

任务工单 5-1 汽车空调电气控制系统认知
——专业技能提升训练

任务描述：

按照要求穿戴工作服、工作帽、工作鞋，遵守"8S"现场管理及设备操作规程，在实车上完成以下技能训练任务。

1. 鼓风机控制系统组成及工作过程：

序号	组成部件	安装位置	工作过程

2. 空调压缩机控制系统组成及工作过程：

序号	组成部件	安装位置	工作过程

3. 空调冷凝器风扇控制系统组成及工作过程：

序号	组成部件	安装位置	工作过程

4. 画出汽车空调电气控制系统工作原理方框图。

5. 空调运行检查：

项目名称	参数记录		项目名称		参数记录
高压侧压力			低压侧压力		
冷凝器进口温度			冷凝器出口温度		
膨胀阀进口温度			蒸发器出口温度		
环境温度			环境湿度		
出风口温度			出风口湿度		
左侧出风口风速		中间出风口风速		右侧出风口风速	除霜出风口风速
性能检验		□合格 □不合格			

指导老师意见：

考核工单 5-1　汽车空调电气控制系统认知综合评价

考核内容		分值	配分	考核要求	评分标准				得分
					优	良	一般	差	
职业素养考核	思政表现	30	5	达到本次课程思政目的	5	4	2	0	
	出勤情况		5	全勤	5	4	2	0	
	仪容仪表		5	穿戴整齐，着装统一，文明礼貌	5	4	2	0	
	安全意识、责任意识		5	具有较强的安全意识和责任意识	5	4	2	0	
	团队合作与交流		5	团队合作紧密，交流顺畅	5	4	2	0	
	"8S"现场管理考核		5	遵守"8S"现场管理规定	5	4	2	0	
理论知识考核	专业基础知识	20	10	专业基础知识够用	10	8	4	0	
	电气控制系统原理分析		10	能分析电气控制系统工作原理	10	8	4	0	
技能操作过程	操作前的准备	50	5	操作场地、工具、设备、耗材准备充分	5	4	2	0	
	工具、量具使用情况		5	工具、量具使用熟练	5	4	2	0	
	操作规范		5	操作规范，无差错	5	4	2	0	
	测量数据准确		10	测量要素齐全，数据准确	10	8	4	0	
	操作熟练度、工作效率		10	操作过程无明显等待，工作效率高	10	8	4	0	
	收场情况		5	设备、工具恢复原样	5	4	2	0	
	工单填写情况		10	工单填写规范	10	8	4	0	

注：造成人员、设备安全事故时，老师有权终止，甚至取消考生参加考评资格。

教师评语：	总成绩：
教师签名：　　　　　　　年　月　日	

操作过程记录：

任务工单 5-2　汽车空调系统控制电路分析
——理论知识巩固练习

任务描述：

在进行具体工作前，需要掌握汽车空调系统控制电路的工作原理、各控制元件的作用等相关知识，请各组长组织各成员在课前进行预习，并收集相关资料，完成下列问题。

一、填空题（10 分）

1. 温度控制器一般放在_____中或靠近蒸发箱的_____。

2. 控制离合器工作的恒温器有三种形式：_____、_____和_____。

3. 发动机怠速控制器有两种类型：一种是_____；一种是_____。

4. 汽车空调压力开关可分为_____和_____两种类型。

5. 压力保护开关分为高压和低压两种，前者一般与_____或_____连接，以防止系统在异常高压下工作；后者与_____连接，用以防止压缩机在没有或很少制冷剂情况下运转，而导致压缩机损坏。

二、选择题（10 分）

1. 环境温度开关串联在空调电磁离合器回路中，当环境温度高于（　　）℃时其触头闭合。

A. 0　　　　　　　B. 10　　　　　　　C. 8　　　　　　　D. 4

2. 空调冷凝器风扇电动机采用减负荷继电器控制，目的是（　　）。

A. 用小电流控制大电流　　　　　　B. 用小电压控制大电压

C. 增加通过电流值　　　　　　　　D. 以上都正确

3. 蒸发器鼓风机电机为一直流电机，其转速的改变是通过（　　）来实现的。

A. 调整电机电路的电阻值　　　　　B. 改变电机的匝数

C. 改变电源的电压值　　　　　　　D. 以上都不正确

4. 空调在运行中，如果低压表指示过高，高压表指示过低，说明故障在（　　）。

A. 压缩机　　　　B. 膨胀阀　　　　C. 蒸发器　　　　D. 鼓风机

5. 下列情况当中不会引起空调系统不制冷的有（　　）。

A. 低压保护开关损坏　　　　　　　B. 电磁离合器打滑

C. 制冷剂泄漏　　　　　　　　　　D. 除霜器门损坏

三、简答题（20 分）

1. 画出制热系统工作原理方框图，简述其工作原理。

2. 分析空调不制冷的原因有哪些？

四、思政考核题（10分）

通过阅读课后文章"大国工匠陶巍的汽车人生"，有何感想？你所理解的"工匠精神、劳模精神及劳动精神"的实质是什么？谈谈你在本单元的学习和实操过程中将如何传承工匠精神、弘扬劳模精神以及践行劳动精神？

任务工单 5-2 汽车空调系统控制电路分析
——专业技能提升训练

<table>
<tr><td colspan="6">1. 车辆信息记录：</td></tr>
<tr><td>品牌</td><td></td><td>整车型号</td><td></td><td>生产日期</td><td></td></tr>
<tr><td>发动机型号</td><td></td><td>发动机排量</td><td></td><td>行驶里程</td><td></td></tr>
<tr><td>车辆识别码</td><td colspan="5"></td></tr>
</table>

2. 检测鼓风机系统电路，找出导致鼓风机工作异常故障元件，记录故障元件相关信息，进行故障原因说明，并修复故障元件。

<table>
<tr><td>故障现象</td><td colspan="2"></td></tr>
<tr><td>故障码</td><td colspan="2"></td></tr>
<tr><td rowspan="4">数据流</td><td colspan="2"></td></tr>
<tr><td colspan="2"></td></tr>
<tr><td colspan="2"></td></tr>
<tr><td colspan="2"></td></tr>
<tr><td>鼓风机相关电路图位置：</td><td></td><td>记录所查询的电路图在维修手册位置</td></tr>
</table>

可能故障原因分析： 鼓风机□ 电路线束□ 鼓风机调速模块□ 保险丝□ 开关□

检测项目	检测结果	判断
鼓风机工作电压		正常□ 异常□
鼓风机调速模块信号电压		正常□ 异常□
鼓风机调速模块供电电压		正常□ 异常□
保险丝		正常□ 异常□
故障说明		

故障元件：

故障机理分析：

3. 检测空调出风口风速，进行故障分析。

出风口	鼓风机转速	风速 / (m/s)	鼓风机转速	风速 / (m/s)	鼓风机转速	风速 / (m/s)	判断
中央出风口	低转速		中转速		高转速		正常□ 异常□
左侧出风口	低转速		中转速		高转速		正常□ 异常□
右侧出风口	低转速		中转速		高转速		正常□ 异常□

可能故障原因分析：风道泄漏□ 风道堵塞□ 空调滤芯堵塞□
故障说明
故障位置：
故障机理分析：

4. 读取空调模块数据流。

参数名称	怠速工况	发动机高转速（2000r/min）工况	判断
冷却液温度			正常□ 异常□
车内温度			正常□ 异常□
车外温度			正常□ 异常□
蒸发器温度			正常□ 异常□
制冷剂压力值			正常□ 异常□

5. 检测系统压力并分析。

参数名称	怠速工况	发动机高转速（2000r/min）工况	判断
低压管压力			正常□ 异常□
高压管压力			正常□ 异常□
其他说明			

指导老师意见：

考核工单 5-2　汽车空调系统控制电路分析综合评价

考核内容		分值	配分	考核要求	评分标准				得分
					优	良	一般	差	
职业素养考核	思政表现	30	5	达到本次课程思政目的	5	4	2	0	
	出勤情况		5	全勤	5	4	2	0	
	仪容仪表		5	穿戴整齐，着装统一，文明礼貌	5	4	2	0	
	安全意识、责任意识		5	具有较强的安全意识和责任意识	5	4	2	0	
	团队合作与交流		5	团队合作紧密，交流顺畅	5	4	2	0	
	"8S"现场管理考核		5	遵守"8S"现场管理规定	5	4	2	0	
理论知识考核	专业基础知识	20	5	专业基础知识够用	5	4	2	0	
	控制电路原理分析		5	能分析控制电路原理	5	4	2	0	
	故障排除方法及思路		10	检修工作计划合理，故障排除思路清晰	10	8	4	0	
技能操作过程	操作前的准备	50	5	操作场地、工具、设备、耗材准备充分	5	4	2	0	
	工具、量具使用情况		5	工具、量具使用熟练	5	4	2	0	
	操作规范		5	操作规范，无差错	5	4	2	0	
	测量数据准确		10	测量要素齐全，数据准确	10	8	4	0	
	操作熟练度、工作效率		10	操作过程无明显等待，工作效率高	10	8	4	0	
	收场情况		5	设备、工具恢复原样	5	4	2	0	
	工单填写情况		10	工单填写规范	10	8	4	0	

注：造成人员、设备安全事故时，老师有权终止，甚至取消考生参加考评资格。

教师评语：	总成绩：
教师签名： 　　　　　年　月　日	

操作过程记录：

任务工单5-3 汽车空调电气控制系统故障诊断与排除

——理论知识巩固练习

任务描述：

在进行具体工作前，需要掌握汽车空调电气控制系统故障诊断与排除等相关知识，请各组长组织各成员在课前进行预习，并收集相关资料，完成下列问题。

一、填空题（10分）

1. 汽车空调的主要功能有_____、_____、_____、_____四种。

2. 汽车空调的制热系统主要由冷却液、_____、_____、_____等部分组成。

3. 热量传递的方式主要有_____、_____、_____。

4. 空调面板上按钮 $\boxed{\text{A/C}}$ 的作用是_____； $\text{\small\Wset}$ 的作用是_____。

5. 冷凝器的结构形式有_____式、_____式、_____式和_____式等类型。

二、选择题（10分）

1. （　）不是通过视液镜检查制冷剂数量的必要条件。

A. 空调开关打开　　　　　　　　B. 温度选择开关为最冷

C. 鼓风机风速调到最大　　　　　D. 发动机转速为800r/min

2. 空调在运行中，如果低压表指示过高，高压表指示过低，说明故障在（　　）。

A. 压缩机　　　B. 膨胀阀　　　C. 蒸发器　　　D. 鼓风机

3. 在空调大修之后加注制冷剂，应该（　　）。

A. 从低压侧注入　　　　　　　　B. 从高压侧注入

C. 可以从高低压两侧任意注入　　D. 必须同时从高低压两侧注入

4. （　）不会引起空调系统不制冷的现象。

A. 低压保护开关损坏　　　　　　B. 电磁离合器打滑

C. 制冷剂泄漏　　　　　　　　　D. 除霜风门损坏

5. （　）不能用于诊断空调制冷效果差故障。

A. 检查鼓风机工作是否正常　　　B. 检测冷凝器进、出口温差

C. 检测空调高、低压侧的压力　　D. 提高发动机转速

三、分析题（20分）

某车主反映，他的汽车空调经过长时间运行，车厢内温度能够下降，但出风口吹出的风不冷，没有清凉舒适的感觉。经过初步检查分析其原因主要是制冷量不足，请根据此原因和现象完成下面的诊断流程图。

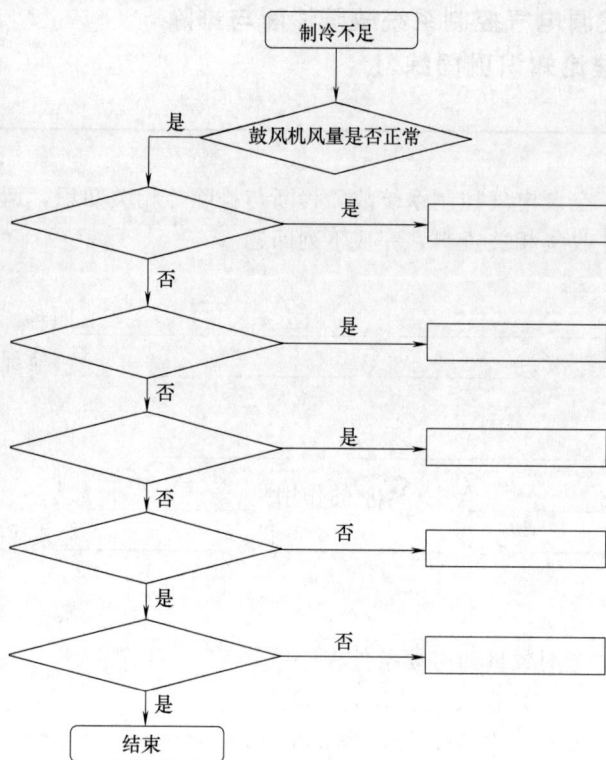

制冷不足

↓

鼓风机风量是否正常 ——是——→

是

◇ ——是——→ ▭

否

◇ ——是——→ ▭

否

◇ ——是——→ ▭

否

◇ ——否——→ ▭

是

◇ ——否——→ ▭

是

结束

提示：

（1）压缩机性能是否良好

（2）电磁离合器线路及控制元件是否有故障

（3）压缩机转动是否正常

（4）压缩机传动带是否过松、折断

（5）用压力表组诊断故障

（6）调整更换

（7）检查、排除

（8）检修、排除

（9）检修、更换

（10）电磁离合器性能是否良好

四、思政考核题（10分）

通过阅读课后文章"不忘初心，让工匠精神在车间落地生根"，有何感想？你所理解的"工匠精神、劳模精神及劳动精神"的实质是什么？谈谈你在本单元的学习和实操过程中将如何传承工匠精神、弘扬劳模精神以及践行劳动精神？

任务工单 5-3 汽车空调电气控制系统故障诊断与排除
——专业技能提升训练

故障现象描述	
故障原因分析	电路图号（页码）：
	电路简图：
	可能的原因：

故障诊断过程	
故障位置确定	
维修建议	
指导老师评价	

考核工单 5-3 汽车空调电气控制系统故障诊断与排除综合评价

考核内容		分值	配分	考核要求	评分标准				得分
					优	良	一般	差	
职业素养考核	思政表现	30	5	达到本次课程思政目的	5	4	2	0	
	出勤情况		5	全勤	5	4	2	0	
	仪容仪表		5	穿戴整齐，着装统一，文明礼貌	5	4	2	0	
	安全意识、责任意识		5	具有较强的安全意识和责任意识	5	4	2	0	
	团队合作与交流		5	团队合作紧密，交流顺畅	5	4	2	0	
	"8S"现场管理考核		5	遵守"8S"现场管理规定	5	4	2	0	
理论知识考核	专业基础知识	20	5	专业基础知识够用	5	4	2	0	
	控制电路原理分析		5	能分析控制电路原理	5	4	2	0	
	故障排除方法及思路		10	检修工作计划合理，故障排除思路清晰	10	8	4	0	
技能操作过程	操作前的准备	50	5	操作场地、工具、设备、耗材准备充分	5	4	2	0	
	工具、量具使用情况		5	工具、量具使用熟练	5	4	2	0	
	操作规范		5	操作规范，无差错	5	4	2	0	
	测量数据准确		10	测量要素齐全，数据准确	10	8	4	0	
	操作熟练度、工作效率		10	操作过程无明显等待，工作效率高	10	8	4	0	
	收场情况		5	设备、工具恢复原样	5	4	2	0	
	工单填写情况		10	工单填写规范	10	8	4	0	

注：造成人员、设备安全事故时，老师有权终止，甚至取消考生参加考评资格。

教师评语：	总成绩：
教师签名： 年　月　日	

操作过程记录：

项目六 汽车自动空调控制系统检修

任务工单 6-1 汽车自动空调控制系统认知
——理论知识巩固练习

任务描述：

在进行具体工作前，需要掌握汽车自动空调控制系统的功能、作用及组成等相关知识，请各组长组织各成员在课前进行预习，并收集相关资料，完成下列问题。

一、填空题（10 分）

1. 汽车自动空调控制系统的主要功能包括_____、_____、_____、故障诊断存储和_____。

2. 汽车自动空调控制系统的电子控制系统由_____、_____、_____三部分组成。

3. 自动空调控制系统的直流伺服电机一般有_____、_____、_____、_____四种。

4. 车内温度传感器的结构主要有两种，一种是吸气型，一种是电机型，它们的工作原理并不相同，通过_____来区分它们。

5. 阳光传感器也叫日光传感器、日照传感器、太阳能传感器等，是用来检测照在传感器上的_____，阳光传感器内含一个_____，它能够检测照在传感器上的太阳光量，并将光信号转变成电压或电流值送到空调计算机。

二、选择题（10 分）

1. 电磁离合器能够控制空调压缩机的启停，它是由（   ）直接控制的。

A. 自动控制单元　　　　　　　　B. 发动机

C. 车内温度传感器　　　　　　　D. 空调压缩机

2. 车外温度传感器一般都安装在（   ）。

A. 大灯处　　　　　　　　　　　B. 风挡玻璃处

C. 前保险杠内或水箱前　　　　　D. 节气门内

3. 水温传感器主要是用来测量（   ）的传感器。

A. 蒸发器表面温度　　　　　　　B. 发动机温度

C. 发动机冷却液温度　　　　　　D. 制冷剂温度

4. 进风控制伺服电机的主要作用是（   ）。

A. 控制自动空调进风方式　　　　B. 控制自动空调送风方式

C. 控制新鲜空气温度　　　　　　D. 控制空气混合比例

5. 自动空调控制单元的作用不包括（   ）。

A. 存储记忆　　　　　　　　　　B. 计算空气混合风门开度

C. 提供阳光光量信息　　　　　　D. 故障自诊断

三、简答题（20分）

1. 简述蒸发器温度传感器是如何防止蒸发器结霜的。

2. 对照实车，找出自动空调的电子控制系统的主要组成部件，并简述各部件的工作原理。

四、思政考核题（10分）

通过阅读课后文章"用劳动续写光荣与梦想"，有何感想？你所理解的"工匠精神、劳模精神及劳动精神"的实质是什么？谈谈你在本单元的学习和实操过程中将如何传承工匠精神、弘扬劳模精神以及践行劳动精神？

任务工单6-1 汽车自动空调控制系统认知
——专业技能提升训练

任务描述：

按照要求穿戴工作服、工作帽、工作鞋，遵守"8S"现场管理及设备操作规程，在实车上完成以下技能训练任务。

1. 温度检测传感器的安装位置与工作原理：

序号	安装位置	工作原理

2. 压缩机工作状态检测传感器的安装位置与工作原理：

序号	安装位置	工作原理

3. 风门位置反馈传感器安装位置与工作原理：

序号	安装位置	工作原理

4. 画出汽车自动空调工作原理方框图。

5. 空调运行检查：

项目名称	参数记录	项目名称	参数记录
高压侧压力		低压侧压力	
冷凝器进口温度		冷凝器出口温度	
膨胀阀进口温度		蒸发器出口温度	
环境温度		环境湿度	
出风口温度		出风口湿度	

左侧出风口风速		中间出风口风速		右侧出风口风速		除雾出风口风速	

性能检验	□合格　　　　□不合格

指导老师意见：

考核工单 6-1　汽车自动空调控制系统认知综合评价

考核内容		分值	配分	考核要求	评分标准				得分
					优	良	一般	差	
职业素养考核	思政表现	30	5	达到本次课程思政目的	5	4	2	0	
	出勤情况		5	全勤	5	4	2	0	
	仪容仪表		5	穿戴整齐，着装统一，文明礼貌	5	4	2	0	
	安全意识、责任意识		5	具有较强的安全意识和责任意识	5	4	2	0	
	团队合作与交流		5	团队合作紧密，交流顺畅	5	4	2	0	
	"8S"现场管理考核		5	遵守"8S"现场管理规定	5	4	2	0	
理论知识考核	专业基础知识	20	10	专业基础知识够用	10	8	4	0	
	自动空调控制原理分析		10	能分析自动空调控制原理	10	8	4	0	
技能操作过程	操作前的准备	50	5	操作场地、工具、设备、耗材准备充分	5	4	2	0	
	工具、量具使用情况		5	工具、量具使用熟练	5	4	2	0	
	操作规范		5	操作规范，无差错	5	4	2	0	
	测量数据准确		10	测量要素齐全，数据准确	10	8	4	0	
	操作熟练度、工作效率		10	操作过程无明显等待，工作效率高	10	8	4	0	
	收场情况		5	设备、工具恢复原样	5	4	2	0	
	工单填写情况		10	工单填写规范	10	8	4	0	

注：造成人员、设备安全事故时，老师有权终止，甚至取消考生参加考评资格。

教师评语：	总成绩：
   教师签名： 　　　年　月　日	

操作过程记录：

任务工单 6-2　汽车自动空调控制系统电路分析
——理论知识巩固练习

任务描述：

在进行具体工作前，需要掌握汽车自动空调控制系统电路的工作原理、各控制元件的作用等相关知识，请各组长组织各成员在课前进行预习，并收集相关资料，完成下列问题。

一、填空题（10分）

1. 自动空调控制单元的控制功能主要包括_____控制、_____控制、_____控制、_____控制和_____控制。

2. 温度控制系统包括_____、_____、_____、温度设定、自动空调控制单元和_____。

3. 自动空调的自动模式中，内外循环风门一般有_____、_____、_____三种位置。

4. 可变排量压缩机的工作控制模式有_____、_____和_____三种模式。

5. 鼓风机转速控制包括鼓风机转速的自动控制、_____、_____、_____和_____，其中鼓风机转速的自动控制包含_____、_____、_____三种状态。

二、选择题（10分）

1. 送风模式控制的目的是（　　　）。

A. 调节空气混合风门开度，控制车内温度

B. 调节送风方向，提高舒适性

C. 调节送风风速，提高舒适性

D. 调节送风温度，控制车内温度

2. 自动空调控制单元根据空气质量传感器传递的信息，控制（　　　）。

A. 调节内外循环风门，改变空气循环模式

B. 调节内外循环风门，改变进气流量

C. 调节空气混合风门，改变进气流量

D. 调节空气混合风门，改变空气循环模式

3. 对自动空调压缩机的控制不能通过（　　　）来实现。

A. 电磁离合继电器　　　　　　B. 空调电磁阀

C. 自动空调控制面板　　　　　D. 点火开关

4. 自动空调在运行中，如果出风模式调节失效，不可能出现故障的部件是（　　　）。

A. 空气混合控制伺服电机　　　B. 自动空调控制单元

C. 压缩机　　　　　　　　　　D. 送风方式控制伺服电机电位计

5. 下列情况中会引起自动空调鼓风机转速控制故障的有（　　　）。

A. 空调温度设定电阻器故障　　B. 空气质量传感器故障

C. 送风方式控制伺服电机故障　D. 以上都会

三、简答题（20 分）

1. 简述可变排量压缩机的排量调节的工作原理。

2. 画出进气模式调节的电路图。

四、思政考核题（10 分）

通过阅读课后文章"大国工匠张永忠：汽修'老中医'创'四诊法'"，有何感想？你所理解的"工匠精神、劳模精神及劳动精神"的实质是什么？谈谈你在本单元的学习和实操过程中将如何传承工匠精神、弘扬劳模精神以及践行劳动精神？

任务工单 6-2　汽车自动空调控制系统电路分析
——专业技能提升训练

一、车辆信息记录					
品牌		整车型号		生产日期	
发动机型号		发动机排量		行驶里程	
车辆识别码					

二、检测鼓风机系统电路，找出导致鼓风机工作异常故障元件，记录故障元件相关信息，进行故障原因说明，并修复故障元件

故障现象	
故障码	
数据流	
鼓风机相关电路图位置：	记录所查询的电路图在维修手册位置

可能故障原因分析：鼓风机□　电路线束□　鼓风机调速模块□　保险丝□　开关□

检测项目	检测结果	判断
鼓风机工作电压		正常□　异常□
鼓风机调速模块信号电压		正常□　异常□
鼓风机调速模块供电电压		正常□　异常□
保险丝		正常□　异常□
故障说明		

故障元件：

故障机理分析：

三、检测空调出风口风速，进行故障分析

出风口	鼓风机转速	风速/(m/s)	鼓风机转速	风速/(m/s)	鼓风机转速	风速/(m/s)	判断
中央出风口	低转速		中转速		高转速		正常□ 异常□
左侧出风口	低转速		中转速		高转速		正常□ 异常□
右侧出风口	低转速		中转速		高转速		正常□ 异常□

可能故障原因分析： 风道泄漏□ 风道堵塞□ 空调滤芯堵塞□

故障说明

故障位置：

故障机理分析：

四、读取空调模块数据流

参数名称	怠速工况	发动机高转速（2000r/min）工况	判断
冷却液温度			正常□ 异常□
车内温度			正常□ 异常□
车外温度			正常□ 异常□
蒸发器温度			正常□ 异常□
制冷剂压力值			正常□ 异常□

五、检测系统压力并分析

参数名称	怠速工况	发动机高转速（2000r/min）工况	判断
低压管压力			正常□ 异常□
高压管压力			正常□ 异常□
其他说明			

指导老师意见：

考核工单 6-2 汽车自动空调控制系统电路分析综合评价

考核内容		分值	配分	考核要求	评分标准				得分
					优	良	一般	差	
职业素养考核	思政表现	30	5	达到本次课程思政目的	5	4	2	0	
	出勤情况		5	全勤	5	4	2	0	
	仪容仪表		5	穿戴整齐，着装统一，文明礼貌	5	4	2	0	
	安全意识、责任意识		5	具有较强的安全意识和责任意识	5	4	2	0	
	团队合作与交流		5	团队合作紧密，交流顺畅	5	4	2	0	
	"8S"现场管理考核		5	遵守"8S"现场管理规定	5	4	2	0	
理论知识考核	专业基础知识	20	5	专业基础知识够用	5	4	2	0	
	控制电路原理分析		5	能分析控制电路原理	5	4	2	0	
	故障排除方法及思路		10	检修工作计划合理，故障排除思路清晰	10	8	4	0	
技能操作过程	操作前的准备	50	5	操作场地、工具、设备、耗材准备充分	5	4	2	0	
	工具、量具使用情况		5	工具、量具使用熟练	5	4	2	0	
	操作规范		5	操作规范，无差错	5	4	2	0	
	测量数据准确		10	测量要素齐全，数据准确	10	8	4	0	
	操作熟练度、工作效率		10	操作过程无明显等待，工作效率高	10	8	4	0	
	收场情况		5	设备、工具恢复原样	5	4	2	0	
	工单填写情况		10	工单填写规范	10	8	4	0	

注：造成人员、设备安全事故时，老师有权终止，甚至取消考生参加考评资格。

教师评语：

总成绩：

教师签名：

年　月　日

操作过程记录：

任务工单 6-3　汽车自动空调控制系统故障诊断与排除
——理论知识巩固练习

任务描述：

在进行具体工作前，需要掌握汽车自动空调控制系统故障诊断与排除等相关知识，请各组长组织各成员在课前进行预习，并收集相关资料，完成下列问题。

一、填空题（10分）

1. 全自动空调控制系统具备自诊断功能，在操纵和指示装置上带有_____，若出现故障，它能将存储的_____通过操纵和指示装置显示出来。

2. 汽车自动空调的故障诊断的流程包括_____、直观检查、_____、常规诊断与仪器仪表诊断、_____、_____。

3. 自动空调不制冷故障通常分为_____、_____、_____三种情况。

4. 自动空调压缩机不工作的电气故障主要分为压缩机控制电路故障、_____、传感器和开关信号无输入或输入错误、_____、_____五种情况。

5. 科鲁兹的自动空调压缩机控制电路中，控制面板与各控制模块间数据传输线为_____、_____、_____。

二、选择题（10分）

1. 汽车空调控制按键"AUTO"表示（　　）。

A. 自动控制　　　　B. 停止　　　　C. 风速控制　　　D. 温度控制

2. 下述不是提供输入信号给自动空调控制系统的传感器是（　　）。

A. 氧传感器　　B. 车外温度传感器　C. 阳光传感器　D. 车内温度传感器

3. 科鲁兹自动空调压缩机不工作，不可能导致该故障发生的原因是（　　）。

A. 空调压缩机离合器故障　　　　　　B. 空调压缩机继电器故障

C. 发动机冷却液温度异常　　　　　　D. 出风模式风门电动机故障

4. 汽车空调控制单元能在车内温度降至规定值时，自动切断压缩机电磁离合器，此时压缩机电磁离合器工作主要受（　　）的影响。

A. 蒸发器温度传感器　　　　　　　　B. 空调压力传感器

C. 制冷剂流量传感器　　　　　　　　D. 阳光传感器

5. 下列哪种方法不能用于诊断自动空调制冷效果不良故障（　　）。

A. 检查鼓风机工作是否正常　　　　　B. 检测空调压力传感器是否正常

C. 检测冷凝风扇工作是否正常　　　　D. 检查舒适CAN总线波形是否正常

三、分析题（20分）

某车主反映，他的汽车自动空调不制冷。经过初步检查分析其原因主要是空调压缩机不工作，请根据此原因和现象完成下面的诊断流程图。

提示：

（1）检查空调压缩机离合器继电器是否正常吸合

（2）检查空调压缩机离合器继电器主电路是否正常

（3）检查故障自诊断是否有故障码

（4）根据故障码检修

（5）检查空调系统压力传感器数据流是否正常

（6）检查空调系统环境温度传感器数据流是否正常

（7）检查空调系统蒸发箱温度传感器数据流是否正常

（8）检查鼓风机开关信号和空调开关请求是否正常

（9）检查空调压缩机离合器继电器

（10）检查空调压缩机离合器

（11）检修、更换

（12）检修、排除

四、思政考核题（10分）

通过阅读课后文章"托起产业工人'中国梦'"，有何感想？你所理解的"工匠精神、劳模精神及劳动精神"的实质是什么？谈谈你在本单元的学习和实操过程中将如何传承工匠精神、弘扬劳模精神以及践行劳动精神？

任务工单 6-3　汽车自动空调控制系统故障诊断与排除
——专业技能提升训练

故障现象描述	
故障原因分析	电路图号（页码）：
	电路简图：
	可能的原因：

故障诊断过程	
故障位置确定	
维修建议	
指导老师评价	

考核工单 6-3　汽车自动空调控制系统故障诊断与排除综合评价

考核内容		分值	配分	考核要求	评分标准				得分
					优	良	一般	差	
职业素养考核	思政表现	30	5	达到本次课程思政目的	5	4	2	0	
	出勤情况		5	全勤	5	4	2	0	
	仪容仪表		5	穿戴整齐，着装统一，文明礼貌	5	4	2	0	
	安全意识、责任意识		5	具有较强的安全意识和责任意识	5	4	2	0	
	团队合作与交流		5	团队合作紧密，交流顺畅	5	4	2	0	
	"8S"现场管理考核		5	遵守"8S"现场管理规定	5	4	2	0	
理论知识考核	专业基础知识	20	5	专业基础知识够用	5	4	2	0	
	控制电路原理分析		5	能分析控制电路原理	5	4	2	0	
	故障排除方法及思路		10	检修工作计划合理，故障排除思路清晰	10	8	4	0	
技能操作过程	操作前的准备	50	5	操作场地、工具、设备、耗材准备充分	5	4	2	0	
	工具、量具使用情况		5	工具、量具使用熟练	5	4	2	0	
	操作规范		5	操作规范，无差错	5	4	2	0	
	测量数据准确		10	测量要素齐全，数据准确	10	8	4	0	
	操作熟练度、工作效率		10	操作过程无明显等待，工作效率高	10	8	4	0	
	收场情况		5	设备、工具恢复原样	5	4	2	0	
	工单填写情况		10	工单填写规范	10	8	4	0	

注：造成人员、设备安全事故时，老师有权终止，甚至取消考生参加考评资格。

教师评语：

总成绩：

教师签名：

　　年　　月　　日

操作过程记录：

ISBN 978-7-122-40725-2

定　价：49.00元